Sabine Jansen-Nöllenburg

Rassekatzen kaufen mit Verstand

Sabine Jansen-Nöllenburg

RASSEKATZEN *kaufen* mit Verstand

Müller Rüschlikon

Die Fotos im Buch wurden nicht nach rassetypischen Gesichtspunkten im Sinne des Rassestandards, sondern nach ihrer Wirkung hin ausgesucht.

Einbandgestaltung: Nicole Lechner

ISBN 3-275-01330-0

1. Auflage 2000

Gewerbestr. 10, CH-6330 Cham

Innengestaltung: IPa, D-71665 Vaihingen an der Enz
Druck und Bindung: Fotolito Longo, Bozen

Printed in Italy

Inhalt

Danksagung

Als langjährige Züchterin wurde ich von Katzenfreunden, die auf der Suche nach einer »samtpfotigen Liebe fürs Leben« waren, immer wieder gefragt, worauf beim Katzenkauf überhaupt zu achten sei. Auch Fragen wie: »Wieso muss eine Rassekatze einen Stammbaum haben?« oder »Warum sind Rassekatzen so teuer?« und »Woran erkennt man einen seriösen Züchter?« wurden mir gestellt. Ich bemühte mich, den Sinn einer planmäßigen, ordentlichen Zucht zu erklären und Unterschiede zu eben nicht solchen aufzuzeigen. Ich verdeutlichte, dass eine seriöse Katzenzucht ein verantwortungsvolles, zeitintensives sowie auch kostspieliges Hobby ist und dass nur der Stammbaum, ausgestellt von einem anerkannten Verein, und die Prüfung der Rassequalität einer Zuchtkatze auf Katzenausstellungen Rassereinheit und somit auch bestimmte typische Charaktermerkmale einer Rasse garantieren.

Dies sowie auch der Verkauf von Katzenkindern an wirklich geeignete Interessenten war Mittelpunkt vieler Gespräche mit Jungtiersuchenden, Züchtern und Vorsitzenden verschiedener Vereine. Gisela Römer, Vorsitzende des 1. ITAVC e. V., bat mich vor ca. einem Jahr, diesbezüglich ein kleines Infoblatt zu entwickeln. Durch eine stichpunktartige Übersicht lässt sich allerdings, das liegt auf der Hand, ein derartiges wichtiges Thema nur unzulänglich anreißen. Mehr zum Kauf und Verkauf von Katzen zu schreiben, war daher mein Wunsch.

Den letzten Anstoß zum Schreiben dieses Ratgebers gab mir Susanne Kerl, Autorin des Buches »Hunde kaufen mit Verstand« und Chefredakteurin der Fachzeitschrift »Der Hund«. Wir verglichen in Gesprächen Ähnlichkeiten und Unterschiede beim Kauf und Verkauf von Hunden und Katzen und besprachen entstehende Probleme. Frau Kerl gilt mein ganz besonderer Dank. Über Monate hat sie mich mit viel Humor und Fröhlichkeit motiviert und mir viele wertvolle Tipps gegeben.

Karin Laubscher danke ich für ihre positive Bewertung der Idee nach Anfrage des Verlages.

Meinem Verleger Heinz Jansen danke ich herzlich für seine Unterstützung und für seine interessanten Anmerkungen zum Verhalten von Hauskatzen, ebenso Herrn Lambrecht und meiner Lektorin Frau Baumberger für die angenehme Zusammenarbeit.

Von der ersten bis zur letzten Zeile hat meine Freundin Angela Eschmann, mit dem objektiven Blick einer Nichtzüchterin, mein Schreiben durch konstruktive Kritik begleitet. Vielen Dank Angela.

Ebenso danke ich meiner Freundin Judith Heidenreich, die sich meines Computers annahm, wenn er nicht so wie ich wollte.

Mein weiterer Dank gilt all den vielen Katzenfreunden, die mir Fotos zur Verfügung gestellt haben sowie all den Menschen, die mich ideell unterstützten sowie mich an ihrem Wissen und ihrer Erfahrung teilhaben ließen.

Vorwort

Sechs Millionen Katzen leben in Deutschland und ca. zwei Millionen räkeln sich auf den Sofas der Schweizer. Die Zahl der Samtpfoten in den umliegenden europäischen Ländern nimmt stetig zu. Katzen zählen zu den beliebtesten Haustieren der Deutschen. Hat ein Tierfreund erst einmal sein Herz für diese zärtlichen, verspielten und dennoch unabhängigen Wesen entdeckt, so möchte er sie sein Eigen nennen. Echte Katzenfreunde sind jedoch der Meinung, dass Katzen sich nicht besitzen lassen. Eher ist es so, dass die Katzen, mal mehr, mal weniger auffällig, sich den Menschen aussuchen, mit dem sie zusammenleben möchten. Großzügig teilen sie dann ihr Zuhause mit den Zweibeinern, denen sie ihre Zuneigung tolerant gegenüber menschlichen Schwächen schenken. Durch die Liebe zur Katze wird der Mensch vielleicht schneller ihr Eigentum, als er denkt. Dennoch ist es so, dass die Samtpfoten, trotz ihrer Individualität und Unabhängigkeit, als domestizierte Tiere auf die Fürsorge ihrer zweibeinigen Gefährten angewiesen sind. Hat ein Tierfreund sich erst einmal dazu entschieden, eine Freundschaft mit einer Katze zu knüpfen, wird er von ihr in die Verantwortung genommen. Der Auftrag des Menschen dem Tier gegenüber hat sich nicht zuletzt aus unserem ethischen und durch christliche Einflüsse geprägten Lebensbild entwickelt. Dafür schenkt die Katze uns ihre uneingeschränkte Liebe.

Wenn Sie sich Ihrer Pflicht gegenüber dem Mitlebewesen Tier im Allgemeinen und ihrem eigenen Tier (im Besonderen) bewusst sind und Ihre Liebe für diese bezaubernden Geschöpfe entdeckt haben, werden Sie in diesem Buch hilfreiche Hinweise und Ratschläge finden, die Ihnen die Suche und den Kauf und Verkauf einer Katze erleichtern. Beachten Sie gewisse Regeln beim Katzenkauf, denn dann können Sie vermeiden, die sprichwörtliche »Katze im Sack« zu kaufen. Dieses Buch kann Ihnen helfen, durch die richtige Auswahl zu einer guten und befriedigenden Mensch-Tier-Beziehung zu gelangen. Ein Sprichwort zeigt Ihnen, dass Sie jedoch nicht nur allein Ihr Herz sprechen lassen sollten. »Drum prüfe, wer sich ewig bindet, damit er auch den Richtigen findet«, heißt es ganz richtig im Volksmund. Für mich und hoffentlich auch für Sie bedeutet das, dass Entscheidungen zum Kauf eines Tieres nicht nur durch Emotionen bestimmt, sondern auch wohl überlegt erfolgen sollten. Dass Sie bemüht sind, mit Verstand eine Katze zu kaufen, ist schon dadurch bewiesen, dass Sie sich zum Lesen dieses Buches entschieden haben.
Und das freut mich sehr.

Ein Patentrezept gibt es weder für den Kauf noch für den Verkauf von Katzen. Mit diesem Buch möchte ich Ihnen jedoch eine Anleitung zum »Gewusst wie« geben und Ihnen Schritte aufzeigen, wie Sie eigene Ideen zum richtigen Handeln entwickeln können.

Dieser Ratgeber wurde in zwei Teilbereiche untergliedert. Im ersten Teil des Buches verdeutliche ich den richtigen Kauf von Katzen und gehe ausführlich auf die Voraussetzungen ein, die ein Katzenbesitzer als Halter erfüllen sollte. Im zweiten Teil stelle ich die Perspektive des Züchters in den Mittelpunkt. Je nach Position, ob Sie Katzenkäufer oder Züchter sind, werden Sie sich vielleicht fragen, inwiefern die Position des anderen für Sie von Bedeutung ist. In die Rolle eines anderen hineinzuschlüpfen und sich mit seinen Fragen, Gedanken und Problemen auseinander zu setzen, trägt zum besseren Verständnis bei und bietet somit die beste Möglichkeit zum harmonischen Umgang miteinander – zum Wohle unserer Samtpfoten.

1. Rassekatze oder Hauskatze

Rassekatze oder Hauskatze

Es gibt verschiedene Gründe dafür, warum sich Menschen für Katzen begeistern. Schon in der Geschichte lassen sich Beispiele finden, wie wichtig Katzen für uns Zweibeiner waren. Im alten Ägypten wurden sie nicht nur als Mäusefänger geschätzt, sondern sogar verehrt. Um die Göttin Bastet entwickelte sich in Ägypten und insbesondere in der Stadt Bubasis ein wahrer Katzenkult.

Ob man sich für eine Rassekatze mit ganz bestimmten charakterlichen und äußeren Merkmalen entscheidet oder sich in ein Hauskätzchen verliebt, ist in der Regel abhängig vom persönlichen Geschmack, den individuellen Bedürfnissen sowie den finanziellen Möglichkeiten.

Der ideelle Wert einer Katze

Die Adoption eines Hauskätzchens sollte genauso wohl überlegt erfolgen wie die einer Rassekatze. Denn der Wert eines Tieres ergibt sich nicht aus seinem Anschaffungspreis, sondern aus seiner Bedeutung als Mitlebewesen. Dürfen das Leben und Wohlbefinden einer Rassekatze höher einzuschätzen sein, nur weil sie Geld gekostet hat, als das einer Mischlingskatze? Sicherlich nicht, denn den Samtpfoten ist es völlig gleichgültig, ob sie blaublütige Berühmtheiten oder völlig unbekannte Hybriden sind. Ihre Bedürfnisse, vom erhöhten Pflegebedarf mancher Langhaarrassen einmal abgesehen, sind allemal die gleichen. Es ist ihnen »schnuppe«, ob Sie reich oder arm, hübsch oder hässlich sind.

Gut aufgezogene Rassekätzchen machen, das muss ich zugeben, meist weniger Schwierigkeiten als Hauskatzen, weil Rassekatzen durch selektive Zucht von ihren Wesensmerkmalen her berechenbarer sind und keine negativen Erfahrungen sammeln konnten. Vielleicht liegt es auch daran, dass unsere Feld-Wald-und-Wiesen-Katzen aufgrund ihrer Verfolgung und Geringschätzung über die Jahrhunderte eine gewisse Vorsicht dem Menschen gegenüber walten lassen.

Zärtliche Gefährten sind sie alle, ob Hauskatze oder Rassekatze. Foto: Laubscher

Den Rassekatzen ging es da einfach besser. Erste züchterische Bestrebungen fanden zunächst, bevor auch wir Bürgerlichen es uns leisten konnten, in den Adelshäusern statt und dort hat es den aristokratischen Vierbeinern weder an Bewunderung noch an Nahrung gefehlt. Den Katzen ist es völlig egal, ob sie so sind, wie Mutter Natur sie schuf oder durch die Experimentierfreudigkeit des Menschen entstanden sind, so lange sie sich bester Gesundheit erfreuen und von ihren Zweibeinern geliebt werden. Nur an einem Punkt würden die Rassekatzen sicherlich protestieren, wenn es ihnen möglich wäre, und das ist dann, wenn durch den Ehrgeiz züchterischer Selektion kranke, mit Erbdefekten behaftete Katzen produziert werden, die bei einer natürlichen Auslese kaum eine Überlebenschance hätten.

Als Züchter Norwegischer Waldkatzen bin ich selbstverständlich ein großer Bewunderer dieser ursprünglichen, großen und robusten Katzenrasse, dennoch schlägt mein Herz ebenso für die »einfachen« Miezen, die wie kleine Wundertüten vom Aussehen und Charakter her immer für eine Überraschung gut sind.

Obwohl ich keinen meiner Naturburschen entbehren möchte, habe ich kein Tier so innig geliebt wie meinen Hauskater Felix.

Felix war die erste Katze, mit der ich mein Leben teilte. Er wurde bei meiner Freundin geboren und vom ersten Moment des Kennenlernens an ließ er mein Herz höher schlagen. Sein Vater war ein kräftiger Türkisch-Van/Perserkatzenmischling und seine Mutter eine getigerte kleine, zarte Hauskatzendame. Felix' Eltern verfügten beide über einen ausgeglichenen, freundlichen Charakter. Diese Eigenschaften hatten sie an ihren Sohn vererbt. Wichtig für seine positiven Wesenseigenschaften waren sicherlich auch die Aufzuchtbedingungen. Von Geburt an erlebte Felix die liebevolle Zuwendung durch Menschenhand. Er wurde gehegt und gehätschelt, erhielt ausreichend Spiel- und Schmuseeinheiten, optimales Futter sowie eine gute medizinische Versorgung. Felix hat mir zeit seines Lebens viel Freude bereitet und ich erinnere mich immer wieder mit Dankbarkeit an all die zärtlichen und lustigen Stunden unseres Zusammenseins.

Einen kleinen Wermutstropfen gab es in unserem Zusammenleben dennoch. Leider erbrach er häufig sein Futter, was auf eine unerklärbare Magenempfindlichkeit zurückgeführt wurde. Auch Diätfutter schuf keine Abhilfe. Später erfuhr ich dann, dass seine Mutter das gleiche Problem hatte. Damals noch unwissend, glaubte ich meiner Freundin, dass tägliches Erbrechen ein ganz normales Katzenverhalten sei. Längst weiß ich, dass so etwas nicht katzentypisch ist und rate jedem dazu, sich die Elterntiere genau anzuschauen.

Die Beobachtungen sollten sich nicht nur auf die Kondition der Tiere, sondern auch auf ihre Wesenseigenschaften konzentrieren. Natürlich ist man auch beim Kauf einer Rassekatze vor Überraschungen nicht sicher, dennoch kann man davon ausgehen, dass man aus Züchterhaushalten, die über Jahre züchterische Erfolge für sich verbuchen können, gesunde Jungtiere erhält, die bei optimaler Haltung und Gesundheitsvorsorge ein hohes Alter erreichen.

Felix war ein sehr neugieriger Kater. Foto: S. Jansen-Nöllenburg

Die soziale Prägung einer Katze beginnt am Tag ihrer Geburt. Positive wie negative Erlebnisse wirken sich ebenso auf ihr späteres Verhalten aus wie die vererbten Eigenschaften. Mein Kater Felix, in einer Wohnung geboren, kannte keinen Freigang. Nie zeigte er einen starken Drang, die Natur zu erforschen. Ganz anders erlebte es meine Nachbarin, die sich von einem Bauernhof ein kleines hübsches Kätzchen im Alter von sieben Wochen holte. Ihre Katze war von klein auf gewohnt, sich frei zu bewegen. Sie erhielt weder die fürs spätere Leben so wichtige intensive Prägung auf den Menschen, noch lernte sie, weil sie zu früh von Mutter und Geschwistern getrennt wurde, die sozialen Strukturen einer Katzengemeinschaft kennen. Ihr Vertrauen zu gewinnen, kostete ihre Besitzerin viel Zeit und Mühe. Alleine ihr beizubringen, die Katzentoilette zu benutzen, war ein nicht ganz einfaches Unterfangen, weil sie zuvor gewohnt war, Kot und Urin an jedem beliebigen Ort abzusetzen. Leider hatte sie zudem etliche Flöhe, litt unter Wurmbefall und Schnupfen. Durch zahlreiche Tierarztbesuche wurde ihr Vertrauen zum Menschen nicht gerade gestärkt. Nie war diese Katze so sanftmütig wie mein Felix.

Zum Glück verfügte meine Nachbarin über viel Erfahrung im Zusammenleben mit Katzen. Es gelang ihr, eine Freundschaft mit der Katze zu knüpfen, die sie bis heute nicht missen will.

Sie berichtete: *»Mohrle war ein niedliches schwarzes, kleines Etwas, als ich sie in meinem Urlaub auf dem Bauernhof in Bayern entdeckte. Für mich stand fest: die oder keine. Der Bauer gab sie mir gerne, weil er froh war sie loszuwerden. Ihre Mutter wirkte so dünn und ausgelaugt auf mich, dass ich keine Bedenken hatte, Mohrle so früh von ihr weg zu nehmen. Außerdem hatte ich Angst, dass der Bauer, der schon genug Katzen auf seinem Hof versorgte, der Kleinen etwas antun würde. Da Mohrle nicht ganz gesund war, musste ich viel Geld beim Tierarzt lassen. Auch wenn sie bis heute ein wenig unberechenbar und kratzbürstig ist, finde ich, dass es sich gelohnt hat, so viel Zeit zu investieren. Aufgrund ihres Temperaments ließ sie sich nie richtig erziehen. Lass ich sie, wie es eben manchmal notwendig ist, ein paar Stunden alleine, fühlt sie sich unwohl und macht eine Menge Unsinn. Sie zerrupft meine Blumen, kratzt am Sofa oder uriniert vor die Haustür. Wenn sie aber abends zu mir unter die Bettdecke kriecht, sich an mich kuschelt und schnurrt, bin ich für alle ihre manchmal doch ein wenig anstrengenden Kapriolen entschädigt. Das kann wohl nur ein echter Katzenfreund nachempfinden.«*

Meine Nachbarin hatte den festen Willen, mit ihrer Mohrle zusammenzuleben, dafür nahm sie auch einige Unannehmlichkeiten in Kauf. Deshalb ist sie für mich eine optimale Katzenfreundin.

Dennoch kann ich es durchaus nachvollziehen, wenn man es etwas einfacher und bequemer wünscht. Viele Menschen verfügen nicht über ausreichend Zeit und die Erfahrung, sich verhaltensauffälligen Katzen zu widmen oder einem so jungen Katzenkind als Muttterersatz zu dienen.

Möchten oder können Sie der Katze den Freigang in den Garten nicht gestatten, so sollten Sie darauf achten, dass das Kätzchen dies in seinem vorherigen Heim nicht gewohnt war. Es wird ansonsten vermutlich immer einen starken Drang nach draußen verspüren und die Erlebniswelt, die ein Streifen durch die Natur bietet, vermissen. Selbst intensive Zuwendung und interessantes Spiel im Haus sind für solche Katzen kein adäquater Ersatz. Die Vierbeiner werden ihr Zuhause als Gefängnis empfinden. Katzen, die noch nie eine Pfote vor die Tür gesetzt haben, fühlen sich in der Wohnung durchaus wohl und sind zudem vor den vielen Gefahren, die außerhalb des eigenen Heimes auf sie lauern, geschützt. Ein katzensicher umzäunter Garten bietet der Katze die Möglichkeit, sich ungefährdet im Grünen aufhalten zu können. Zuchtkatzen wird der Freigang meist nicht gestattet, um Krankheiten, Unfälle sowie unerwünschte Verpaarungen zu

In einer Freigehegeanlage können Katzen ungefährdet frische Luft schnappen. Foto: S. Jansen-Nöllenburg

vermeiden. Da jedoch einige Stunden an der frischen Luft die körpereigenen Abwehrstoffe der Tiere stärkt und die Vitalität steigert, bieten Züchter, denen es räumlich möglich ist, ihren Katzen einen geschützten Platz in einem Freigehege an.

Immer mehr Haus- aber auch Rassekatzen müssen ihr Dasein in Tierheimen fristen. Hier finden Sie überwiegend ältere Tiere. Nur hin und wieder sind dort junge Katzen zu vermitteln.

Eine Möglichkeit, mehr über aus Tierheimen zu vermittelnde Hauskatzen zu erfahren, bieten bestimmte Fernsehsendungen. In der Tierserie »Tierisch, Tierisch« des MDRs stellt zum Beispiel die Moderatorin Uta Bresan bisher jeden Mittwoch immer wieder Miezen vor, die ein neues Zuhause suchen. Andere Sender bieten Ähnliches an.

Die Erfahrungen mit Katzen aus dem Tierheim können ganz unterschiedlicher Art sein. Sie sind sicherlich abhängig von der zuvor erfolgten Prägung des Tieres, seinen früheren Erlebnissen, der Länge seines Heimaufenthaltes, seinen individuellen Charakterzügen, seinem Alter und den Voraussetzungen, die ihr zukünftiger Besitzer für eine katzengerechte Haltung mitbringt. Fest steht, dass jeder verantwortungsvolle Tierhalter, der sich einer armen Mieze aus dem Tierheim erbarmt, ein gutes Werk tut, wenn er einem Wesen, das ohne Liebe leben muss, seine Zuwendung schenkt. Hat er das Herz eines solchen Tieres erst einmal für sich erobert, so kann er sich glücklich schätzen, einen treuen Freund fürs Leben gewonnen haben. Zum Glück führen heute die meisten Mitarbeiter der Tierheime ausführliche Gespräche mit den Interessenten und weisen sie auch auf eventuelle Schwierigkeiten hin. Genauso verfahren Katzenschutzorganisationen. Trotzdem müssen engagierte Katzenzüchter immer wieder feststellen, dass Tiere, die sie in guten Händen glaubten, aufgrund verschiedener Probleme zurückgebracht, wenn nicht gar ausgesetzt werden. Für die Katzen ist es eine besonders schwere Belastung, wenn sie von Halter zu Halter weitergereicht werden, bis ihr Vertrauen in die Menschen völlig zerstört ist. Diese Problematik trifft jedoch nicht nur Hauskatzen. Auch Rassekatzenzüchter erleben trotz sorgfältiger Prüfung ihrer Interessenten hin und wieder, dass eines ihrer Tiere nicht so gehalten wird, wie es notwendig wäre. Der Kaufpreis einer Rassekatze trägt jedoch in der Regel dazu bei, dass eine Anschaffung eher gut durchdacht erfolgt, als bei einer Hauskatze.

Meine Freundin Claudia Lang aus Belgien züchtet neben Norwegern Türkisch Angora und Türkisch-Van-Katzen. Als sie eines Tages mit ihrer Vereinsvorsitzenden Gisela Römer eine Spende des Vereins im Tierheim Velbert vorbeibrachte, entdeckte sie einen getigerten Kater. Dieser Kater war auf den ersten Blick ziemlich hässlich. Er litt unter einer starken Augenentzündung und hatte einen Knickschwanz, der wie ein gebogener Säbel wirkte.

»Als ich den Kater sah«, schildert sie mir, *»dachte ich, den nimmt sicherlich niemand mit. Der arme Kerl wird zeit seines Lebens im Tierheim bleiben müssen und mir wurde ganz schwer ums Herz. Zwei Tage lang überlegte ich hin und her, ob bei uns zu Hause nicht noch ein Plätzchen für ihn sei. Mein Mann meinte, auf eine Katze mehr oder weniger käme es nicht an. Wir hätten doch genug Platz und satt würden wir ihn auch noch bekommen. Gesagt, getan. Ich fuhr ins Tierheim und erklärte, dass ich den armen Schlupp, wie ich ihn taufte, mitnehmen wollte. Doch das war gar nicht so leicht, wie ich dachte. Ich musste erst einmal genau erklären, wie ich mir mein Leben mit ihm vorstellen würde und meine Möglichkeiten zur Tierhaltung darstellen. Ein Kontrollbesuch wurde auch noch durchgeführt. Schlupp ist so ein liebes Tier, dass ich meine Entscheidung nie bereut habe.«*

Ohne viel Mühe und unendlich dankbar für die lang ersehnte Zuneigung, ließ der Kater seine Augenentzündung behandeln und nach einigen Tagen der Isolation, um Krankheitsübertragungen zu vermeiden, problemlos in den blaublütigen Katzenver-

Uta Bresan und Ariane suchen regelmäßig für heimatlose Katzen neue Besitzer. Foto: Ariane Film

band eingliedern. Auch mit den fünf Hunden, zwei davon sind ebenfalls aus dem Tierheim, versteht er sich prima.

Claudia Lang konnte vorher natürlich nicht wissen, ob die Übernahme ohne Schwierigkeiten verlaufen würde. Sie war sich jedoch ihrer Verantwortung bewusst und verfügte über reichlich Erfahrung im Umgang mit Katzen.

Wer bereit ist, sich in die Katzenpsyche hineinzudenken, nachzuempfinden versucht, was das Tier fühlt, bei Problemen nach Lösungen sucht, sich informiert, sein Wissen erweitert und gegebenenfalls den Rat eines Experten einholt, der wird seine Entscheidung für eine Katze, ob sie nun problematisch oder unproblematisch ist, nicht bereuen.

Unerfahrene Katzenfreunde, die sich ein Hauskätzchen wünschen, sollten es nur von einer Familie adoptieren, bei der sie wissen, dass diese sich ganz aufmerksam und liebevoll von Geburt an um die kleinen Wesen gekümmert hat. Bei der Auswahl kann auch das Verhalten der Mutter und des Vaters Aufschluss über die späteren Eigenschaften des kleinen, vierbeinigen Gefährten geben.

Ansonsten rate ich Ihnen einfach, Ihr Herz sprechen zu lassen und das Katzenkind aus einem Wurf auszuwählen, welches auf Sie entsprechend positiv reagiert.

Hauskatzen sind abhängig von den Erwartungen ihrer Besitzer: ohne Rasse trotzdem Klasse!

Geschmeidigkeit und Eleganz finden Katzenfreunde bei großen und kleinen Katzen.
Foto: S. Jansen-Nöllenburg

Rassekatzen in großer Vielfalt

Rassekatzen unterscheiden sich auf den ersten Blick nur durch ihr Äußeres von ihren nicht adligen Artgenossen. Nur die Europäische Kurzhaar-Katze und die zurzeit noch nicht anerkannte Ankara-Katze sind manchen Hauskatzen ähnlich. Es gibt Samtpfoten mit langem, halblangem und kurzem Haarkleid und solche fast ohne Pelz in allen möglichen Farben. Auffällige Unterschiede findet der Betrachter ebenso beim Körperbau und der Kopfform der Katzen. Auf Katzenausstellungen, auf denen die Besucher eine Vielzahl von bedeutungsvollen Katzenpersönlichkeiten sehen können, finden sie große und kräftige sowie kleine, zierliche und zarte Katzen. Manche Miezen erinnern stark an ihre wildkatzenhaften Verwandten, obwohl sie ganz lieb vom Wesen sind, und andere bezaubern durch ihre Eleganz und Grazie. Mal entsprechen die vierbeinigen Schönheiten mit duftigem Fell, winzigen Nasen, kleinen Ohren und kugelrunden Augen dem Kindchenschema oder sie erinnern durch ihren keilförmigen Kopf, die großen Ohren und schräg gestellten Augen an die im alten Ägypten verehrten Tempelkatzen, die wir als Statuen kennen.

Ganz wichtig bei der Beurteilung und Auswahl von Rassekatzen sind für den Käufer jedoch nicht nur das bezaubernde Erscheinungsbild, sondern auch die einer jeden Rasse zugehörigen, typischen Charaktereigenschaften. So findet man bei der breiten Palette der Rassen unterschiedliche Typen für jeden Geschmack. Perserkatzen zeichnen sich durch ein ganz ruhiges Verhalten aus, während Siamkatzen ihren Menschen mit ihrem ausgeprägten Temperament in Atem halten können und sich als gute Gesprächspartner erweisen. Die Naturrassen, wie zum Beispiel die Norwegischen Waldkatzen, sind bei entsprechender vorhergegangener Selektion ein Garant für Charakterfestigkeit, Ausgeglichenheit und Verspieltheit.

Rassetypische Wesensmerkmale variieren meist nur wenig innerhalb der Rassen und sind natürlich auch abhängig von der Haltung und Aufzucht der Katzen. Trotz kleiner Unterschiede können Sie als Käufer einer Rassekatze, die durch die jahrelange züchterische Auslese geprägt ist, vor Überraschungen weitgehendst sicher sein. Dennoch gibt es auch bei den Rassekatzen einige unberechenbare oder stressanfällige Vertreter.

Charaktermängel, wenn ich sie einmal so bezeichnen darf, können aus ganz unterschiedlichen Gründen entstehen und sollten daher differenziert bewertet werden. In der folgenden Begebenheit entwickelte ein Kater Verhaltensstörungen, weil er unter katastrophalen Zuständen gehalten wurde. Als sich seine Lebensverhältnisse wieder zum Guten wendeten, war er wieder so lieb und brav wie zuvor:

Vor etwa einem Jahr bekam ich einen Anruf von einer Katzenbesitzerin, die mir erklärte, dass sofort ein einjähriger Norwegerkater abzugeben sei, da er aufgrund von Unsauberkeit nicht mehr zumutbar wäre. Die Halterin drohte, das Tier sofort in ein Tierheim zu geben, wenn nicht ich oder jemand anderer ihr das Tier abnehmen würde. Natürlich ist das Zusammenleben mit einer unsauberen Katze äußerst unangenehm. Ich brachte zunächst einmal mein Verständnis für die schwierige Situation zum Ausdruck. Hierdurch wurde der Gesprächston ruhiger und ich konnte eine sachdienliche Unterhaltung mit der aufgeregten Katzenhalterin führen. Nach einer Weile gab sie zu, dass das Tier erst durch die Änderung ihrer Lebensumstände – sie hatte sich von ihrem Partner getrennt, ging ganztags arbeiten und hatte nun weder ausreichend Zeit für ihre zwei kleinen Kinder noch für den Kater – unsauber wurde. Ich bemühte mich, ihr zu vermitteln, dass die Unsauberkeit des Tieres auf seine Vernachlässigung zurückzuführen sei. Das konnte sie jedoch nicht nachvollziehen, da ihre andere Katze keine Auffälligkeiten zu erkennen gab. Nun reagiert nicht jedes Tier gleich auf unangenehme Situationen. Ich bat die Dame um ein wenig Geduld, riet beide Katzen abzugeben und versprach, mich nach einem neuen Platz umzusehen. Durch meine Zusammenarbeit mit diversen Katzenvereinen gelang es mir ziemlich schnell, liebe Menschen zu finden, die sich des Katers annehmen wollten.

Trotz seines zuvor gezeigten Protestverhaltens benahm sich der Kater vom ersten Tag an im neuen Heim zutraulich, glücklich und zufrieden. Er ließ sich problemlos eingliedern, war weder scheu noch aggressiv und sichtbar froh, endlich wieder bei lieben Menschen zu wohnen, bei denen er die Streicheleinheiten bekam, die er brauchte. Dass er seine Unsauberkeit sofort ablegte, lag sicherlich daran, dass sie lediglich Folge des Fehlverhaltens der vorherigen Besitzerin war. Geprägt durch seine positiven Erfahrungen im Welpenalter beim Züchter reagierte er grundsätzlich normal. Nie wieder ist er unsauber gewesen. Sie erkennen, dass eine Katze mit Verhaltensauffälligkeiten sich bei einer positiven Änderung der Lebensverhältnisse völlig anders benehmen kann, sobald der Protest nicht mehr notwendig ist und das Tier erneut Zutrauen gewinnt.

Unterschiede in Wesen und Temperament der Katzen lassen sich auf genetische Dispositionen oder auf Haltungs- und Aufzuchtbedingungen zurückführen. In diesem Fall waren Haltungsmissstände wie Verwahrlosung, mangelnde Pflege und Unterernährung Ursachen für das Protestverhalten des Tieres.

Aggressivität, Ängstlichkeit und Scheu werden jedoch auch vererbt. Dabei erfolgt die Vererbung nicht nur von einer Generation auf die andere, sondern teilweise auch sprunghaft. Unter anderem aus diesem Grunde durchforschen seriöse, erfahrene Züchter die Ahnentafeln über mehrere Generationen und kennen fast alle Vorfahren ihrer Zuchtkatzen.

Suchen Sie nicht unbedingt eine Katze nur nach ihrem äußeren Erscheinungsbild aus. Wenn Ihnen der Charakter des Tieres nicht gefällt, kann aus einer solchen Verbindung vermutlich keine Liebe fürs Leben werden. Schließlich wollen Sie lange Jahre mit der Katze Ihren Alltag teilen. Einen Ehepartner erwählt man sich auch nicht nur nach seinem äußeren Erscheinungsbild, sondern genauso nach Sympathie, aus der im Laufe des Kennenlernens Liebe wird. Andererseits lieben wir doch auch unsere Kinder, obwohl sie sich nicht immer so benehmen, wie wir gerne hätten. Es wäre schön, wenn die Katzen sich auch noch unserer Wertschätzung erfreuen dürften, wenn sie einmal nicht ganz so brav und pflegeleicht sind und dabei ihre Bedürfnisse demonstrativ und vehement zum Ausdruck bringen. Wenn Sie Ihre Katze wirklich gern haben, respektieren und schätzen, fällt es Ihnen um so leichter, Verständnis für ihre Kapriolen, Zimperlichkeiten oder Proteste zu empfinden.

Zucht im Wandel

Vielleicht haben Sie schon in einer Katzenfachzeitschrift oder beim Besuch einer Katzenausstellung eine Rassekatze entdeckt, für die Sie sich so begeistern können, dass Sie mit einer solchen oder ähnlichen Schönheit Ihr Leben teilen möchten. Ist dies der Fall, so empfehle ich Ihnen, sich genau über diese Rasse zu informieren und zu überlegen, ob das Tier vom Pflegebedarf sowie vom Temperament her Ihren Erwartungen entspricht.

Das Aussehen der Katzen – Züchter sprechen vom Phänotyp – hat sich im Laufe der Jahre bei vielen Rassen durch züchterische Auslese verändert. Wie vieles andere ist auch die Zucht von Katzen bestimmten Trends unterworfen. Gewisse Modeerscheinungen dienen jedoch leider nicht nur dem Wohle der Samtpfoten, sondern vielmehr der Eitelkeit ihrer Besitzer und der Befriedigung deren Ehrgeiz. Durch Selektion sollen die Katzen so weit wie nur eben möglich der Maßgabe ihres Standards entsprechen. Rassetypische Merk-

Echte Katzenfreunde lieben ihre Miezen, auch wenn sie nicht dem neusten Trend entsprechen.
Foto: Laubscher

male werden als Abgrenzung zu anderen Rassen verstärkt. Hierzu gehört die Stärkung der Vitalität, die jedoch leider bei den Extremzuchten nachrangig scheint. Wer ein gesundes Kätzchen sein Eigen nennen möchte, sollte sich eingehend mit dieser Problematik beschäftigen und sich gegebenenfalls sogar für eine andere Rasse entscheiden oder einen Züchter suchen, der sich einem schädlichen Modediktat nicht unterwirft.

Anneliese Müllers Perserkatze Antonia wurde 18 Jahre alt. Nach ihrem Tod machte sich die begeisterte Katzenfreundin auf die Suche nach einer neuen Perserkatze. Sie stellte völlig überrascht fest, dass die langhaarigen Majestäten heute sich doch sehr von ihrer Katze Antonia unterschieden.

»Meine Anni«, berichtete sie mir stolz, *»hatte ein wunderschönes Gesicht. Mit ihrem runden Köpfchen, ihrer hübschen kleinen Nase und ihren großen Augen war sie der Star in meinem ganzen Freundeskreis. Als ich zu Besuch bei einigen Perserzüchtern war, fand ich die Katzen nicht mehr so ansprechend, ihre Gesichter wirkten auf mich nicht niedlich, wie ich es so liebe, sondern eher grimmig. Außerdem hatte ich das Gefühl, dass die Katzen aufgrund ihrer kurzen Nasen schlecht Luft bekamen. Ich habe dann nicht mehr auf Zeitungsinserate angerufen, sondern mich an einen Katzenverein gewandt. Dort bekam ich die Adresse von einer Züchterin, deren Perser noch so ähnlich aussahen wie früher, aufgrund mittelkurzer, breiter Nasen gut atmen konnten und trotzdem einen Stammbaum hatten.«*

Es gibt aber auch Katzenfreunde, die sich über eine Verstärkung der rassetypischen Merkmale freuen. Gerd Von Hofen war schon immer ein großer Freund von Siamkatzen. Da er ganztägig berufstätig war, hielt er zwei Katzen und obwohl er sich noch mehr Samtpfoten wünschte, beschloss er, mit der Aufnahme weiterer Tiere zu warten, bis er pensioniert wurde. Endlich war es soweit. Er konnte die Arbeit sein lassen und sich sein Rentnerdasein durch den Kauf zweier zusätzlicher Siamkatzen versüßen. Jahre zuvor hatte er durch den Besuch von Katzenausstellungen Züchteranschriften gesammelt und ihre Ausstellungserfolge beobachtet. Für ihn stand fest, wenn schon eine Rassekatze, dann auch eine besonders typvolle.

»Ich habe mir beim Kauf meiner neuen Katzen viel Zeit gelassen und den Züchtern genau erklärt, welche Vorstellungen ich habe. Meine beiden alten Miezen sind wunderschön, mit ihren herzförmigen Gesichtern, den blauen Augen und ihren kräftigen Körpern. Dennoch gefällt mir die heutige Siamkatze noch besser. Die Grazie und Eleganz dieser schlanken und doch muskulösen Katzen bringt mich immer wieder zum Schwärmen. Ich finde, die Züchter haben hier gute Arbeit geleistet. Auch dass es heute viel mehr Farben bei den Siamesen gibt als früher, finde ich bewundernswert. Ihr Charakter ist übrigens der gleiche geblieben. Extrem nervöse Katzen habe ich nur bei Züchtern gesehen, deren Haltung sowieso nicht nach meinem Geschmack war.«

Sie erkennen an diesen Beispielen, dass das Zusammenleben mit einer Katze ganz stark von den eigenen Wünschen, Vorstellungen und Bedürfnissen sowie den Möglichkeiten, auf die individuellen Ansprüche und Schwierigkeiten des Tieres einzugehen, abhängig ist.

2. Voraussetzungen zur Katzenhaltung

Voraussetzungen zur Katzenhaltung

»Eine Katze kann nicht, wie der Hund, eine echte Freundschaft zum Menschen knüpfen...« Solche Aussagen hört man fälschlicherweise immer wieder. Viele Menschen sind der Meinung, dass sich Katzen mehr an ihr Heim als an ihren Besitzer gebunden fühlen. Bei einer optimalen Mensch-Tierbeziehung ist diese Aussage keinesfalls grundsätzlich zutreffend.

Professor Leyhausen beschrieb in einem Forschungsbericht: *»Alle meine gekäfigten Katzen, gleich ob einzeln oder zu mehreren gehalten, begrüßten stets zuerst mich bzw. den Pfleger, ehe sie sich dem Futter zuwandten. ...Ließ man sie dann aus Versuchsgründen einmal ein oder zwei Tage hungern* (was bei Katzen, die in der Natur leben, hin und wieder vorkommt und nicht unbedingt dramatisch zu bewerten ist), *so war doch das erste bei der nächsten Fütterung nicht die Nahrungsaufnahme, sondern ein wahrer Begrüßungssturm mit hochgehobenem Schwanz, Köpfchengeben, wobei sich die Tiere oft im Leeren einer »imaginären« Streichelhand entgegen auf die Hinterbeine hoben ...und das intensive Flankenreiben an den Beinen des Pflegers. Erst danach wandten sie sich dem Futter zu, nahmen oft nur hastig ein paar Bissen, um dann wieder erst einige Zärtlichkeiten auszutauschen.«*

Eine Katze fühlt sich in der Regel dort am wohlsten, wo sich ihr geliebter Mensch aufhält. Mit zärtlicher Liebe hängen Samtpfoten an den Zweibeinern, mit denen sie in harmonischer Gemeinschaft zusammenleben. Wenn sie nicht gerade ein Ruhepäuschen eingelegt haben, begleiten sie ihren Besitzer bei all den Dingen, die er zu tun hat.

Drei meiner Miezen sitzen zurzeit gerade um mich herum und achten darauf, dass ich auch bloß nichts Falsches über sie erzähle, wobei meine Mimi, eine äußerst intelligente Katzendame und die Queen in unserer Katzenfamilie, ihren Kopf leicht schräg hält, gespannt auf das Computerbild schaut und einen etwas kritischen Gesichtsausdruck zeigt. Pretty Belinda, ein einjähriges Norwegisches Waldkatzenmädchen, findet das Schreiben gar nicht so wichtig und versucht immer wieder auf meinen Schoß zu springen, weil sie der Meinung ist, dass Schmusen viel schöner als Schreiben ist. Jungkater Jupiter, kurz Jupp gerufen, ist der Ansicht, dass mein Skript ein Objekt ist, das genauer untersucht werden sollte. Es knistert so schön, wenn er die Blätter durchs Zimmer jagt. Mimi, die spürt, dass mich die Unruhe beim Arbeiten stört, ruft ihn durch einen leichten Tatzenhieb zur Ordnung, worauf er sich trollt, um etwas neues Spannendes zu entdecken. Alle anderen Miezen schlafen in meiner unmittelbaren Nähe, denn wenn sie zu weit entfernt wären, könnten sie vielleicht was Wichtiges verpassen.

Auch bei den Arbeiten im Haushalt werde ich immer von der einen oder anderen Katze begleitet. Wenn ich ein paar Stunden außer Haus bin und zurückkehre, erwarten mich alle Samtpfoten im Flur, umstreichen meine Beine oder erzählen mir gurrend und miauend, was sich während meiner Abwesenheit ereignet hat. Ist am Abend Ruhe einkehrt und ich mache es mir auf der Wohnzimmercouch gemütlich, gesellen sie sich abwechselnd zu mir, um durch zärtliches Schmusen ihre Liebe zu beweisen. Selbstverständlich schenken sie auch meinem Sohn und meinem Mann ihre Zuneigung, jede auf ihre ganz eigene Art.

Die Vorstellung, dass Katzen keine echte Freundschaft zum Menschen knüpfen können, resultiert vermutlich noch aus einer Zeit, in der Katzen nicht zweckfrei als Heimtiere gehalten wurden, sondern als Nutztiere Haus und Hof von Ratten und Mäusen zu schützen hatten. Dennoch bestand zwischen Zwei- und Vierbeinern seit Beginn der Domestikation der Katze eine besondere Beziehung. Wie sich der Domestikationsprozess der Katze vollzog, darüber sind Wissenschafter sich nicht ganz einig. Denkbar ist, dass die bis dato unabhängigen Tiere sich dem Menschen aufgrund des erhöhten Nahrungsangebotes in den Siedlungen und Städten annäherten und sich so im Laufe der Zeit eine Art Zweckfreundschaft entwickelte. Von 4000 bis 5000 v.Chr. entwickelte sich in Ägypten ein wahrer Katzenkult. Die Katzengöttin Bastet wurde in der Stadt Bubasis von den Ägyptern hoch verehrt. Die Menschen liebten ihre Katzen so sehr, dass sie sich bei ihrem Tod als Zeichen der Trauer die Augenbrauen abrasierten. Als Tempelkatzen waren sie sehr geachtet.

In der Schifffahrt wurden Katzen nicht nur als Jäger geschätzt, sondern – insbesondere wenn sie rot oder dreifarbig waren – als Glück bringend gelobt. Weise Frauen, im Mittelalter als Hexen verflucht, lebten gerne mit Katzen zusammen. Schnell erkannten die abseits der Gesellschaft lebenden, in der Heilkunde erfahrenen Frauen, dass Katzen das Haus von Ungeziefer frei hielten und somit dazu beitrugen, Krankheiten fern zu halten. Außerdem dienten sie als Gesprächspartner in der Einsamkeit.

Durch Nutzgemeinschaften und Zweckfreundschaften entstand eine Beziehung von gegenseitigem Geben und Nehmen, bis die Katze als Haustier zum Freund des Menschen wurde. Die vorangegangene Zähmung ist Grundlage für die Form der heutigen Mensch-Tierbeziehung, wie wir sie schätzen. *»Die schönste und humanste Absicht der Tierdomestikation zielt auf die Symbiose von Mensch und Tier als solche. Unter Vernachlässigung aller Nutzfunktionen will man Solidarität von Lebewesen, die fühlen, dass sie verwandt und von der Natur selber zur Genossenschaft berufen sind.«* (Tiere als Therapie, Greifenhagen, S. 25.) Durch die Abhängigkeit der Katze vom Menschen wurde er verantwortlich für ihr Wohlbefinden. In Deutschland und den umliegenden europäischen Ländern nimmt die Anzahl der Katzenhalter deutlich zu. Alleine in Deutschland wurden bisher 6,3 Millionen Katzen gezählt.

Leider leben nicht alle Miezen so, wie wir Katzenfreunde es wünschen. Dies liegt nicht zuletzt daran, dass Katzen immer wieder aus falschen Motiven gekauft werden. Die eigenen Wünsche und Ansprüche, die ein Katzenhalter an sein Heimtier stellt, müssen mit den Bedürfnissen der Vierbeiner in Einklang gebracht werden. Stellen Sie sich vor dem Kauf einer Katze die Frage, warum Sie sich eine Katze wünschen.

Faktor emotionale Bindung

»Die Beliebtheit der Katze ist sicherlich auf ihr angenehmes Wesen und ihre Anpassungsfähigkeit zurückzuführen. Einerseits lieb und zutraulich, andererseits wild und von ihrem Ursprung her geprägt, hat sie sich in die Herzen der Menschen geschnurrt. Manche Katzenfreunde mögen sie im Zustand ihrer ursprünglichsten Triebe, andere lieben sie als Weggefährten und Kuscheltiere, und wieder andere Katzenliebhaber verehren sie wegen ihrer Schönheit. Allgemein wird sie aber wegen der Gesamtheit ihrer positiven Eigenschaften geschätzt.« (Herrscher und Theilig in »der Kosmos Katzenführer«.)

Die *erste Voraussetzung* zur Katzenhaltung ist die Liebe zu den Samtpfoten. Aus dieser Zuneigung heraus wird dann die Katze zum Familienmitglied und muss wie ein solches umsorgt werden. Damit die angestrebte Freundschaft zu einem dauerhaften und wirklich Freude bringenden Erlebnis wird, ist es Aufgabe des Katzenhalters, sich von Anfang an ausgiebig mit seinem Tier zu beschäftigen. Tägliche gemütliche Schmusestündchen und gemeinsames Spiel halten nicht nur die Katzenseele gesund, sie dienen ebenso der physischen und psychischen Gesunderhaltung des Menschen. Dies wurde durch zahlreiche wissenschaftliche Untersuchungen festgestellt.

Katzen, denen die Aufmerksamkeit ihres Menschen fehlt, werden schnell verhal-

Diese zwei sind glücklich miteinander. Worüber sie wohl lachen? Foto: S. Jansen Nöllenburg

tensauffällig. Aggression, Scheu, Vandalismus und/oder Unsauberkeit können unter anderem Resultat von Vernachlässigung sein. Obwohl die Katze über ein fast so großes und vielfältiges Lautrepertoire wie der Mensch verfügt, kann sie ihren Unwillen nicht unbedingt durch Sprache äußern. Manchmal ist es vielleicht auch so, dass ihr einfach keiner richtig zuhört. Sie protestiert, indem sie Dinge tut, die ihr Halter nicht mag. Wie bei vernachlässigten Kinder scheint es auch bei der Katze so zu sein, dass ihr unangenehme Zuwendungen lieber sind als keine.

Faktor Belastbarkeit und Erwartungshaltung

In diesem Zusammenhang sollten Sie Ihre gefühlsmäßige Belastbarkeit prüfen. Sind Sie eher ein ruhiger oder ein nervöser Mensch? Sind Sie laut oder leise? Lieben Sie ständige Aktionen oder ist es Ihnen möglich, es sich mit einem schnurrenden Gefährten gemütlich zu machen? Wünschen Sie sich eine lebendige Katze, die viel in Bewegung ist, wie z.B. die Siamesen, oder ist Ihnen ein solches Tier zu strapaziös? Dann könnten Sie besser mit einem ruhigen Exemplar wie einer Perserkatze zusammenleben. Bedenken Sie bitte, dass eine positive Mensch-Katzenbeziehung nur dann möglich ist, wenn der Zweibeiner die Zuneigung, die der Vierbeiner schenken will, annehmen und wirklich erwidern kann. Dies ist jedoch nur dann möglich, wenn sich eine Symbiose zwischen zwei Partnern entwickelt. Rudolf Steiner meinte, dass zum Beispiel sehr unruhige Menschen durch einen ebensolchen Gegenpart zur Ruhe motiviert werden, aber ebenso unterschiedliche Charakterstrukturen sich im Zusammenleben als wohltuend erweisen könnten. Dies ist individuell verschieden und jeder muss für sich selber herausfinden, ob er eher einen vom Temperament her ähnlichen oder ganz anderen Part braucht. Wählen Sie möglichst die Katze aus, von der Sie überzeugt sind, dass Sie Ihnen gut tut. Dann werden Sie der richtige Mensch für die Katze sein.

Überlegen Sie bitte auch, ob die Katze ein Ersatz für eine nicht erfüllte Beziehung darstellen soll. Legt ein allein stehender Mensch sich ein Tier zu, welches ihm die Einsamkeit vertreiben soll, so ist grundsätzlich nichts dagegen einzuwenden. Er muss sich aber dennoch darüber im Klaren sein, dass der Kontakt zu einem Tier nicht die Interaktionen mit anderen Menschen ersetzen kann. Hiermit wäre die Katze völlig überfordert. Aus einer falschen Erwartungshaltung heraus können dann Konflikte entstehen.

Ein Heimtier darf zudem nicht dazu benutzt werden, eine »kaputte« Beziehung zum Partner zu »kitten«. Manche Menschen hoffen, dass mit dem Einzug eines neuen vierbeinigen Familienmitglieds nun wieder etwas da ist, was die Bindung beleben wird. Die Katze als hoch soziales Tier spürt Spannungen in einer Gemeinschaft und leidet unter diesen. Geht es ihrem geliebten Menschen schlecht, so fühlt auch sie sich nicht gut. Sie wird dies zum Ausdruck bringen, was für eine schon belastete Beziehung zu einem weiteren Problemfaktor werden kann.

Ebenso verhält es sich, wenn die Katze als Kinderersatz herhalten soll. Ist der Kinderwunsch aufgrund beruflicher, finanzieller, gesundheitlicher oder anderer persönlicher Umstände nicht sofort zu erfüllen, so bietet die Katze scheinbar einen guten Ersatz. Sie darf die Bedürfnisse nach Liebe, Wärme und Fürsorge decken und die Lücke die ansonsten entstehen könnte füllen. Aber auch wenn die Katze als Familienmitglied betrachtet wird, so wie sie es im günstigsten Falle ist, kann die Freundschaft zu ihr niemals ein wirkliches Äquivalent zur Mutter-Kind-Beziehung darstellen. Stellt der Katzenhalter derartige Ansprüche an das Tier, so ist es gut möglich, dass er enttäuscht sein wird. Problematisch kann die Beziehung zur als reiner Kindersatz gehaltenen Katze dann werden, wenn

Dieser Norwegische Waldkater ist ein echtes Familienmitglied. Foto: Drouven

sich der lang ersehnte Kinderwunsch endlich erfüllt. Welche Stellung nimmt das zuvor verhätschelte Tier nun innerhalb der Familie ein? Leider ist es manchmal so, dass dann der Mohr seine Schuldigkeit getan hat und schon in der Schwangerschaft Gründe vorgeschoben werden, um die Katze loszuwerden.

Faktor Zeit

Eine weitere Bedingung zur Katzenhaltung ist die Bereitschaft des Besitzers, ausreichend Zeit mit dem Tier zu verbringen. Nur wer in der Lage ist, sich mehrere Stunden täglich mit seinem Vierbeiner zu beschäftigen, kann sich als guter Tierhalter bezeichnen. Nun gibt es selbstverständlich auch berufstätige Katzenfans, die sich eine Katze wünschen. Grundsätzlich spricht auch bei Menschen, die mehrere Stunden täglich außer Haus sind, nichts gegen eine Katzenhaltung, wenn sie ihr einen großen Teil der verbleibenden Zeit widmen. Dennoch ist die Katze ungern allein. Wenn Sie berufstätig sind und sich dennoch eine Katze kaufen möchten, so rate ich Ihnen, sich zwei Samtpfoten zuzulegen. Während Sie das Katzenfutter verdienen, fühlt sich das Tier durch die Gesellschaft eines Artgenossen, mit dem es schmusen und spielen kann, nicht einsam. Den Prozess des Kennenlernens ersparen Sie Ihren Katzen, wenn Sie ein Geschwisterpaar aus einem Wurf oder zwei Tiere aus dem gleichen Züchterhaushalt kaufen. Seelische Verkümmerung wird somit vermieden. Außerdem ist es für jeden Katzenbesitzer ein große Freude, seine Tiere im Umgang miteinander zu beobachten. Leben mehrere Tiere in einem Haushalt, so sind die Katzen durch den Kontakt mit den anderen Vierbeinern meist lebhafter als allein lebende Katzen. Die sozialen Strukturen einer Katzenfamilie zu beobachten, ist sehr spannend und oftmals interessanter als das Fernsehprogramm. Katzen genießen es, sich gegenseitig zu putzen, sich die Ohren zu schlecken und über Tisch und Bänke zu tollen. Wenn wir ganz ehrlich sind, müssen wir eingestehen, dass wir dazu eigentlich keine Lust haben. Ein Mensch kann niemals einen Artgenossen ersetzen. Die Beziehung, die Katzen untereinander knüpfen, ist aber kein Äquivalent zur Mensch-Tierfreundschaft. Dazu meint Professor Leyhausen: *»Zu mehreren gehaltene Katzen können dieses soziale Bedürfnis (nach Zärtlichkeit) nicht aneinander abreagieren, der Artgenosse ist hierzu nicht einmal als Ersatzobjekt tauglich. Auch in üblicher Weise frei gehaltene Katzen bedürfen zweifellos dieses Kontaktes mit dem Menschen. ...So ist zwischen Menschen und solitären Katzenarten eine echte und dauernde Freundschaft möglich, wie sie bei Katzen unter sich nie vorkommt.«*

Faktor Wohnen

Wie viel Platz braucht eine Katze, wie soll das Wohnumfeld gestaltet sein?

Katzen sind, was ihre Wohnverhältnisse angeht, nicht anspruchsvoll. Sie haben aber eine ganz andere Vorstellung davon, was gut und richtig ist, als so mancher Vermieter einer Wohnung. Wenn Sie in einer Mietwohnung leben, müssen Sie sich vor dem Kauf einer Katze davon überzeugen, ob Tierhaltung verboten, eingeschränkt oder erlaubt ist.

Unabhängig von der Größe einer Wohnung leben Katzen auf mehreren Ebenen, wodurch sie ihr Umfeld erweitern. In kleineren Wohnungen ist es daher unabdingbar, ausreichend Klettermöglichkeiten zur Verfügung zu stellen.

Ganz besonders wichtig ist ein Kratzbaum, der in jeden ordentlichen Katzenhaushalt gehört. Ein Kratzbaum bietet der Katze nicht nur mehr Raum, sondern trägt auch dazu bei, dass Ihre bisher so hübsche Wohnung von Kratzspuren verschont bleibt. Die innige Beziehung zwischen Mensch und Tier wird meist erheblich gestört, wenn die Samtpfoten ihre Krallen an Möbeln und Tapeten wetzen.

Für die Katze ist es aber ganz normal, an Gegenständen zu kratzen. Zum einen dient dieses Verhalten der täglichen »Waffenpflege« und dem Muskeltraining, zum anderen ist es Ausdruck des Wohlbehagens. Da Katzen an den Sohlen sowie zwischen den Krallen über Schweißdrüsen verfügen, markieren sie mit dem »Bepfoteln« und mit dem Wetzen beliebte Plätze mit ihren Duftstoffen. Daher sollte, selbst wenn die Mieze Freigang hat und ihre Krallen an Bäumen schärfen kann, eine Kratzmöglichkeit im Haus zur Verfügung stehen.

Der Fachhandel bietet eine Vielzahl von mehr oder weniger schönen und funktionstüchtigen Objekten an, die nach den Bedürfnissen der Katze sowie nach dem persönlichen Geschmack der Besitzer ausgewählt werden können. Handwerklich begabte Katzenhalter sparen nicht wenig Geld, wenn sie selber einen Baum bauen, da ein hochwertiger Kratzbaum ca. DM 300,- bis zu DM 2000,- kosten kann. Baumstämme direkt aus dem Wald zu entnehmen, ist nicht ratsam, da die Pflanzen oftmals mit Schädlingsgiften, die auch für die Katze gefährlich werden können, behandelt sind.

Beim Kauf sollte darauf geachtet werden, dass der Baum robust und standfest ist. Die Säulen sind meist mit Sisal umwickelt und müssen so lang sein, dass sich eine erwachsene Katze hieran völlig strecken kann. Liegeflächen, Hängematten oder Höhlen werden mit strapazierfähigem Teppich umspannt. Die Liegeflächen sollten nicht zu eng bemessen sein. Höhlen werden von Katzen sehr geschätzt, sie haben jedoch den Nachteil, dass sie nicht ganz einfach zu reinigen sind. Will der Katzenbesitzer mit seiner Katze zum Tierarzt fahren, verreisen oder etwas Ähnliches, was der Katze nicht behagt, so kann er sicher sein, dass sie sich in der Höhle versteckt. Sie dort heraus zu bekommen, ist ein nicht ganz leichtes Unterfangen.

Katzen schätzen es ganz besonders, an hohen Plätzen zu liegen. Dort haben sie ihre Ruhezone, fühlen sich ungestört und haben zudem die Möglichkeit, ihre Umgebung genau zu beobachten. Leben mehrere Katzen in einem Haushalt, so erobert in der Regel die ranghöchste Mieze den obersten Platz am Baum und drückt so ihre Überlegenheit aus. Bei hohen Kratzbäumen mit mehreren Liegeflächen ist der Aufbau auf eine stabile Standplatte wichtig.

Kratzbäume aus nicht mit Sisal umwickelten Stämmen sind zurzeit auch als dekoratives Möbelstück recht beliebt. Käufer oder Heimwerker sollten jedoch bedenken, dass eine Katze, die das Krallenwetzen an Naturhölzern gewohnt ist, eventuell ihre Krallen dann am wertvollen Wohnzimmerschrank schärft, weil sie zwischen Baum und Schrank keinen Unterschied erkennt.

Wenn Sie mit einer Katze leben wollen, müssen Sie akzeptieren, dass die Katze sämtliche Möbel des Zuhauses zunächst einmal als ihr persönliches Eigentum betrachtet. Selbstverständlich sollten Sie Ihrer vierbeinigen Freundin nicht unbedingt alles gestatten. Hin und wieder braucht auch die Katze etwas Erziehung. Das Leben mit ihr sollte nicht von ihr dominiert werden, weil sich sonst aus einer harmonischen Beziehung ein ständiger Machtkampf um Rechte entwickelt. Das Wohlbefinden des Katzenhalters wird dabei stark beeinträchtigt.

Kratzbäume sind unentbehrliche Möbelstücke für Katzenhalter. Foto: Lang

Sollte Ihre Mieze trotz Kratzbaum lieber am Sofa ihre Krallen schärfen, so kann der Katzenhalter ihr dies nur mit viel Mühe abgewöhnen, wobei zu beachten ist, dass junge Tiere leichter als ältere zu erziehen sind. Meist liegt der Grund für das Verhalten darin, dass das Tier die mit dem Geruch des Menschen behafteten Gegenstände durch ihren eigenen Duft markieren möchte. Erwischt der Katzenfreund sein

Hoch oben auf dem Schrank fühlt sich diese Norwegische Waldkatzendame besonders wohl.
Foto: S. Jansen-Nöllenburg

Tier beim Wetzen an unerlaubten Stellen, so sollte er laut »nein« rufen und die Katze freundlich, aber bestimmt vor ihren Baum setzen und sie hier, z.B. durch Spiel, zum Kratzen motivieren. Mit einem kleinen Trick kann der Baum für die Katze attraktiver gemacht werden, indem er mit einem nach dem Schweiß des Besitzers riechenden Tuch abgerieben wird.

Ausreichend Wohnraum mit diversen Rückzugsmöglichkeiten zur Verfügung zu stellen, ist, nicht nur abhängig davon wie viele Katzen zusammenleben, grundsätzlich Verpflichtung des Katzenbesitzers. Leben mehrere Katzen miteinander, müssen sie sich den Lebensraum der Wohnung teilen. Sind zu wenig Platz sowie nur geringe Rückzugsmöglichkeiten für jedes einzelne Tier vorhanden, so wird dies zwangsläufig in jeder noch so harmonischen Katzengemeinschaft zu Konflikten führen.

In der freien Natur teilen sich Katzen den Bereich, durch den sie streifen, in unterschiedliche Reviere auf und verteidigen diese vor eventuellen Rivalen. Weibchen wie Männchen verhalten sich hier gleichermaßen, bis auf einige Ausnahmen. Kater treffen sich zum Beispiel außerhalb ihres Reviers mit befreundeten Katern, an einem neutralen Platz, auf dem keine Machtkämpfe stattfinden und die Bruderschaft der Kater zelebriert wird. Katzen leben, wenn sie Jungtiere aufziehen müssen, in Familienverbänden mit anderen Katzenmüttern zum Schutz ihrer Jungen zusammen. Es gibt zudem von Natur aus soziale Katzen, die die Freundschaft anderer Katzen ohne Nutzbestimmung suchen.

Bei der Beurteilung des Raumbedarfs einer Katze sollte den natürlichen Bedürfnissen der Tiere Rechnung getragen werden. Beachten Sie bitte, dass diese Katzengemeinschaft keine natürliche ist, die sich die Katzen selbst erwählt haben, sondern eine, die Sie künstlich geschaffen haben. Wenn Sie sich vorstellen, wie gut sich frei lebende Katzen aus dem Weg gehen können, werden Sie verstehen, wie wichtig ausreichend Platz für Wohnungskatzen ist.

Unerfahrene Tierfreunde glauben häufig, dass sie ihrem Liebling etwas Gutes tun, wenn sie ihm über das Anschaffungsmöbel Kratzbaum hinaus ein Schlafkörbchen kaufen. Nun ist die Katze mal kein Hund. Sie ist am liebsten dort, wo ihr Mensch sich aufhält. Tagsüber macht sie es sich für ein Nickerchen auf dem Sofa gemütlich und später dann auf dem Kopfkissen oder am Fußende im Bett ihres Besitzers, wobei sie sich gerne an ihn kuschelt oder zu seiner speziellen Freude auch mitten in der Nacht genüsslich und zärtlich über das Gesicht leckt. Nur wer nicht berufstätig ist und viel Zeit mit seinem vierbeinigen Liebling verbringt, kann versuchen, nachts die Schlafzimmertür zu verschließen. Ansonsten brauchen die Katzen die Nähe ihres Menschen, den sie am Tag kaum sehen, auch insbesondere dann, wenn sie keinen Artgenossen haben, an den sie sich schmiegen können. Eigentlich können Katzen es überhaupt nicht leiden, wenn eine Tür verschlossen ist. Eine zugesperrte Schlafzimmertür verärgert sie jedoch ganz besonders. In dieser Beziehung sind sie irgendwie pingelig. Ich höre immer wieder, wie Käufer mir voller Überzeugung erklären: »Meine Katze kommt auf keinen Fall ins Schlafzimmer. Wenn ich den ganzen Tag mit ihr zusammen bin, kann sie nachts ruhig alleine bleiben.« Wollen sie meine ehrliche Meinung dazu hören? Das ist alles reine Theorie. Katzen sind in der Lage, ich glaube mehr als alle anderen Heimtiere, ihre Interessen vehement durchzusetzen. Stellen Sie sich einmal vor, Sie haben sich ausführlich mit Ihrem Katzenkind beschäftigt. Sie glauben, dass der kleine Wirbelwind doch nun endlich, genauso wie Sie, müde sein müsste und begeben sich erschöpft zur Ruhe. In dem Augenblick, wo Sie die Schlafzimmertür schließen, wird Ihr Samtpfötchen garantiert herzerweichend zu schreien beginnen. Sie halten dies tapfer durch, schließlich wollen Sie das Kleine von Beginn an vernünftig erziehen und sich nicht tyrannisieren lassen. Spätestens nach einer halben Stunde fällt Ihnen ein, dass schließlich Sie es waren, der/die das Baby aus seiner gewohnten Umgebung gerissen hat. Ihnen wird bewusst, dass das kleine niedliche Wesen nun ohne seine vorherigen Besitzer, seine Mutter, seinen Vater und seine Geschwister völlig einsam ist. Es dauert nicht lange und Sie fühlen sich schuldig. Außerdem sind Sie sehr müde; so ein Tag mit einem neuen Familienmitglied ist anstrengend. Ich garantiere Ihnen, wenn Sie ein Mensch mit einem weichen Herz sind, werden Sie Ihre Tür öffnen, das Kätzchen schleicht hinein, springt nach einer Weile zu Ihnen ins Bett und alle Ihre guten Vorsätze gehören ab sofort der Vergangenheit an. Wissen Sie was? – ich finde das absolut richtig.

Wenn Sie diesbezüglich hygienische Bedenken haben, kann ich Sie beruhigen. Eher als der Mensch durch den engen Kontakt mit der Katze erkrankt, steckt sie sich bei ihm an, sollte er unter einer Infektionskrankheit, wie einer Erkältung leiden. Dies wird Ihnen auch Ihr Tierarzt bestätigen können.

Faktor Toleranz und Erziehung

Meine Katzen wissen, dass ich in unserem Haushalt die »Oberkatze« bin, die letztendlich das Sagen hat. Es ist jedoch meist eher so, dass sie aus Freundschaft zu mir gehorchen und nicht, weil sie wie ein Hund meinen Befehlen Folge leisten. Bin ich einmal nicht zu Hause gelten Verbote wie: »nein, ihr dürft nicht auf dem Tisch« eigentlich nicht mehr. Sie denken wohl, was ich nicht weiß, macht mich nicht heiß. Bin ich in ihrer unmittelbaren Nähe, benehmen sie sich so gut, wie man es von blaublütigen Aristokraten, die sie nun einmal sind, erwarten kann. Meine älteren Katzen haben jedoch schon fast alles erforscht, was es in meinem Haushalt zu entdecken gibt und sind vermutlich aus reiner Bequemlichkeit, auch wenn sie alleine im Haus sind, nicht für Dummheiten zu begeistern. Bei den jungen Katzen ist das völlig anders. Für kleine Katzen gehört das Erforschen ihrer Umwelt zum Lern- und Entwicklungsprozess. In der Sturm-und-Drang-Zeit meiner Miezen gibt es aus diesem Grund keine für sie erreichbaren, zerbrechlichen und wert-

Wer mit seiner Katze das Bett, die Brille und die Zeitung teilt, ist sicherlich ein toleranter Katzenfreund. Foto: Fraustein

vollen Gegenstände. Ich behalte durch diese Maßnahme meine gute Laune und schütze die Kleinen vor Gefahren. Etwa ab einem Alter von zwei Jahren werden die meisten Katzen ruhiger und machen weniger Unsinn.

Als mein Sohn noch kleiner war, wollte er, indem er alles Greifbare anfasste, begreifen lernen. Ich hielt wenig davon, ihn zu beschränken oder ihm auf die kleinen Hände zu schlagen, wie es leider noch immer manche Mütter tun. Was er nicht anfassen durfte, war einfach nicht für ihn erreichbar. Genauso handhabe ich es mit meinen Jungtieren. So lange sie ein Verbot nicht verstehen und meinen Unmut nicht auf irgendeine Art und Weise nachvollziehen können, lasse ich Dinge, die sie zum Spiel und Forschen auffordern könnten und bei denen ich dies nicht gestatten will, nicht in ihrer Nähe liegen. Trotzdem versuche ich sie durch Verbote, die ich mit einem bestimmten »Nein – Verboten« zum Ausdruck bringe, behutsam aber dennoch konsequent zu erziehen. Wenn Sie ein Mal über Verbotenes lachen, ein anderes Mal strafen, wird Ihre Erziehung keine Früchte tragen.

Dr. sc. Dennis Turner meint: »... Der Schlüssel, wie man eine Katze dazu bringt, den Kratzbaum und nicht die Vorhänge oder das Mobiliar zu benutzen, liegt in unserem eigenen Verhalten, insbesondere gegenüber einem jungen Kätzchen, das gerade dabei ist, unser Zuhause zu erkunden. (...) Schläge sind für eine Katze nie eine geeignete Strafe, sie können vielmehr die gute Beziehung zum Tier zerstören; aber Katzen lieben es auch nicht, mit Gebrüll eingefangen zu werden. So konsequent wir bei der Kindererziehung sind, müssen wir auch bei der Katze sein. Wir brauchen die Katze nicht jedesmal einzufangen, wenn sie etwas ausgefressen hat; aber wenn wir einmal darüber lachen, ein andermal laut »Nein« rufen, erreichen wir nur, dass die Katze neurotisch wird, sonst nichts!«

Wenn man als Katzenhalter auch auf einige dekorative Gegenstände verzichten muss, so hat das Beisammensein mit einer oder gar mehreren Katzen doch ebenso einen positiven Effekt. Die Miezen erziehen ihren Menschen zur Ordnung. Und die Erziehungsmaßnahmen der Katze sind meist von mehr Erfolg gekrönt als die unsrigen. Unnütze Staubfänger wie wertvolle Vasen werden zukünftig in die Vitrine verbannt sein, wichtige Dokumente bleiben nicht auf einem Stapel anderer Papiere liegen, bis man sie verzweifelt sucht. Nein, sie werden, damit der Vierbeiner sie nicht anknabbert, sogleich ordentlich abgeheftet und im Schrank aufbewahrt. Das Pflanzenparadies reduziert sich auf einige wenige ungiftige Exemplare, womit sich der Katzenfreund das lästige Gießen erspart und auf der Fensterbank stehen statt dessen dekorative Schälchen mit Katzengras, welche sich besonders zur Osterzeit gut ausnehmen. Essensreste werden sofort entsorgt, spätestens aber, wenn es sich die Katze mit ihrer ersten Beute, zum Beispiel einer halben übrig gebliebenen Rinderroulade auf dem guten Teppich gemütlich gemacht hat.

Sie können erkennen, dass Sie sich im Leben mit einer Katze nicht von ihr beherrschen lassen sollten, jedoch viel Toleranz beweisen müssen. Toleranz und die Bereitschaft, seinen Lebensraum so gut wie vollständig mit dem Tier teilen zu wollen, ist eine weitere Maßgabe für eine glückliche Freundschaft zwischen Zwei- und Vierbeinern.

Katzen brauchen eine ausgewogene Ernährung.
Foto: Hess

Faktor Ernährung

Welche Ernährung ist richtig, welche falsch, was braucht die Katze?

Bei optimaler Haltung werden die Miezen selbstverständlich ausgewogen ernährt. Katzen optimal zu füttern, ist nicht so simpel, wie man glauben mag. Eine gute Ernährung ist jedoch zur Gesunderhaltung enorm wichtig. Immer noch glauben heute einige Menschen, dass die Samtpfoten mit Tischabfällen durchaus zufrieden wären. Sie brauchen aber eine andere Zusammensetzung von lebensnotwendigen Nährstoffen wie Kohlenhydrate, Fette und Eiweiße, Mineralstoffe und Vitamine als der Mensch.

Früher, als die Katzen noch überwiegend auf Mäusejagd gingen, war es durchaus üblich, sie mit Essensresten zu füttern. Die Tiere vertrugen dies gut und es schadete ihnen nicht. Der Grund dafür war, dass die Katzen, von Natur aus Jäger, sich neben dem von ihren Besitzern bereitgestellten Futter von frisch geschlagener Beute ernährten und diese, komplett mit Muskelfleisch, Organen sowie Magen- und Darminhalt fraßen. Heute müssen Katzen, selbst wenn sie Freigänger sind, nicht mehr selber Nahrung beschaffen. Eher ist es so, dass sie neben den regelmäßigen Futtergaben zu Hause noch von Nachbarn zusätzlich mit der einen oder anderen Leckerei verwöhnt werden.

Die Nährstoffe, die sie früher als Jäger aus der Beute gewonnen haben, müssen nun somit dem Futter beigefügt sein. Zudem hat sich der Energiebedarf verändert. Er muss den Bedürfnissen und Lebensumständen des einzelnen Tieres angepasst sein. Trächtige und säugende Katzen, Jungtiere, kranke Tiere, Katzen in der Rekonvaleszenz oder ältere und/oder bewegungsarme Tiere benötigen, je nach Energiebedarf, ein auf ihre Ansprüche individuell abgestimmtes Futter.

Grundsätzlich besteht eine gesunde, ausgewogene Katzennahrung aus zwei Drittel Fleisch oder Fisch sowie einem Drittel Beifutter wie Getreideprodukte oder Gemüse.

Katzen sind bei der Nahrungszusammensetzung ganz besonders auf Eiweiß angewiesen. Die notwendige Mischung verschiedener Eiweißarten ergibt sich aus pflanzlichen und tierischen Produkten, wobei letztere für die Katze einen höheren Nährwert besitzen, andere jedoch auch unverzichtbar sind. Kohlenhydrate sind wie beim Menschen auch bei der Katze wichtiger Energiespender. Zucker und Stärke werden in Glykogen umgewandelt, das als Reserve in der Leber und Muskulatur gespeichert wird. In Zeiten besonderer Belastung greift der Organismus auf das angelegte Depot zurück. Kohlenhydrate, die nicht verbraucht oder zu Glykogen verarbeitet werden, wandelt der Organismus in Speicherfett um, mit der Folge, dass das Tier zu dick wird. Ungekochte Kohlenhydrate, aus z.B. Haferflocken, Nudeln, Reis oder Gemüse und die darin enthaltenen, für die Verdauung notwendigen Ballaststoffe können kaum verarbeitet werden.

Wenn Sie selber für Ihre Katze kochen möchten, sollten Sie hierauf achten. Auch bei der Aufnahme von Fett ist das richtige Mengenverhältnis wichtig, damit die Katze nicht übergewichtig wird. Zu viel Fett führt außerdem meist zu Durchfallerkrankungen. Fett ist aber ein wichtiger Energielieferant und hilft, nicht fettlösliche Vitamine, wie z.B. Vitamin A und D, aufzuspalten. Vitamine sind für ein gutes Wachstum, die Entwicklung der Immunität und ein gesundes Leben Voraussetzung. Dennoch schadet der Katze ein Zuviel an Vitaminen. Das Vitamin D ist zum Beispiel enorm wichtig für die Skelettbildung, kann aber ausschließlich gefüttert zu Vergiftungen führen. Daher sollte die Katze nicht nur mit Fisch ernährt werden.

Da die Eigenherstellung optimalen Futters nicht einfach und auch sehr zeitaufwendig ist, bietet der Fachhandel mittlerweile eine Vielzahl von Produkten mit einer guten Zusammensetzung von Grundnährstoffen an, die eine individuelle Fütterung erleichtert. Katzenhalter haben hier die

Wenn es was zu fressen gibt, sind auf einmal alle Katzen da. Foto: Lang

Auswahl zwischen Trocken- und Dosenfutter. Da Katzen es schätzen, mehrfach am Tag immer wieder eine kleine Mahlzeit zu sich zu nehmen, ist es ratsam, immer ein Schälchen Trockenfutter für den kleinen Snack zwischendurch bereitzustellen. Dies ist auch insbesondere im Sommer, wo an warmen Tagen Dosen- und anderes Frischfutter schnell verdirbt, gut zu füttern.

Verdorbenes Futter wird vom empfindlichen Katzenmagen schlecht vertragen und führt, wenn sich hierauf Fliegen setzen, schnell zum Bandwurmbefall. Achten Sie darauf, dass es sich um hochwertiges Trockenfutter handelt, welches sich im Preis deutlich von minderwertigem unterscheidet. Wichtig ist ebenso, dass Katzen, wenn sie Trockenfutter fressen, ausreichend Wasser zu sich nehmen. Nierenerkrankungen- und Harngrießbildung werden ansonsten gefördert. Milch, die irrtümlich immer noch gern gereicht wird, vertragen die meisten Katzenmägen nicht. Durchfallerkrankungen können die Folge sein. Wer auf gut verdauliche Milch/ähnliche Produkte nicht verzichten möchte, der kann lactosefreie Katzenmilch kaufen oder seinem Haustiger Hüttenkäse und Quark anbieten. Außerdem finden fast alle Katzenhalter es total niedlich, ihrem Liebling beim Schlecken der Milch zuzuschauen. Ich vermute, dass das auf die putzigen Katzenbilder, die wir noch aus unserer Kindheit in Erinnerung haben, zurückzuführen ist.

Eine ausgewachsene Katze braucht zwei Dosenmahlzeiten pro Tag. Die Fütterung sollte möglichst morgens und abends erfolgen. 350 Gramm sind dabei ausreichend.

Wer seine Katze einmal verwöhnen möchte, der wird ihr eine Freude machen, wenn er ihr eine Mahlzeit aus z.B. Hühner- oder Putenfleisch (ohne Haut füttern) mit angerösteten oder gekochten Haferflocken und einer gekochten Möhre und/oder etwas Reis zubereitet. In der gleichen Zusammensetzung ist auch eine Fischmahlzeit (absolut grätenfrei) ein besonderer Schmaus. Die Fütterung von rohem

Regelmäßige Tierarztbesuche sind wichtig. Foto: Laubscher

Schweinefleisch kann zu todbringender Erkrankung führen. Ob Katzen hin und wieder rohes Rind- oder Hühnerfleisch benötigen, darüber sind sich Experten nicht einig. Fest steht jedoch, dass die meisten Katzen, insbesondere die, die nie Beute machen können, besonderen Spaß daran haben, Eintagsküken (gekocht oder roh) zu fressen. Auch hier gehen die Meinungen über den Nährwert, gerade bei Züchtern, auseinander.

Letztendlich ist es bei der Katze nicht anders als beim Menschen, das was ihr schmeckt, tut ihr im richtigen Mengenverhältnis auch gut.

Faktor Gesunderhaltung

Medizinische Versorgung – was dazugehört, worauf zu achten ist

Damit der Vierbeiner gesund bleibt, braucht er kontinuierliche medizinische Betreuung, dazu gehören regelmäßige Gesundheitschecks beim Tierarzt, regelmässige Impfungen und Entwurmungen sowie medizinische Behandlung im Krankheitsfall. Rassekatzen, die Ausstellungen besuchen und/oder Deckkater die Damenbesuch empfangen, sind einem größeren Infektionsdruck durch die vermehrten Kontakte ausgesetzt, als Katzen die nur im Hause leben und keine Außenbeziehungen herstellen. Dennoch müssen auch letztere entwurmt und geimpft werden. Die Gefahr von Ansteckungskrankheiten ist weitgehendst ausgeschlossen. Die medizinische Versorgung von Zuchtkatzen ist durch Prophylaxe, zur Vermeidung und Behandlung von Infektionen, weitaus kostenintensiver als bei Tieren, die keinen Außenkontakt haben.

Faktor Geld

Was kostet eine Rassekatze in der Anschaffung und im Unterhalt?

Unabhängig von Infekten kann jedes Tier einmal erkranken. Jeder zukünftige Katzenbesitzer sollte gewissenhaft für sich selber prüfen, ob er auch im Notfall über ausreichend finanzielle Mittel zur Gesunderhaltung und Wiederherstellung der Gesundheit eines Tieres verfügt.

Wenn Ihr Bankguthaben eher klein als groß ist, rate ich Ihnen, ein Sparbuch für die Katze anzulegen, auf dem Sie regelmäßig kleine Beträge einzahlen sollten. Bei zukünftigen Anschaffungen wie z.B. einem neuen Kratzbaum, Transportkorb und Ähnlichem oder einer manchmal notwendigen, äußerst kostspieligen Operation des Tieres brauchen Sie sich dann keine Sorgen über die Höhe der zu begleichenden Rechnung machen. Sollten Sie jedoch Schwierigkeiten haben, die im Monat üblicherweise anfallenden Futter- und Streukosten von DM 100,- bis 150,- zahlen zu können, so empfehle ich Ihnen, sich erst dann eine Katze zuzulegen, wenn sich Ihre finanzielle Situation verbessert hat.

Zu Sparmaßnahmen rate ich auch dann, wenn Sie sich eine Rassekatze kaufen möchten und der gängige Preis einer solchen spontan Ihr Konto belastet. Adelige Samtpfoten werden von seriösen Züchtern für DM 800,- bis 1400,- angeboten. Wem dies zu teuer erscheint, der ist schnell versucht, sich auf ein billigeres Angebot einzulassen. Seriöse Katzenzucht ist ein äußerst kostenintensives, exklusives Hobby. Mein Mann, ebenfalls ein großer Katzenfreund, fragt mich hin und wieder, ob ich mir nicht vielleicht doch eine andere Freizeitbeschäftigung suchen möchte, wie zum Beispiel Golf oder Tennis spielen. Das wäre erheblich günstiger, meint er. Da er weiß, dass mir ein solches Hobby bei weitem nicht so viel Freude machen würde und da er ebenso wie ich keines unserer Tiere missen möchte, sagt er so etwas auch immer nur mit einem leichten Schmunzeln.

Es ist wahrhaftig so, dass der erzielte Preis für ein gut aufgezogenes Jungtier noch nicht einmal annähernd die Kosten des Züchters deckt. Katzen zu »Discountpreisen« werden zumeist von Vermehrern angepriesen, die mit möglichst wenig Aufwand und vielen Tieren auf in der Regel wenig Raum, durch raschen Verkauf die schnelle Mark machen wollen. Dass Katzen aus solchen Massenzuchten weder die charakterlichen noch die gesundheitlichen Qualitäten, von der Rassereinheit einmal ganz abgesehen, haben können, müsste auf der Hand liegen. Spätere Komplikationen im Zusammenleben und Folgekosten können nicht ausgeschlossen werden. Sollten Sie unsicher sein, ob der Preis einer angebotenen Rassekatze sich im üblichen Rahmen bewegt, so vergleichen Sie die Angebote miteinander und/oder fragen Sie bei einem Katzenverein nach. Manchmal ist es so, dass unerfahrenen Rassekatzenkäufern der Preis eines Tieres unangemessen hoch erscheint und er glaubt, dass die Züchter sich mit dem Verkauf eine »goldene Nase« verdienen. Da es bei der seriösen Zucht von Hunden nicht viel anders ist als bei Katzen, möchte ich Susanne Kerl zitieren: *»Gute Züchter investieren jedoch nicht nur einen Großteil ihrer (Frei-)Zeit in die Betreuung ihrer Nachzucht, sie haben auch im Vorfeld keine Kosten und Mühen gescheut, um ihre hoffnungsvolle Hündin* (oder Katze) *auszustellen* (auf internationalen und nationalen Ausstellungen), *ihre Zuchttauglichkeit und ihre Gesundheit* (bei der Katze Tests auf Leukosefreiheit u.Ä.) *prüfen zu lassen, teilweise durch ganz Europa zum optimalen Deckrüden* (Kater) *zu fahren, Wurflager* (an dem man manchmal tage- und nächtelang wacht) *und Auslauf* (Freigehege) *nach den neusten Erkenntnissen zu gestalten, bei jeder Kleinigkeit den Tierarzt zu konsultieren, regelmäßig zu entwurmen, für bestes Futter zu sorgen und sich natürlich ständig durch Fachliteratur auf den neuesten kynologi-*

Ob ihre Nachbarn einen Besuch schätzen? Foto: Schildhauer

schen Stand zu bringen.« (Hunde kaufen mit Verstand, Müller Rüschlikon, 1999).

Ältere Rassekatzen sind hin und wieder günstiger zu haben, was nicht auf einen geringeren Wert zurückzuführen ist, sondern darauf, dass viele Katzenfreunde sich lieber ein junges Katzenkind wünschen als eine Mieze, deren soziale Prägungsphase schon abgeschlossen scheint.

Faktor Freilauf und Nachbarschaft

Ist der Freigang sicher, notwendig? Wie reagieren die Nachbarn, wie lassen sich Konflikte vermeiden?

Ob es für eine Katze besser ist, durch Feld, Wald und Wiesen zu streifen oder in der Wohnung zu bleiben, darüber streiten sich die Katzenfans. Sicherlich ist es so, dass einer Katze, die Zugang zur Natur hat, eine ganz andere Erlebniswelt geboten wird, als einem Tier bei reiner Wohnungshaltung. In der Welt draußen gibt es für sie eine Vielzahl spannender Abenteuer zu bestehen. Die Reize, die das Tier hierdurch erfährt, sind nicht mit denen in der Wohnung zu vergleichen. Wohnungskatzen sind darauf angewiesen, dass ihre Besitzer mit interessanten Spielen für Unterhaltung sorgen. Andererseits ist der Freigang nicht ohne Gefahren für die Katze. Selbst wenn Sie im Grünen wohnen und nur geringer Straßenverkehr in Ihrer Umgebung vorkommt, ist das Leben vor der Haustür immer ein Risiko. Das hat weniger mit dem Verkehrsaufkommen, sondern eher mit dem für die Katze nicht abzuschätzenden Gefahrenobjekt Auto als solches zu tun.

Kaufinteressenten, die mich anrufen, und z.B. erzählen, dass sie an einer stark befahrenen Straße wohnen, ihrer Hauskatze den Freigang gestatten, einem zukünftigen Rassekätzchen dies jedoch nicht zumuten würden, bekommen von mir, und von jedem anderen ordentlichen Züchter, niemals eine Katze verkauft. Für solche Menschen sind Katzen keine Familienmitglieder, sondern – wenn sie etwas gekostet haben – nur ein Statussymbol. Katzen, die als reine Statussymbole gehalten werden, sind wie ein Gegenstand: zu jeder Zeit austauschbar, wenn er nicht mehr den Prestigebedürfnissen gerecht wird.

Meine Katzen dürfen in der Regel nicht unbeobachtet nach draußen, ihnen steht ein Freigehege im Garten zur Verfügung. Dennoch kommt es – wenn zum Glück auch äußerst selten – vor, dass eines der Tiere »ausbüxt«. Nur zwei meiner Tiere haben überhaupt ein Interesse daran, mal die große weite Welt zu sehen. Die anderen sind mit dem Leben im Haus und dem stundenweisen Aufenthalt im Gehege absolut zufrieden. Ich erlebte Folgendes:

Eines Morgens, im Dunklen, als mein Mann zur Arbeit fuhr, ist unsere Pretty Belinda entwischt, ohne dass er dies bemerkte. Eine Stunde später kam er wieder, weil er einige Unterlagen abholen musste. Üblicherweise begrüßt Pretty ihn begeistert, sobald er daheim ist. An diesem Morgen war das nicht der Fall und wir gingen im ganzen Haus auf die Suche nach ihr. Auch im Garten und vor der Haustür schauten wir nach und riefen sie. Im Vorgarten antwortete sie dann auf mein Rufen mit einem kläglichen Miauen, das aus der Richtung des im Vorgarten geparkten Wagens kam. Wir liefen immer wieder um den Pkw herum und schauten darunter, konnten sie aber nicht entdecken. Mir schwante Schreckliches. Mein Mann öffnete die Kühlerhaube und da saß unser Kätzchen eingeklemmt zwischen Motorwand und Batterie. Vorsichtig zog ich sie heraus und untersuchte sie mit klopfendem Herzen auf Verletzungen. Zum Glück war nichts passiert. Wäre meine Mann jedoch ohne zu wissen, dass das Tier im Motorraum sitzt, zur Arbeit gefahren, wäre dies ihr sicherer Tod gewesen.

Katzen, die in vermeintlich geschützter Umgebung in der Nähe eines Waldes leben, werden nicht selten von Jägern erschossen oder vergiften sich durch Pestizide in Feldern. Eine weitere Gefahr stellen

Tierfänger dar, von denen vermutet wird, dass sie die gestohlenen Katzen an Versuchslabors verkaufen. Einerseits stärkt das Leben mit Regen, Schnee, Wind und Sonnenschein die Immunität der Tiere, andererseits sind nicht alle Infektionskrankheiten, die sich durch den Kontakt mit anderen Tieren entwickeln können, durch Impfungen auszuschließen. Noch vielen anderen Gefahren können Katzen zum Opfer fallen, auf die ich an dieser Stelle sicherlich nicht näher eingehen muss. Sie sollten sich darüber im Klaren sein, dass eine Mieze, die hin und wieder die große weite Welt kennen gelernt hat, immer wieder hinaus möchte. Ob Sie nun gerade Lust haben die Tür zu öffnen, interessiert sie dabei überhaupt nicht. Das führt dazu, dass manche Katzenhalter auch nachts aus ihrem warmen, gemütlichen Bett steigen müssen, um die Katze rein und raus zu lassen. Da die Samtpfoten von ihrer Charakterstruktur meist recht unentschiedene Wesen sind, kann das für ihre Besitzer ziemlich anstrengend sein. Stellen Sie sich das Ganze so vor: Mohrle sieht, dass es regnet und möchte sich den Regen anschauen. Sie steht mauzend vor der Tür und Sie als optimaler Katzenhalter öffnen auf Befehl der Mieze brav die Tür. Einige Minuten später findet Mohrle den Regen unangenehm und will wieder ins Haus. Schreiend steht sie vor dem Fenster. Selbstverständlich lassen Sie Ihren Liebling rein, schließlich soll er ja nicht nass werden. 15 Minuten später hört es auf zu regnen und außerdem sieht Mohrle einen Vogel im Garten. Nichts hält sie nun mehr daheim. Sie kratzt und scharrt an der Türe, bis Sie endlich reagieren und erneut die Türe öffnen. Dieses Spiel vollzieht sich mehrmals am Tag und in der Nacht. Wenn Sie sich langweilen und nichts anderes zu tun haben, macht es Ihnen sicherlich Spaß, zum Diener Ihrer Katze zu werden. Ansonsten rate ich Ihnen zum Einbau einer Katzentür, durch die das Tier nach Belieben kommen und gehen kann.

Katzenhalter, die sich umfassend um Ihren vierbeinigen Liebling kümmern können, gehen vielleicht gerne mit der Katze im Geschirr spazieren. Ich habe einen schwarzen Kater an eine Dame verkauft, die täglich mit »Peterchen« an der Leine zum nahe liegenden Friedhof geht, um das Grab ihres Mannes zu besuchen. Das funktioniert wunderbar. Peter weiß genau, wann die Zeit zum Spaziergang gekommen ist und hat gelernt, dass er sonst nicht raus darf. Die Besitzerin, Frau Schulz, hat ihren Kater von klein an auf diesen Ausflug, der immer zur gleichen Zeit erfolgt, trainiert. Auch meine Nachbarin Frau Schröder, in einer Mietwohnung im zweiten Stock lebend, wollte ihrem Kater die Möglichkeit des Freigangs unter Kontrolle bieten. Jeden Tag um sechs Uhr ging sie mit ihrem Vierbeiner im Geschirr in den kleinen Garten vor ihrem Haus. Da eine Katze selten wie ein Hund auf Befehl bei Fuß läuft, stand sie dort bei

Einer Katze gelingt es ganz selten, einen Vogel zu fangen. Foto: S. Jansen-Nöllenburg

Schnee und bei Regen auf einem Fleck, bis ihr Michel sich endlich entschied, weiterzugehen. An manchen Tagen hatte sie einfach keine Lust oder Zeit sich »die Beine in den Bauch zu stehen«, mit der Folge, dass Michel stundenlang schreiend vor seinem Geschirr stand, welches in der Garderobe im Flur hing, bis sie sich dennoch seiner erbarmte.

Für unkastrierte Katzen und Kater, die ein Herrchen oder Frauchen haben, müsste der Freigang grundsätzlich verboten sein. Unerwünschter Nachwuchs würde somit eingeschränkt. Außerdem entfernen sich die Tiere auf der Suche nach einem entsprechenden Paarungspartner viel weiter vom Heim als normalerweise üblich und finden manchmal nicht nach Hause zurück.

Ein weiterer Aspekt, der in die Überlegung »Freigang oder nicht?« mit einbezogen werden muss, ist Ihre Nachbarschaft. Sind diese katzenfreundlich oder eher katzenfeindlich? Von allgemeinen Abneigungen Katzen gegenüber einmal abgesehen, können Sie selber viel dazu beitragen, dass sich das Miteinander harmonisch gestaltet. Katzen neigen dazu, kurze Zeit nach der Futteraufnahme Darm und Blase zu entleeren. So lange sollten Sie Ihren Vierbeiner im Haus halten. Sie vermeiden mit solchen Maßnahmen, dass Ihre Katze in das liebevoll angelegte Blumenbeet Ihrer Nachbarn uriniert oder gar ihr Häufchen in den Sandkasten von Kindern macht. Ich selber habe lange Diskussionen, inklusive entsprechender Aufklärung mit einer Dame geführt, deren Garten an einen großen Kinderspielplatz grenzte und deren Katze ihren Kot grundsätzlich unter der Rutsche im Sandkasten absetzte. Die Katzenhalterin war keinesfalls einsichtig und meinte, das wäre das Problem der Mütter, wenn die Kleinkinder ständig Katzenkot an Kleidung und Händen hätten; sie sollten halt besser auf ihre Kinder aufpassen. Der Kon-

Dieses Norwegische Waldkatzenkind ist fasziniert vom Leben in der blühenden Frühlingswiese.
Foto: S. Jansen-Nöllenburg

flikt führte letztendlich zur Anzeige, mit dem Ergebnis, dass die Katzenbesitzerin nach Beschluss des Amtsgerichts die Kosten für den Austausch des Sandes zu zahlen hatte. Der Richter wies die Dame darauf hin, dass sie zukünftig dafür Sorge zu tragen hätte, dass die Katze sich vor dem Freigang entleert, stellte aber gleichzeitig fest, dass der Freilauf nicht unterbunden werden dürfe, weil dieser für das Tier unabdingbar sei.

Sollte Ihr Nachbar ein großer Vogelfreund sein, so fürchtet er gegebenenfalls, dass Ihre Mieze Jagd auf die Piepmätze macht. Sie können dem entgegenhalten, dass unter anderen der bekannte Katzenforscher Prof. Leyhausen durch zahlreiche Untersuchungen feststellte, dass Katzen eher Mäuse- als Vogelfänger sind.

Sie können bei einer frei laufenden Katze daher immer damit rechnen, dass sie ihre Beute hin und wieder mit nach Hause bringt. Das vollzieht sich meist so, dass die Katze mit ihrer Beute in der Schnauze, ihren Menschen rufend, vor der Tür steht. Prof. Leyhausen meint dazu: *»Besitzer oder Besitzerinnen solcher Katzen, pflegen dies so zu deuten, dass die Katze ihnen voller Stolz demonstrieren wolle, wie tüchtig sie sei, zumal die Katze oft nicht eher Ruhe gibt, als bis der Besitzer auch täglich die »Strecke« begutachtet und die Katze mit freundlichem Streicheln und Worten belobt. Das für die Katze Wesentliche an der Sache ist aber mindestens nicht primär das »Lob«, sondern, dass der als Jungtierersatz dienende Mensch sich tatsächlich zur angeschleppten Beute hinbegibt, wie es derart angelockte Jungen ja auch tun.«* Der Mensch wird folglich von der Katze in diesem Moment nicht als zweibeiniger Partner sondern als junge Katze verstanden. Um meinen Katzen die Freude an der Beute zu schenken, lasse ich – insbesondere wenn sie Jungtiere haben – hin und wieder eine Leckerei bewusst auf zum Beispiel einem Küchenstuhl liegen. Das Stückchen Fleisch wird dann vom Muttertier in die Mitte des Wohnzimmers geschleppt, worauf sie dann mit gurrenden Lauten aufgeregt ihre Kinder zu sich ruft und diesen demonstriert, wie sie das Objekt »erlegt«.

Wer seine Mieze in der Natur im Kampf mit der Beute sieht, wird vielleicht erschrecken und glauben, dass sein sonst so liebes Tier grausam sei. Diese Angst ist völlig unbegründet. Eine junge Katze fürchtet sich im Kontakt mit der Maus, was man auch beim Spiel mit Kunstmäuschen beobachten kann. Ihr Spiel ist gehemmt. Durch das Spiel lernt sie, dass ihre Furcht unbegründet ist. Ein Rest von Angst bleibt jedoch sogar bei erfahrenen Jägern zurück. Katzen, die als Jungtiere den Tötungsbiss nicht gelernt haben, praktizieren ihn meist auch später nicht. Sie spielen ihre Beute tot.

Sollten Sie nach sorgfältigen Überlegungen zu dem Entschluß kommen, Ihrer Mieze den Freilauf zu gestatten, so rate ich Ihnen, das Tier beim Veterinär durch einen Mikrochip kennzeichnen zu lassen, wodurch ein gewisser Schutz vor Diebstahl gegeben ist. Dieses Verfahren hat im Gegensatz zur Tätowierung den Vorteil, weitgehendst schmerzlos zu sein.

Bei allem Für und Wider bezüglich des Freilaufs steht fest, dass kaum ein Hundefreund seinen Vierbeiner ohne Begleitung vor die Tür schickt, obwohl dies in früheren Zeiten für Hundehalter ganz normal war. Dennoch brauchen Katzen Sonne, frische Luft und Bewegungsfreiheit. Eine gute Alternative zum ungeschützten Ausgang ist sicherlich ein mit Elektrodraht umzäunter Garten, ein Freigehege oder ein mit Netzen gesicherter Balkon. Der Katze wird somit einiges von dem geboten, was sie braucht, sie ist jedoch vor Gefahren sicher und Konflikte mit Nachbarn werden vermieden.

Wenn Sie dies alles Ihrer Katze nicht bieten können, so sorgen mit starkem Draht gesicherte Fenstergitter für ausreichend Sauerstoff und Blumenschalen mit Gras für das notwendige Grün, welches die Katze zur besseren Verdauung der geschluckten Haare hin und wieder fressen muss.

Besondere Beziehungen

Liebe ist eine Energieform.

In diesem Kapitel wollte ich verdeutlichen, dass die Haltung einer Katze, unabhängig von der notwendigen Liebe zu ihr, an bestimmte Bedingungen geknüpft ist. Überlegen Sie an dieser Stelle bitte, ob Sie in der Lage sind, einer Katze ein optimales Leben zu bieten: Verfügen Sie über genügend Zeit und die richtige Motivation, sich mit der Katze ausführlich zu beschäftigen? Hat die Katze ausreichend Platz in Ihrer Wohnung? Erlaubt Ihr Vermieter die Haltung von Heimtieren? Sind Sie tolerant genug, Ihr Leben umzustellen? Sind Sie bereit, sich in die Psyche einer Katze hineinzudenken? Sind Ihre finanziellen Mittel mehr als ausreichend?

Können Sie all diese Fragen für sich mit **Ja** beantworten, so steht der Erfüllung Ihres Wunsches fast nichts mehr im Wege.

Sollte Ihre Wahl auf ein Hauskätzchen gefallen sein, so werden Ihnen die Tipps im Kapitel »Rassekatze oder Hauskatze« bei Ihrer Suche hoffentlich weiterhelfen. Haben Sie sich entschieden, Ihr Herz einer Rassekatze zu schenken, so ist beim Kauf noch einiges mehr zu beachten.

Neugierig schaut dieses kleine Kätzchen in die Welt.
Foto: Sabine Jansen-Nöllenburg

3. Besondere Beziehungen

Wenn Sie sich vertrauensvoll geben,
löst sie sich nicht einfach in Nichts auf –
sie wird zu Ihnen zurückkehren.
Vergessen Sie jedoch nicht,
dass Sie in Wirklichkeit gar keine Liebe geben,
wenn Sie dabei abwägen, was Sie wohl als
Gegenleistung erwarten könnten.

Matthew Manning

Katzen und ältere Menschen

Katzen ist es gleichgültig, ob ihr Mensch jung oder alt ist. Foto: Laubscher

Wenn Sie zu den Menschen gehören, die gemeinhin als älter bezeichnet werden und sich vielleicht Gedanken darüber gemacht haben, ob das Leben mit einer Samtpfote eine Bereicherung für Sie wäre, so möchte ich Sie zur Adoption eines Vierbeiners motivieren. Es ist jedoch durchaus möglich, dass Sie aufgrund Ihres Alters einige Bedenken haben oder dass andere Menschen Ihnen von den »Belastungen«, die durch eine Tierhaltung entstehen könnten, abraten. Ich wünsche mir, dass Ihnen nachfolgende Zeilen helfen werden, zu einem guten Entschluss zu gelangen.

Das Leben mit einem sozialen Haustier ist insbesondere heute, wo alte Menschen in den seltensten Fällen in eine Großfamilie eingebunden sind und oftmals zunehmend unter Einsamkeit leiden, eine schöne Angelegenheit. Denn eine Gesellschaft, die häufig sogar zu wenig Zeit für ihre Kinder hat, findet immer weniger Muße, sich ausreichend um ihre Alten zu kümmern.

Doch der Mensch, egal ob jung oder alt, braucht soziale Kontakte, Kommunikation, Zärtlichkeit und vieles mehr. Eine Katze ist dann gerade für bewegungseingeschränkte alte Menschen ein schmusiger und unterhaltsamer Partner. Das Leben mit einem Tier, das belegen zahlreiche diesbezügliche Studien (z.B. Sylvia Greifenhagen, Prof. Bergler, D. Turner), steigert das Selbstwertgefühl, das durch den Verlust des Berufes, die Aufgabenreduzierung innerhalb der Familie und die Verringerung der physischen und psychischen Leistungsfähigkeit verloren gehen kann.

Alte Menschen gehen meist keine neuen zärtlichen Beziehungen mehr ein, weil sie einerseits Repressalien der Umwelt befürchten oder weil sie aus verschiedenen Gründen mit diesem Kapitel ihres Lebens abgeschlossen haben. Das Bedürfnis nach Berührung und liebevoller Zweisamkeit geht aber durch das Alter nicht verloren. Die Katze ist dann ein Ersatz für menschliche Nähe.

Es fühlt sich schön an, wenn das weiche, warme Fell der Mieze gestreichelt wird. Die Katze schnurrt, wenn sie sich wohl fühlt, umschmeichelt liebevoll ihren Menschen, berührt ihn mit den Pfoten, reibt ihr Köpfchen an ihm und putzt ihn sogar hin und wieder. Wenn die Katze Liebe empfängt, gibt sie diese dankbar zurück. Einsame alte Menschen leiden häufig unter Depressionen. Ihr gleichförmiger Tagesablauf wird durch keinerlei Besonderheiten durchbrochen, denn auch die Freunde, die sie früher einmal trafen, sind gealtert, vielleicht auch nicht mehr so beweglich oder schon verstorben. Vielleicht bedauern auch Sie, dass sich Ihre sozialen Kontakte verringert haben. Das Leben mit einer Katze bringt jedoch Unterhaltung und verhindert das Aufkommen von Langeweile. Außerdem könnte sie Ihnen wieder eine Aufgabe geben, die zu erfüllen Freude macht. Stellen Sie sich vor, da gibt es dann ein Wesen, für das Sie ganz besonders wichtig sind. Auch wenn Sie langsam oder etwas ungeschickt sind, stört die Katze das nicht. Sie liebt ihren Menschen uneingeschränkt. Manche alten Menschen ziehen sich von anderen zurück, oftmals mit der Begründung, dass sie nicht wüssten, worüber sie sich unterhalten sollen. Wenn auch Sie das Gefühl haben, alles gesagt zu haben, was zu sagen ist, so werden Sie im Zusammenleben mit der Katze feststellen können, dass diese als Kommunikationsbrücke dienen kann. Die Katze macht immer wieder lustige und interessante Dinge, über die Sie berichten können. Manchmal macht die Mieze auch Dummheiten. Auch die kleinen Ärgernisse, die sich aus dem Zusammenleben mit ihr ergeben, regen zu einem Schwätzchen an. Treffen zwei, drei Katzenfreunde – egal ob jung oder alt – irgendwo zusammen, so ist eines der Hauptgesprächsthemen die Katze mit all ihre Eigenarten.

Auch für unternehmungslustige, vitale alte Menschen ist eine Katze eine ideale Gefährtin, weil sie durchaus einige Stunden am Tag alleine sein kann. Leben gar zwei Miezen in einem Haushalt, so kann man sie bei entsprechender Versorgung sogar einige Tage alleine lassen.

Heimaufenthalt mit Tier

Das Freude bringende Zusammenleben mit einer Katze und auch die sich hieraus ergebenden sozialen Kontakte können den Alterungsprozess verzögern und den Vitalitätsverlust mindern. Insofern lässt sich vermuten, dass sich auch der Zeitpunkt, zu

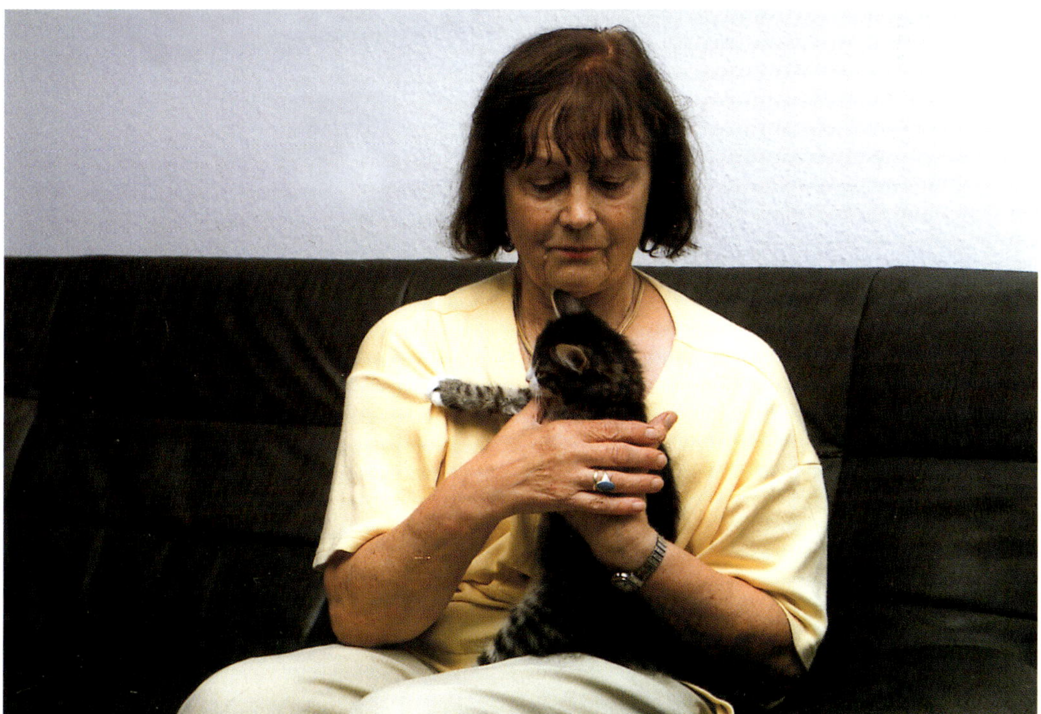

Das Leben mit einer Katze kann Langeweile vertreiben und hält fit. Foto: S. Jansen-Nöllenburg

litätsverlust mindern. Insofern lässt sich vermuten, dass sich auch der Zeitpunkt, zu dem ein alter Mensch in ein Alten- oder Pflegeheim umziehen muss, verschoben wird.

Leider ist in vielen Altenheimen, angeblich aus Kosten- und Hygienegründen, Tierhaltung nicht erlaubt. Auch der zunehmende Personalmangel wird als Grund angeführt. Es gibt jedoch Modelle, die beweisen, wie sinnvoll es sein kann, wenn Senioren gemeinsam mit ihren Tieren im Heim leben können. Beispielhaft reagierte das Parlament von Monaco 1990 auf das Bedürfnis der Alten, bis zu ihrem Ableben mit einem Tier zusammenleben zu dürfen. Dort muss jedes Altenheim, egal ob staatlich oder privat geführt, Rentner mit ihren Tieren aufnehmen, wenn es deren Wunsch ist. In den Vereinigten Staaten wurde in einigen Bundesländern gesetzlich geregelt, dass staatliche Heime verpflichtet sind, Zwei- und Vierbeiner zu betreuen. In Deutschland und in den umliegenden europäischen Ländern gibt es solche Regelungen nicht. Meist können sich nur sehr solvente Senioren ein Heim leisten, in dem sie gemeinsam mit ihren Tieren leben und wohnen können. Da zahlreiche Untersuchungen die positive therapeutische Wirkung einer gewünschten Mensch-Tierbeziehung belegen, ist dies sehr schade. Stationskatzen, Hunde, Wellensittiche oder Aquarien sind meist schon eine besondere Leistung im Programm der Heime; jedoch noch viel zu wenig, wenn man bedenkt, welch gravierender Lebenseinschnitt der Umzug in ein Heim für die meisten Menschen bedeutet. Sie müssen sich dann nicht nur von ihrer gewohnten Umgebung, ihrem Besitz, all den Dingen die mit Erinnerungen verbunden sind, sondern zudem auch von ihrem geliebten Tier trennen, welches über Jahre Lebensmittelpunkt war.

Sylvia Greifenhagen berichtet in »Tiere als Therapie« von dem Fall einer Stationskatze: *»Schon C. Brickel hatte 1979 in seiner Studie über Katzen in einem amerikanischen Altenpflegeheim zeigen können, dass die Tiere den Ärzten und Pflegern und dem Hauspersonal nicht zur Last fielen.«* Auch Hygieneprobleme waren lösbar. Hin und wieder zeigten die Heimbewohner Eifersucht, wenn die Katze einen anderen Patienten bevorzugte. Diese Eifersuchtsregungen wurden jedoch als positiv bewertet, da viele Bewohner zuvor unter emotionaler Leere und Apathie litten. Durch eine andere Studie beschreibt Greifenhagen, dass das Pflegepersonal häufig unter Burn-out-Syndrom leidet, dem Gefühl des Ausgebranntseins, welches durch körperliche oder seelische Überlastung entsteht. Bei Altenheimtieren ließ sich dieser Faktor kaum feststellen, zumal er sich vermeiden lässt, wenn die Tiere z.B. an Wochenenden mit einer festen Bezugsperson nach Hause zurückkehren. Katzen haben zudem die Möglichkeit, sich bei Bedarf zurückzuziehen.

An diesem Beispiel lässt sich ersehen, wie positiv sich schon »der Tropfen auf dem heißen Stein« – ein Tier auf der Station – auswirkt und wie viel besser es doch wäre, wenn mehr Tiere in einem Heim mit ihren Besitzern leben dürften.

Mitarbeiter des Erlangener Bezirkskrankenhauses bestätigen die wohltuende Wirkung einer Mensch–Tierbeziehung. Neben Aquarien auf zahlreichen Stationen tummeln sich Hunde, Katzen, ungefähr dreißig Schafe und etliche Meerschweinchen auf dem Gelände des Krankenhauses. Da im Alter nun einmal vermehrt »Wehwehchen«, wenn nicht gar öfter als früher Krankheiten auftreten, schenkt die Katze Ihnen Trost, sollte es Ihnen nicht gut gehen und trägt vielleicht sogar dazu bei, dass Sie wieder eher auf die Beine kommen.

Vorsorge treffen

Nun denkt der Mensch verständlicherweise ungern über sein Ableben nach. Auch ist ihm der Gedanke unangenehm, gegebenenfalls seinen Lebensabend in einem Altenheim beschließen zu müssen. Wenn Sie sich jedoch für die Anschaffung einer Katze entschlossen haben, sollten

Sie sich mit der Problematik auseinandersetzen, was mit der Katze geschieht, wenn Sie sie nicht mehr ausreichend versorgen können oder sterben. Ich rate Ihnen, sich frühzeitig zu informieren, in welchem Heim Tiere gestattet sind und wie sich die Aufnahmebedingungen, Kosten etc. regeln lassen. Vereinbarungen innerhalb der Familie oder des Freundeskreises sind sicherlich wünschenswert, sollten aber auch testamentarisch festgelegt werden. Ein Rechtsanwalt oder Notar kann dann beratend tätig werden, wenn Sie Ihrer Mieze nach Ihrem Ableben Geld hinterlassen möchten, das dann einem bestimmten Menschen, der die Katze übernimmt, übergeben werden soll.

Sicherlich ist dieses Thema nicht angenehm. Sollten jedoch Ihre Kinder Sie mit zahlreichen Argumenten gegen den Kauf einer Katze bedrängen, so können Sie diese bei guter Überlegung im Vorfeld ausräumen.

In den USA gründeten sich Vereine an Veterinärmedizinischen Instituten, Universitäten und Hochschulen, die die Betreuung von Haustieren älterer Menschen übernehmen. Die Hilfe beginnt schon mit der Beratung zur Auswahl eines Haustieres. Es wird z.B. überlegt, ob besser ein junges oder älteres Tier geeignet ist. Ist der Besitzer nicht mehr in der Lage, das Tier umfassend zu versorgen, so kommt ihm durch die Vereinsmitglieder auch in solchen Fällen Unterstützung zu. Die Organisation **People and Animals Coming Together – PACT** setzt sich aus vielen ehrenamtlichen Mitgliedern zusammen, die an diesem Projekt auch von Berufs wegen Interesse haben. Wissenschaftler der Universität Pennsylvania prüfen regelmäßig die Auswirkungen ihrer Arbeit. Neben Beratung, Betreuung und Versorgung garantieren die Mitglieder der PACT den Senioren, dass nach ihrem Ableben ein guter Platz für ihre Mieze gefunden wird. So etwas gibt es leider in Deutschland noch nicht. Vielleicht wollen jedoch Sie eine ähnliche Gemeinschaft mit befreundeten Katzenhaltern gründen. Wäre das nicht eine gute Idee?

Katzen und Kinder

Haben Sie vielleicht im Familienkreis erwähnt, dass Sie sich eine Katze kaufen möchten? Hat daraufhin der eine oder andere entsetzt reagiert und Sie gar gewarnt, weil der Kontakt für Kinder, insbesondere für Kleinkinder und Säuglinge zu Katzen absolut gefährlich sei? Das dachte ich mir. Da diese Problematik immer wieder an mich heran getragen worden ist, habe ich vor einigen Jahren für das Schweizer Katzenmagazin diesbezüglich Recherchen angestellt. Der Frage nachgehend, ob jemals ein Säugling oder Kleinkind durch den Kontakt mit einer Katze zu Tode kam oder schwer erkrankte, schrieb ich an das Ministerium für Arbeit, Gesundheit und Soziales des Landes Nordrhein-Westfalen in Deutschland. Dr. Ziegler antwortete auf meine Frage – ob es wissenschaftliche Publikationen über den Kindstod durch den Kontakt mit Katzen gäbe, weil die Kinder Haare verschluckten und daran erstickten oder weil sich Katzen auf die Kinder legten –, dass ihm keine Untersuchungen vorliegen. Der verantwortliche Sprecher der Verbindung der Schweizer Ärzte (FMH) in Bern sowie das Bundesamt für Statistik berichteten, dass diesbezügliche Informationen unbekannt seien. Sie sehen liebe Eltern, dass Horrorgeschichten, in denen vom Tod eines Kindes durch eine Katze berichtet wird, reine Ammenmärchen sind. Gäbe es Vorfälle dieser Art, so kann man davon ausgehen, dass diese behördlich dokumentiert wären. Dennoch lässt ein verantwortungsbewusster Mensch ein Haustier wie z.B. eine Katze niemals unbeobachtet mit einem Kleinkind zusammen. In dem Alter, wo sich das »Ich-Bewusstsein« des Kindes noch nicht entwickelt hat, fällt es ihm schwer, zwischen Lebewesen und bloßen Gegenständen zu differenzieren. Es kann meist nicht nachempfinden, wenn es einem Tier Schmerz zufügt und tut dies auch nicht unbedingt aus böser Absicht. Auch Säuglinge, die noch über einen Greifreflex verfügen, dürfen nicht unbeobachtet mit der

Katze zusammen sein. Sollte das kleine Kind zum Beispiel ins Fell der Katze greifen und nicht mehr los lassen, so wird die Katze sich zwangsläufig wehren.

Der liebste Kater unseres Sohnes Pascal ist Camillo, ein rot-silber getigerter Kater. Camillo wurde in unserem Hause geboren als Pascal eineinhalb Jahre alt war. Die beiden waren von Anfang an ein Herz und eine Seele. Wurde Pascal gefüttert, saß Camillo unter dem Kinderstühlchen und wartete darauf, dass ein »Bröckchen« für ihn herunterfiel. Wickelte ich meinen Sohn, so stand der kleine Kater vor dem hohen Wickeltisch und mauzte, bis ich ihn hinauf setzte und er es sich am Kopf des Kindes gemütlich machte. Dennoch gab es auch in dieser Freundschaft Konflikte. Eines Tages hatte es sich der Kater in der Höhle des Kratzbaumes gemütlich gemacht. Pascal aber wollte mit ihm spielen und steckte seinen Kopf in die Höhle. Der Kater hielt das Ganze wohl für ein Spiel oder fühlte sich bedrängt und kratzte meinen Sohn ins Auge. Zum Glück war die Verletzung nur geringfügig. Dennoch mußte ich mir sagen, dass ich nicht vorsichtig genug war. Um weitere Schäden zu vermeiden, machte ich das Loch des Kratzbaumes zu, bis zu dem Zeitpunkt, wo mein Sohn verstehen konnte, dass er seinen Kopf dort nicht hineinstecken durfte. Werden solche oder ähnliche Gefahrenquellen im Voraus ausgeschlossen, so entsteht eine unvergleichbare Freundschaft zwischen Kind und Katze.

Ich habe schon vor der Geburt meines Sohnes einen Laufstall im Wohnzimmer aufgestellt und diesen den Tieren gegenüber als katzenfreie Zone deklariert. Konnte ich Pascal nicht im Blick behalten, so setzte ich ihn mit einem interessanten Spielzeug in den Laufstall.

Wenn Sie schon eine Katze haben, lassen Sie sich bloß nicht bange machen und dazu motivieren, diese abzugeben. Vom wohl durchdachten Kauf einer Katze sollten Sie sich genauso wenig abhalten lassen. Wie Sie am obigen Beispiel erkennen können, ist das alles nur eine Frage der Organisation. Als Argument für den Erwerb einer Katze können Sie den Leuten, die Ihnen mit allen möglichen Warnungen auf die Nerven fallen, die wissenschaftlichen Untersuchungen von Professor Bergler unter die Nase reiben (s. Anhang). Bergler postuliert die positive Wirkung, die eine durch Eltern angeleitete Kind-Tierfreundschaft auf die kindliche Psyche nimmt und beschreibt, wie förderlich dieser Kontakt für die Entwicklung des Kindes ist.

Selbstverständlich ist ein Kind, egal in welchem Alter, mit der Haltung und Pflege eines Tieres allein völlig überfordert. Auch kann das Tier kein Ersatz für elterliche Zuwendung sein.

Prof. Dr. R. Bergler meint in diesem Zusammenhang: *»...Kinder üben heute eine vielschichtige Erwachsenenkritik; sie bezieht sich in den seltensten Fällen auf das Nichterfüllen materieller Wünsche, sondern auf die Vielzahl alltäglicher seelischer Vernachlässigungen und Schädigungen.«*

Dieser rot-silber getigerte Kater ist ein echter Kinderfan. Foto: S. Jansen-Nöllenburg

Wer also glaubt, dass er sich um sein Kind weniger kümmern und mühen muss, weil er ihm ein Haustier schenkt, der irrt. Je nach Alter des Kindes kann es behutsam in die Versorgung des Haustieres einbezogen werden und kleine Aufgaben übernehmen, die Hauptarbeit bleibt jedoch bei den Eltern. Insofern ist eine Katze kein Präsent für ein Kind, sondern ein Geschenk für die gesamte Familie und als solches sollte es verstanden werden. Ist dem so, hat die Anschaffung der Katze oftmals einen positiven Begleiteffekt. Wenn grundsätzlich eine gute Familienstruktur vorhanden ist, so kann die Katze durch die Kapriolen, die sie macht, die Familie wieder näher zueinander rücken lassen. So liegt der Vater, der zuvor abends von der Arbeit gestresst war und in Ruhe gelassen werden wollte, nun mit Kind und Katze auf dem Teppich und entspannt sich im Spiel mit beiden viel besser als je zuvor.

Natürlich kann sich ein charakterstarkes Kätzchen, auch wenn es keine Kinder kennt, mit diesen anfreunden. Nehmen Sie Ihre Kinder mit zum Besuch beim Züchter. Da die Jungtiere Ihre Kinder nicht kennen, dürfen sich die Kids beim ersten Treffen natürlich nicht zu lebhaft verhalten. Die Katzenkinder würden sich dann vielleicht ängstigen und Ihr Besuch wäre nutzlos, weil die Katzen sich nicht zugänglich zeigen. Außerdem machen Sie, wenn Ihre Kinder keinen Respekt vor den Bedürfnissen der Katzen zeigen, nicht unbedingt einen guten Eindruck auf den Züchter. So eine Visite beim Züchter ist für die Kleinen jedoch oftmals besonders aufregend, sie verhalten sich daher gegebenenfalls ganz anders als zu Hause. Bereiten Sie Ihre Kinder auf den Besuch vor, versuchen Sie zu vermitteln, dass es sich bei den Katzenkindern zwar um sehr niedliche Wesen handelt, aber nicht um Stofftiere, die man stundenlang auf dem Arm herumtragen kann. Dies gilt selbstverständlich für Rassekatzen und Hybriden gleichermaßen.

Je nach Alter des Kindes versuche ich ungeduldige oder auch sehr temperamentvolle Kinder von den Katzen zunächst ein wenig abzulenken, indem ich ihnen ein interessantes Buch sowie Spielzeug zur Verfügung stelle, oder halte eine kleine Ansprache, in der ich an das Verständnis der Kinder für die Situation der Katzen appelliere. Lieber ist mir jedoch, wenn diese Aufgabe zuvor von den Eltern übernommen wurde. Ob Züchter oder Käufer, beide Seiten sollten nachvollziehen können, dass eine längere Unterhaltung die Geduld vieler Kinder stark strapaziert. Wer sich frühzeitig für den Kauf eines Katzenkindes entscheidet, kann nach der Klärung der wichtigsten Dinge für einen späteren Zeitpunkt einen weiteren Termin ausmachen.

Der richtige Umgang mit Katzen ist für Kinder ein Lernprozess. Foto: S. Jansen-Nöllenburg

Nun ist jedoch nicht jede Katze in einen Familienhaushalt einzugliedern, in dem es doch meist etwas lebhafter zugeht als dort, wo keine Kinder leben. Am besten holen Sie sich Ihre Katze von einer Familie, deren Tiere den Umgang mit Kindern kennen, weil die Jungtiere dann an einen entsprechenden Trubel gewöhnt sind.
Denken Sie auch immer daran: *Die Verantwortung für die Katze obliegt den Eltern und nicht den Kindern.*

Katzen und Singles

Auch wenn Sie gerne alleine leben, so fühlen Sie sich vielleicht manchmal doch ein wenig einsam. Die Katze ersetzt zwar nicht den Kontakt mit anderen Menschen, ist aber dennoch ein guter Partner. Sollten Sie berufstätig sein, so können Sie Ihre Mieze gut ein paar Stunden am Tag alleine lassen. Sie wird die Zeit, in der Sie nicht da sind, verschlafen und Sie begeistert begrüßen, sobald Sie nach Hause kommen. Sollten Sie jedoch glauben, Ihrer Mieze reicht es, wenn Sie es sich nach getaner Arbeit mit Ihr auf dem Sofa gemütlich machen, dann werden Sie wahrscheinlich enttäuscht werden. War die Katze mehrere Stunden ohne Ihre Gesellschaft, so möchte sie erst einmal gefüttert und dann unterhalten werden. Versteckspiele, wie »Such die Maus«, »Wirf das Bällchen« und ähnliche Animationsprogramme werden Ihren Abend füllen, bis die Katze endlich beschließt, schmusen zu wollen. Glücklicher und zufriedener sind sicherlich die Katzen von berufstätigen Besitzern, die noch mit einem Artgenossen zusammenleben. Katzen, die sich vernachlässigt fühlen, werden schnell neurotisch und neigen dann zu für ihren Besitzer unangenehmen Verhaltensweisen, mit denen sie auf ihren Unmut aufmerksam machen wollen. Überlegen Sie bitte, was Sie tun werden, wenn ein neuer Partner in Ihr Leben tritt, dieser vielleicht keine Katzen mag oder allergisch auf diese reagiert und Sie vor die Entscheidung stellt: »Ich oder die Katze!« Auf wen würde Ihre Wahl fallen? Sollte der zukünftige Lebensgefährte selber Haustiere wie Hund oder Katze haben, so ist es mit ein wenig Mühe und Fingerspitzengefühl nicht schwierig, die Tiere aneinander zu gewöhnen. Nun meinen Sie vielleicht, Sie müssten sich über »ungelegte Eier« keine Gedanken machen. Da ein Kätzchen jedoch circa 18 Jahre alt werden wird und diese Zeit liebevoll versorgt werden muss, ist eine diesbezügliche Zukunftsplanung unabdingbar.

Denken Sie daran, nicht nur Sie können sich einsam fühlen, sondern auch die Katze. Es ist daher insbesondere für Berufstätige immer besser, zwei Katzen zu halten als eine allein. Dies gilt in erster Linie bei reiner Haushaltung. Beziehen Sie die Katze in Ihre Lebensplanung mit ein.

Katzen und Artgenossen

Ob Sie berufstätig sind oder auch nicht, für Katzen ist es immer schöner noch einen vierbeinigen Partner in der Familie zu haben. Das, was die Tiere miteinander teilen, können wir ihnen als Menschen nicht geben. Oder haben Sie vielleicht Lust, Ihrer Samtpfote die Ohren sauber zu schlecken, mit ihr den Kratzbaum hoch zu hechten und sich mit ihr im verständnisvollen und doch leicht ironischen Ton über die mangelnde Instinktsicherheit der Menschen zu unterhalten? Vermutlich nicht! Von Käufern, die schon eine Katze haben, höre ich die unterschiedlichsten Bedenken, wenn sie mit dem Gedanken spielen, sich noch ein weiteres Tier zuzulegen.

Der eine oder andere befürchtet, dass sein so anhänglicher, schmusiger vierbeiniger Freund sich zukünftig nur noch dem

Neuzugang widmen würde und er als Besitzer zu kurz käme. In der Anfangszeit ist es wirklich häufig so, dass die Katzen sich zunächst mehr mit dem neuen Familienmitglied beschäftigen, als mit Herrchen oder Frauchen. Sobald die Katzen nach anfänglichen kleinen Fauchaktionen, die man durch behutsames Spiel verkürzen kann, Zuneigung zueinander gefasst haben und sich das Jungtier in den Haushalt eingewöhnt hat, nimmt in der Regel alles wieder seinen gewohnten Lauf. Ab diesem Zeitpunkt wird der Katzenhalter, der in der Eingewöhnungsphase oftmals ein wenig verunsichert ist, glücklich feststellen, dass er nun die Liebe von zwei Samtpfoten geschenkt bekommt.

Viele Katzenfreunde befürchten zudem, dass die Katzen sich nicht miteinander verstehen. In mehr als 15 Jahren Zucht habe ich jedoch nur ein einziges Mal erlebt, dass eine 4-jährige Katzendame wutentbrannt auf den Neuzugang losging. Als das Katzenkind ins neue Heim kam, war die Katze beim Kater eines anderen Züchters zum Decken platziert. Der Zeitpunkt der Übergabe des Jungtieres war denkbar schlecht gewählt, doch hinterher ist man immer schlauer. Natürlich nahmen wir das Katzenkind sofort wieder zurück. Wer jedoch von vornherein glaubt, dass er eine Umtauschgarantie habe, dem begegnen viele Züchter mit Vorbehalt. Es entsteht dann leicht der Eindruck, dass der Käufer es ganz besonders leicht haben möchte und nicht bereit ist, den Tieren die notwendige Aufmerksamkeit in der Eingewöhnungsphase zu widmen. Auch wenn Sie sich ein Kätzchen z.B. vom Bauernhof holen, können Sie, selbst wenn das Kleine an den Umgang mit vielen anderen Miezen gewöhnt ist, nicht voraussetzen, dass es sich bei Ihnen ohne Ihr Zutun problemlos einfügt.

Das Beobachten des kätzischen Miteinanders, wie des gemeinsamen Spieles und der kätzischen Zärtlichkeiten, werden eine weitere Bereicherung für den Katzenbesitzer sein, die er, wenn er sie einmal erfahren durfte, nicht mehr missen möchte.

In der Regel ist die Sorge, dass die Katzen sich nicht verstehen, zwar verständlich, aber dennoch unbegründet. Jungtiere aus einem Züchterhaushalt sowie in überwiegend frei lebenden Gemeinschaften lernen im Umgang mit den anderen Tieren, die gegebenenfalls nicht immer so geduldig und verständnisvoll auf sie reagieren wie die Mutterkatze, das soziale Miteinan-

Obwohl es einige typische Einzelkatzen gibt, lieben die meisten Katzen die Gesellschaft von Artgenossen. Foto: Laubscher

der und den, so könnte man ihn nennen, »Katzenknigge«, der in einer Katzengemeinschaft enorm wichtig ist. Aus diesem Grund zeigt eine kleine Katze, auch wenn dies in der Beobachtung für den Laien nicht unbedingt erkennbar ist, vor älteren Tieren Respekt, aber – wenn sie wesensfest ist – nicht unbedingt Furcht. Dies ist natürlich auch vom Verhalten des anderen Tieres abhängig. Wenn der Besitzer durch vernünftiges Verhalten Eifersuchtsgefühle gar nicht erst bei ihr aufkommen lässt, sieht die Erstkatze ihr Revier meist nicht bedroht und erkennt das Jungtier als eben ein solches, womit der Welpenschutz garantiert ist.

Schwierigkeiten gibt es meist nur dann, wenn das kleine Kätzchen oder die Ältere, die ihren Revieranspruch dominant geltend macht, das soziale Miteinander in einer Gruppe zuvor nicht erlernt haben, weil sie außer ihrer Mutter keinen Kontakt zu Artgenossen pflegen konnten.

Die Eingewöhnungsphase dauert in der Regel ca. drei bis 14 Tage. Ältere Tiere, die bisher mit ihrem Besitzer alleine, ohne andere Katzen gelebt haben, freunden sich meist nur langsam an. Einer solchen Aufgabe sollte sich möglichst nur der erfahrene Katzenfreund stellen. Kauft man gleich zwei Katzen von einem Züchter, z.B. Geschwister, so gibt es natürlich überhaupt keine Probleme, da sich die Katzen kennen und sich im neuen Heim durch ihren vierbeinigen Partner besonders sicher fühlen. Aber auch zwei fremde Jungtiere haben schnell Freude aneinander. Die Neugierde und der Wunsch nach dem gemeinsamen Spiel überwiegt dann das Bedürfnis, das Revier verteidigen zu müssen.

Katzen sind zwar keine Rudeltiere wie Hunde, sie lieben dennoch die Gesellschaft von Artgenossen. In der freien Natur schließen sich z.B. die weiblichen Tiere zu Zweckgemeinschaften zusammen, mit dem Ziel der gemeinsamen Jungtieraufzucht. Doch selbst bei frei laufenden Katzen gibt es Exemplare, die die Nähe von Artgenossen zweckfrei suchen. Bei Rassekatzen ist dieses Bedürfnis aufgrund der Erfahrungen in der Jungtierzeit, sollten sie nicht isoliert aufgezogen worden sein, verstärkt. In unserer Katzenfamilie kümmern sich immer gleich mehrere Weibchen um die Pflege und Erziehung der Katzenkinder, insbesondere dann, wenn die Katzenmutter sich einmal ein bisschen ausruhen möchte. Sogar der Kater betreut die Kleinen mit zärtlicher Liebe und putzt sie, wenn er meint, dass dies vonnöten sei.

Halten Sie sich in der Eingewöhnungsphase an die Maßgaben Ihres Züchters und vertrauen Sie ihm. Da er im Laufe der Jahre immer wieder einmal eine Neuerwerbung in seinen gewachsenen Bestand eingliedern musste, verfügt er zumeist über viel Erfahrung. Seien Sie nicht zu ungeduldig. Geben Sie den Katzen Zeit, sich aneinander zu gewöhnen. Wenn Sie einen fremden Menschen kennen lernen, sind auch Sie zunächst vorsichtig, vielleicht sogar etwas unsicher und distanziert. Bedenken Sie bitte, dass Freundschaft wachsen muss. Verlangen Sie nicht zu viel von den Tieren. Versetzen Sie sich in die Situation der Katzen hinein und Sie werden Sie besser verstehen. Rufen Sie bei Fragen ruhig Ihren Züchter an und befolgen Sie dessen Ratschläge. Wenn Sie nervös werden, überträgt sich das nur auf die Tiere und keinem ist damit gedient. Sollten Sie zu der Überzeugung gelangen, dass die Katzen sich wirklich nicht mögen, so laden Sie den Züchter zu sich nach Hause ein, damit er sich ein Bild von der Situation machen kann. Ein seriöser Züchter wird Ihnen hilfreich zur Seite stehen, Ihre Bedenken gegebenenfalls zerstreuen können oder wenn nötig das Katzenkind wieder mitnehmen.

Katzen und andere Tiere

Dass Katzen sich nicht unbedingt mit Tieren vertragen, die sie gemeinhin als Beute betrachten, liegt auf der Hand. Dennoch gibt es auch ungewöhnliche Tierfreundschaften. So beobachtete der bekannte Tierforscher Brehm eine Freundschaft zwischen einer Katze und einem Kanarienvogel. Diese beiden unterschiedlichen Tiere lebten zusammen in einem Haushalt. Hatte der Vogel Freiflug, so ließ er sich auf dem Rücken der Katze nieder und von ihr spazieren tragen, ohne dass sie ein Veto einlegte. Eines Tages jedoch schnappte sich die Katze ihren gefiederten Freund und trug ihn im Maul hoch auf den Schrank. Der Besitzer der beiden Tiere war erschrocken, als er dieses sah. Doch dann begriff er, was geschehen war: Eine fremde Katze hatte sich von draußen ins Wohnzimmer geschlichen und lauerte in einer Ecke, vielleicht um sich den Vogel zur Beute zu machen. Indem der Kater den Vogel im Maul auf den Schrank brachte, beförderte er ihn aus der Gefahrenzone heraus in Sicherheit. Erst als die fremde Katze vertrieben wurde, ließ der Kater den Vogel frei und dieser war, sehr zum Erstaunen seines Besitzers, völlig unversehrt. Kein Federchen war ihm gekrümmt worden.

Das ist eine Geschichte, für die ich mich immer wieder begeistern kann. Aber obwohl Prof. Leyhausen sowie auch andere Wissenschaftler bewiesen haben, dass die Katze eher ein Mäuse- als Vogelfänger ist, sollten Katzen und Vögel nicht unbedingt ohne Aufsicht miteinander Kontakt pflegen. Auch wäre ich bei dem unbeobachteten Kontakt zwischen Katzen und Kaninchen oder Meerschweinchen vorsichtig. Ich habe im Laufe der Jahre immer wieder niedliche Fotos von den Besitzern meiner Jungtiere erhalten, auf denen die Katzen z.B. gemütlich im Kaninchenkäfig, eng an das Langohr gekuschelt, ein Nickerchen hielten oder dieses sogar putzten. Selbstverständlich macht mir so etwas viel Freude, dennoch habe ich, wenn ich über solche Tierfreundschaften nachdenke,

In der Regel verstehen sich Hunde und Katzen gut. Manche Hündinnen helfen Katzen sogar bei der Jungtieraufzucht. Foto: Lang/Jäger

immer ein etwas mulmiges Gefühl im Bauch. Wer so unterschiedliche Tiere von klein auf aneinander gewöhnt, kann sicherlich sehr schöne Erfahrungen machen, dennoch bin ich der Meinung, dass es ratsam ist, die Tiere nur dann zueinander zu lassen, wenn das menschliche Auge über sie wacht. Enttäuschungen, die gegebenenfalls aus dem ursprünglichen Verhalten der Tiere resultieren, lassen sich so vermeiden.

Beziehungen zwischen Hund und Katze verlaufen in der Regel problemlos, wenn eines der Tiere noch jung genug ist, um die Körpersprache des anderen verstehen zu lernen. Unterhaltsam für die Besitzer ist dann das Beobachten der zeitweiligen Anpassung von Körpersprache, was sicherlich seine Ursachen im gegenseitigen Verständnis der befreundeten Tiere hat. Denn das Begreifen der Körpersprache des etwas anderen, ist – wie für uns eine Fremdsprache – für die Tiere lernbar. Und so groß sind die Unterschiede eigentlich gar nicht. Wenn man z.B. bedenkt, dass die Katze mit dem Schwanz wedelt, wenn sie unruhig ist, so ist sie dabei doch vom Hund, der zwar aus Freundlichkeit, aber dennoch meist unter Anspannung stehend die Rute bewegt, kaum sehr weit entfernt. Ich kenne Freundschaften zwischen Hund und Katze, die so weit gehen, dass Hundeweibchen liebevoll bei der Aufzucht von Katzenkindern mithelfen und diese sogar säugen. Eine meiner Bekannten lebt mit drei Hunden und acht Katzen zusammen und das klappt wunderbar. Außerhalb des Hauses sind ihre Hunde jedoch nicht unbedingt katzenfreundlich, was auf eine enge Bindung ans Familienrudel schließen lässt und daran, dass die Katzen von den Hunden als zur Familie gehörig betrachtet werden. In mehr als 15 Jahren Zucht habe ich Katzenkinder immer wieder einmal an Familien mit einem oder mehreren, großen wie kleinen Hunden abgegeben. Sobald die Katzenkinder gelernt hatten, dass das laute Bellen des Hundes keine Bedrohung für sie darstellte, stürzten sie sich voller Zuneigung auf die »etwas anderen Katzen«, motivierten sie zum Spielen und Schmusen, was von den Hunden mit anfänglicher Vorsicht, später dann freudig entgegengenommen wurde.

Auch ältere Tiere können aneinander gewöhnt werden, wenn die Tierhalter mit dem notwendigen Verständnis sowie der erforderlichen Erfahrung an das Problem herantreten. Gut ist es, dem Hund oder der Katze vor dem Einzug des neuen Familienmitgliedes eine Geruchsprobe zu geben. Dies kann z.B. eine Decke sein, auf der der Neuankömmling gelegen hat.

Hilfreich für die Entwicklung einer echten Freundschaft zwischen Hund und Katze oder eines mindestens friedfertigen Miteinanders sind sicherlich die objektive Beurteilung der Charakterstärken und -schwächen der Tiere, ihrer sozialen Kompetenz sowie der daraus resultierenden Hilfe durch den Halter. Hierbei sollten auch positive wie negative Erfahrungen der Tiere berücksichtigt werden. Das Annähern der Tiere kann erfolgreich nur durch die Unterstützung der Besitzer geschehen. Tiere, die gemeinhin Beute für die Katze sind, dürfen nicht unbeobachtet und ohne entsprechenden Schutz mit ihr zusammen sein.

4. Mienz oder Maunz ein Unterschied?

Mienz oder Maunz – ein Unterschied?

Interessenten, die mich anrufen, fragen mich immer wieder danach, ob es zwischen Kater und Katze einen Unterschied gibt, wobei sich diese Frage selten auf die rein anatomischen Unterschiede, sondern auf charakterliche Besonderheiten bezieht. Hier einen pauschale Anwort zu geben, ist schwierig. Katzenfreunde sind oftmals der Meinung, Kater seien anhänglicher als Weibchen. Solche Ansichten resultieren zumeist aus den Erfahrungen, die ein Katzenfreund mit seinen Samtpfoten bereits gesammelt hat. So ist auch meine persönliche Einschätzung zu bewerten. Ich habe in den vielen Jahren des Zusammenlebens mit den Stubentigern äußerst anhängliche und verschmuste Kater genauso erlebt, wie unabhängige und ich konnte keinen Unterschied zwischen im Haus lebenden kastrierten Tieren und unkastrierten feststellen.

Mit frei laufenden, potenten Katern (die es aus tierschutzrelevanten Gründen gar nicht geben dürfte) verhält es sich sicher

Kater wirken je nach Rasse sehr imposant und sind in der Regel größer als Kätzinnen. Foto: S. Jansen-Nöllenb

anders. Zur Paarungszeit nehmen diese Tiere auf der Suche nach einer entsprechenden Katze weite Wege in Kauf und kümmern sich keinen Deut darum, dass zu Hause ihre Zweibeiner sehnsüchtig und besorgt auf sie warten. Überhaupt wirken Freigänger etwas selbstständiger und unabhängiger als reine Heimkatzen. Ob sie deshalb ihren Menschen weniger lieben, ist nicht gesagt.

Genauso wie es bei den Katern Unterschiede im Wesen gibt, so finden wir sie auch bei den weiblichen Tieren. Unkastrierte Weibchen scheinen, was ihre Stimmung angeht, hormonellen Schwankungen unterworfen zu sein. Insbesondere rollige und tragende Katzen zeigen sich ihrem Menschen gegenüber sehr anhänglich und liebebedürftig. Anderen Weibchen gegenüber geben sie sich oftmals zickig. Ist eine Katze tragend, verändert sich häufig die Rangfolge innerhalb einer Katzenfamilie, weil die werdende Mutter ihren Anspruch als Queen geltend macht. Dies führt hin und wieder zu Reibereien innerhalb des Bestandes, die aber meist harmlos sind. Kater werden in diese Kämpfe der Damen um die Rangfolge nicht mit einbezogen.

Sie haben ihre eigenen Rangeleien, sobald ein anderer potenter Kater mit ihnen zusammenlebt. Dies muss allerdings nicht unbedingt so sein. Es gibt durchaus tolerante Gemüter, die so souverän sind, dass sie keine Probleme mit gleichgeschlechtlichen Artgenossen haben. Selbst Freigänger können einen Teil ihres Reviers mit anderen Männchen teilen und treffen sich sogar an neutralen Orten, um »die Bruderschaft der Kater« zu zelebrieren.

Vom Charakter her unterscheiden sich Katze und Kater nicht wesentlich. Eher gibt es beim Temperament der einzelnen Tiere, unabhängig vom Geschlecht, Abweichungen.

Je nachdem, um welche Rasse es sich handelt, lassen sich zwischen weiblichen und männlichen Tieren erhebliche oder auch unerhebliche Größenunterschiede feststellen. Auch die Ausprägung der Fellmenge kann variieren. Bei Hauskatzen, deren Entwicklung und Verpaarung in der Regel willkürlich und nicht durch züchterische Auslese geprägt sind, lassen sich keine generellen Maßstäbe anwenden. Sie haben sicherlich schon imposante wie zierliche Feld-Wald-und-Wiesen-Miezen beiderlei Geschlechts gesehen.

Die meisten Katzen, egal ob Hybride oder Rassekatze, werden sinnvollerweise irgendwann kastriert. Früher war man der Ansicht, dass die Kastration eines Katers unproblematischer sei, als die einer Katze. Heute ist die Kastration weiblicher Tiere allerdings auch kein Thema mehr und sollte daher bei der Entscheidung für ein männliches oder weibliches Jungtier nicht maßgeblich sein. Vergessen darf man dabei allerdings nicht: Kastraten sollen die gelassensten Katzen überhaupt sein. *»Die zauberhaftesten, anschmiegsamsten, ganz auf den Menschen geprägten Hausgenossen sind Kastraten. Sie sind auch die optimalen Mäusefänger, denn sie haben eine stärkere Bindung ans Haus«* (Bärbel Gerber, Knaurs Katzenbuch) .

Bei älteren, unkastrierten oder zu spät kastrierten Katern gibt es das Problem, dass die Tiere ihr Revier oftmals markieren. Insbesondere bei der Übernahme eines solchen Katers aus dem Tierheim oder bei einem ehemals potenten Zuchtkater, den der Züchter nicht mehr haben möchte, ist das Problem der eventuellen Geruchsbelästigung durch das Spritzharnen mit in die Überlegung vor der Adoption einzubeziehen. Die meisten Kater ziehen es vor, ihre Duftmarken in der freien Natur zu setzen, dafür gibt es aber keine Garantie, selbst wenn dem Kater der Freigang gestattet wird.

Sollten Sie jedoch Zuchtabsichten hegen, so kann ich Ihnen raten, sich zunächst eine Katze zu kaufen. Anfänger kommen oft in die Situation, dass sie sich erst einen Kater und dann einige Monate später eine Katze anschaffen, was zur Folge hat, dass die noch junge Katze gegebenenfalls zu früh, gleich mit der ersten leisen, vom Halter unentdeckten Rolligkeit, vom Kater gedeckt wird. Bevor Sie sich zur Zucht einen eigenen Kater zulegen, ist es sinnvoll, die Schwächen oder kleinen Fehler der Katze definiert zu haben, um diese durch entsprechende Verpaarung ausgleichen zu können. Der erfolgreiche Kauf eines potenten Katers setzt Erfahrung und Wissen voraus, das man erst im Lauf der Zeit sammeln kann.

Treffen Sie die Entscheidung für einen Kater oder eine Katze unter Berücksichtigung zuvor genannter Kriterien nach Ihrem persönlichen Geschmack sowie der spontanen Sympathie und halten Sie nicht zu streng an Ihren Vorstellungen fest. Lassen Sie sich vom Züchter beraten und über die individuellen Wesenszüge der Jungtiere aufklären.

5. Die alte Katze

Die alte Katze

Welt, Raum, Zeit

*In den Köpfen der betagten Katzen
Spiegelt sich die Welt in starken Bildern:
Mäusetürme ragen steil ins Blaue,
Nierentische stehen in ihren Hallen,
Leberhaken ragen aus den Wänden,
all das wartet nur auf ihre Tatzen
in den Köpfen der betagten Katzen.*

*In den hochbetagten Katzenköpfen
Gliedert sich der Raum in klare Zonen:
Fauladelphie, Ratzibor und Essen
Sind die einz'gen Städte, die sie kennen,
doch Paris liegt für sie an der Sahne,
und die malt sich breit, nicht auszuschöpfen
in den hochbegabten Katzenköpfen.*

*In den Köpfen der betagten Katzen
Fächert sich die Zeit in reine Takte:
Heißt der erste Tag der Woche Mordtag,
fällt der Sommeranfang in den Jauli,
schreiben wir schon bald das Jahr Zweimausend,
und die Stunden fliehen dahin wie Spatz
in den Köpfen der betagten Katzen.*

aus Ulrich Klevers
»Großes Katzenbuch«

Durch das Zusammenleben mit Jungtieren werden viele alte Miezen wieder vitaler. Diese alte Katzendame schätzt ein gemütliches Sonnenbad auf der Gartenbank im Freien und genießt ihre Ruhe. Foto: S. Jansen-Nöllenburg

Wäre das Leben unserer alten Katzen doch immer so wunderbar wie im zitierten Gedicht, das wäre schön. Doch das Alter bringt neben Ruhe und Gelassenheit leider auch verstärkt Krankheiten mit sich. Zudem werden alte Katzen, wie wir Menschen auch, im Alter nicht selten im Umgang schwierig und haben dann »so ihre Launen«. Damit umzugehen macht nicht immer Freude. Dennoch sollten Sie vor dem Kauf einer Katze überlegen, ob Sie bereit sind, die Probleme, die im Zusammenleben mit einem alten Tier entstehen, gemeinsam mit ihm zu bewältigen. Sind Sie bereit, wenn nötig die Katze zu pflegen und/oder auf Ihren wohl verdienten Urlaub zu verzichten? Typisch für eine alternde Katze ist der Verlust der Vitalität. Die Tiere wirken müde und lustlos, der Blick trübt sich und die Zähne fallen aus. Diätetische Maßnahmen werden häufig notwendig.

Um der Katze wieder »auf die Sprünge« zu helfen und ihr Interesse am Leben zu wecken, ist manchmal die Anschaffung eines jungen Artgenossen empfehlenswert. Viele Katzenfreunde spielen daher mit dem Gedanken, sich ein Kätzchen anzuschaffen, bevor die Altkatze in die ewigen Jagdgründe geht, befürchten jedoch, dass der Familienzuwachs vielleicht für die Seniorin zu stressig ist oder die Katzen sich nicht aneinander gewöhnen. Diese Ängste sind jedoch meist unbegründet. Entweder erlebt die alte Mieze durch den meist recht stürmischen Neuzugang ihren »zweiten Frühling«, beginnt wieder zu spielen, frisst mehr und nimmt aktiv am Familiengeschehen teil oder sie ignoriert das neue Tier, so weit es eben nur geht. Zu aggressiven Auseinandersetzungen kommt es in den seltensten Fällen, da gut gezogene Jungtiere im Zusammenleben mit Tanten, Onkeln und anderen vierbeinigen Verwandten den für das Zusammenleben notwendigen Respekt erlernt haben und die höhere Rangfolge der Alten akzeptieren. Diese wird sich mit der Jüngeren kaum anlegen, weil Streitigkeiten mit einem für eine gestandene Katze nicht ernst zu nehmenden Wesen unter ihrer Würde sind.

Das Verhalten der Tiere ist jedoch abhängig von ihren grundsätzlichen Charaktereigenschaften, von ihren Erfahrungen mit Artgenossen und von ihrer Fähigkeit, mit diesen umzugehen. Es lässt sich daher nicht generell sagen, ob sich ein junges und ein altes Tier miteinander verstehen werden. Hat die Jungkatze in ihren ersten Lebensmonaten bis auf Mutterkatze und Geschwister keinen Kontakt mit anderen Katzen gehabt, so ist es möglich, dass sie den »Katzen-Knigge«, die Höflichkeitsregeln zur Konfliktvermeidung innerhalb eines Verbandes nicht kennt und sich somit gegebenenfalls falsch verhält. Ist die Altkatze zeit ihres Lebens eine Einzelgängerin gewesen, so wird sie einen Neuling unter Umständen als Störung empfinden. Auch die Zusammenführung von zwei älteren Katzen ist stark von ihren Wesenseigenschaften abhängig, gestaltet sich aber in der Regel grundsätzlich schwierig und ist nur dann in Erwägung zu ziehen, wenn Sie als Katzenhalter über viel Wissen im Umgang mit Samtpfoten verfügen sowie den Tieren ausreichend Ausweichmöglichkeiten anbieten können.

Sollten Sie sich folglich überlegen, ein Kätzchen zu adoptieren, so ist es ratsam, dieses vor der Entscheidung genau zu beobachten. Beim Kauf einer Rassekatze kann der Züchter Sie diesbezüglich beraten. Wenn Sie irgendwelche Bedenken haben, erklären Sie diese Ihrem Züchter. Treten Kaufinteressenten an mich mit der Frage heran, was denn geschieht, wenn die Katzen sich trotz aller Mühe nicht verstehen, biete ich ihnen die Möglichkeit der frühzeitigen Rückgabe an. Eine solche Vereinbarung kann schriftlich oder mündlich erfolgen.

Wer seine Katze sehr liebt und kleine Auseinandersetzungen in einem Bestand, wie sie immer mal wieder vorkommen können, nicht kennt, reagiert oft überängstlich auf Situationen, bei denen sich die Katzen mit gesträubtem Fell gegenüberstehen, anfauchen oder anknurren. Sollten auch Sie Derartiges erleben und sich unsicher fühlen, trennen Sie zunächst die Katzen und laden Sie Ihren Züchter schnellstmöglich nach Hause ein. Ein guter Züchter kann vor Ort am besten beurteilen, ob Ihre Befürchtungen wirklich begründet sind und das Jungtier wenn nötig wieder mit nach Hause nehmen. Versuchen Sie bei all Ihren Befürchtungen dennoch, gelassen zu bleiben.

Foto: Drouven

6. Rassekatzen im Vergleich: Welche Rassekatze passt zu wem?

Rassekatzen im Vergleich:

Welche Rassekatze passt zu wem?

»Die faszinierenden und im Erscheinungsbild so völlig unterschiedlichen Rassen unserer Zeit bleiben das Ergebnis von Zufallswerpaarungen und von gezielten züchterischen Eingriffen, die unter Beachtung genetischer Regeln bewusst bestimmte Erscheinungsmerkmale herausmendelten, um eine neue Rasse zu erhalten.«

Herrscher / Theilig

Die zahlreichen Rassen, die ein Katzenfreund heute auf seiner Suche nach der ultimativen Mieze finden kann, sind in der Regel Produkte der Experimentierfreudigkeit des Menschen oder eine Laune der Natur. Um die eine oder andere Rasse ranken sich mehr oder weniger glaubwürdige Entstehungsgeschichten, die eher wie Märchen und Legenden anmuten, als den wahren Gegebenheiten entsprechen. Nichtsdestotrotz kann man manchen Geschichten einen gewissen Charme nicht absprechen und in einigen steckt sicherlich zumindest ein Funke Wahrheit.

Als Grundformen lassen sich die kurzhaarigen und langhaarigen Katzen erkennen, aus denen sich durch züchterische Selektion oder durch Mutation sowie Anpassung an das natürliche Lebensumfeld letztendlich Rassen, wobei die Anerkennung der Vereine gegeben sein muss, entwickelten.

Eine Rasse vereinigt durch Auslese und Konzentration bestimmte genotypische und insbesondere phänotypische Merkmale auf sich, die sie von anderen Rassen unterscheiden soll. Bei der Vielzahl der Rassen, die sich für den Laien oftmals vom Äußeren her nur durch Kleinigkeiten erkennbar voneinander unterscheiden lassen, ist eine konkrete Differenzierung schwierig. Es gibt mehr oder weniger gute Bücher mit Rassebeschreibungen, die je nach Qualität hilfreich sein können. Um eine Rasse genauer kennen zu lernen, ist jedoch das Lesen selbst eines guten Buches bei weitem nicht genug. Wenn Sie sich mit einer Rasse, ihren Vor- und Nachteilen, unter der besonderen Berücksichtigung ihrer charakterlichen Qualitäten, näher auseinandersetzen wollen, so können Sie sich aus der Literatur nur einen Überblick verschaffen. Zudem kann es innerhalb einer jeweiligen Rasse gravierende Unterschiede im Aussehen und Charakter der Tiere geben. Dies verdeutlichen nicht zuletzt die zahlreichen Katzenbücher, in denen fotografische Abbildungen von Rassekatzen nicht immer dem neuesten züchterischen Trend entsprechen. Dies liegt zum einen daran, dass sich die »Mode« kontinuierlich ändert, zum anderen daran, dass oftmals mehr Wert auf fotografisch schöne, ansprechende als auf rassetypische Aufnahmen gelegt wird. Ebenso variieren viel gepriesene Charaktereigenschaften, welche zwar typisch für bestimmte Rassen sein sollen, jedoch auch abhängig von vielen Umweltfaktoren sind und sich zudem, je nach Haltungsbedingungen sowie Einflussnahme des Besitzers, ändern können. Selbst die liebste Katze kann aggressiv werden, wenn sie schlecht behandelt wird und eine ruhige, ältere Katze, die eigentlich nur noch gemütlich ihren Tag verschläft, kann wieder richtig aktiv werden, wird ihr ein fröhlicher, junger Spielgefährte geschenkt.

Darüber hinaus rate ich Ihnen, Informationen über Informationen zu sammeln, Ausstellungen und Züchter zu besuchen und Vergleiche anzustellen. Es ist Ihre Aufgabe, die Katze auszusuchen, die wirklich zu Ihnen passt. Ihre persönlichen Wünsche, Erwartungen und Vorstellungen sollten Sie bei Ihrer Auswahl genauso mit einbeziehen, wie den Charakter des Tieres und Ihren eigenen. Das Zusammenleben von Partnern wird nie allein von einem bestimmt. So wie ein Mensch über individuelle Charaktereigenschaften verfügt, so ist dies natürlich auch bei der Katze der Fall. Rassetypische Charaktermerkmale sind Schwankungen unterworfen. Ein junges Tier ist von seinen Wesenseigenschaften her in gewisser Weise noch formbar. In welche Richtung es sich entwickelt, liegt auch in der Hand des Halters und das gilt für alle Katzen, blaublütige wie Feld-Wald-und-Wiesen-Miezen. Treffen zwei ganz unterschiedliche Charaktere in einer Mensch-Menschbeziehung oder Mensch-Katzenbeziehung zusammen, so kann dies den Alltag beleben oder ihn belasten. Susanne Kerl fragt in ihrem Ratgeber »Hunde kaufen mit Verstand« ihre Leser: »Welche Eigenschaften werden Sie in die Mensch-Hunde-Partnerschaft einbringen?« Mir gefiel die Idee einer solchen Fragestellung so gut, dass ich mir erlaube, sie – natürlich in abgeänderter Form – auch an Sie zu richten: *Welche Eigenschaften werden Sie in die Mensch-Katze-Partnerschaft einbringen?*

Die Entscheidung für die richtige Rassekatze kann Ihnen keiner abnehmen. Wenn Sie neben Ihrem Verstand Ihr Herz sprechen lassen, so werden Sie bestimmt eine gute Entscheidung treffen.

Die nachfolgenden Rassebeschreibungen und die begleitenden Fotos sollten Sie nur als Leitfaden verstehen. Ich möchte Ihr Interesse wecken und Sie neugierig auf mehr Informationen machen. Vielleicht kommen Sie bei weiteren Nachforschungen zu einer, von der Beschreibung der Maßgaben des jeweiligen Standards abgesehen, anderen Einschätzung als ich oder stimmen mir zu.

Betrachten Sie Ihre Suche nach der richtigen Rasse als spannende, detektivische »Arbeit« und recherchieren Sie nach dem großen Vorbild aller Detektive – Sherlock Holmes – genau und gewissenhaft!«

Langhaarkatzen

Perserkatzen

Schon im 15. Jahrhundert erfreuten sich die Perserkatzen in Adelskreisen großer Beliebtheit. Von früher bis heute haben sie sich immer weiter verändert.

Bei kaum einer anderen Katzenrasse gab es in den letzten Jahren so viele Diskussionen darüber, ob züchterische Selektion in der vorgegebenen Richtung sinnvoll ist oder nicht. Sollten Sie vor ungefähr 30 Jahren ein Fan dieser hübschen Rasse gewesen sein, werden Sie heute beim Besuch einer Katzenausstellung vielleicht verwundert den Kopf schütteln, wenn Sie dort Perserkatzen sehen. Interessant ist in diesem Zusammenhang auch das Betrachten alter Gemälde, auf denen Perserkatzen abgebildet sind. Vom Gesamterscheinungsbild erinnern diese dekorativen Tiere eher Hauskatzen mit längerem Fell und buschigem Schwanz, als dass sie mit den heutigen Schönheiten vergleichbar wären.

Durch die züchterische Selektion nach Maßgabe des Rassestandards wurden im Laufe der Jahre Einzelmerkmale verstärkt.

Der Körperbau der Perserkatze wirkt eher kurz als lang, mit ebenso kurzem wie buschigem Schwanz, der nicht länger als die Hinterbeine sein soll. Die Tiere stehen auf kräftigen, kurzen Beinen. Die Harmonie der Proportionen ist beim Körperbau sowie beim Kopf von entscheidender Bedeutung. Der Ausprägung der Einzelmerkmale des Kopfes widmeten die Züchter in den letzten Jahren verstärkt ihre Aufmerksamkeit, wobei sie nach Meinung einiger Kritiker des Guten vielleicht zu viel getan haben.

Der Standard verlangt **den Kopf** von der Form her groß und rund, wobei die **Nase** kurz sein sollte und den klassischen Stop (Knick) aufweisen muss. Perserkatzen mit extrem kurzen Nasen und gegebenenfalls sogar doppeltem Stop leiden, sollten die Nasenlöcher nicht besonders groß sein, unter Atemproblemen und durch den stark verkürzten, minimierten Tränenkanal unter tränenden Augen. Die Stirn ist gewölbt und soll vertikal betrachtet mit Nasenlinie und Kinn eine Gerade bilden, was das Gesicht besonders flach erscheinen lässt. In extremer Form wirkt das Gesicht der Perserkatze eher grimmig und der hübsche, dem Kindchenschema entsprechende Ausdruck geht verloren. Die an den Spitzen gerundeten **Ohren** müssen zur Vervollständigung des harmonischen Eindrucks klein und von breitem Abstand sowie gut behaart sein, wobei Pinsel auf den Ohren nicht erwünscht sind.

Das besondere Markenzeichen der Perser ist ihr traumhaft schönes, duftig wirkendes langes **Fell**, welches jedoch ohne kontinuierliche, fast tägliche Pflege durch Menschenhand schnell unansehnlich wird und filzt. Züchter empfehlen, die Katzen nicht nur regelmäßig zu kämmen, sondern sie auch hin und wieder zu baden sowie zu pudern.

Sollten Sie sich für den Kauf einer Perserkatze entscheiden, so müssen Sie bereit sein, dem Tier regelmäßig bei seiner Fellpflege zu helfen. Dafür erhalten Sie dann einen besonders lieben und ruhigen Hausgenossen von bezauberndem Charakter.

Perserkatze gibt es in den unterschiedlichsten **Farben**. Die Palette der Unterschiede scheint unerschöpflich. Je nach persönlicher Vorliebe finden Sie die »knubbeligen Teddybären« z.B. in *schwarz, blau, chocolate* und *lilac, weiß, rot, creme* und diverse silber-Varianten *wie smoke, cameo, chinchilla, silver shaded* und *golden*. Besonders attraktiv sind die Perser ebenso in bestimmten zuvor genannten Farben mit weiß, wobei der Anteil und die Art der weißen Partien je nach Farbeinteilung vorgeschrieben ist. Hier gibt es die *bicolour* und *tricolour* und in diesem Zusammenhang nicht zu vergessen die drei- bzw. vierfarbigen, wie z.B. die *schildpatt-weiße* Perserkatze. Wobei es sich bei Letzterer um eine Kombination aus diversen Farben (rot, schwarz, weiß) handelt. Auch andere Varianten sind möglich. Eine besondere Stellung nimmt die *Colourpoint-Perser* ein, die ebenfalls in unterschiedlichsten Farben als Katze mit *Teilalbinismus* (in bestimmten Körperpartien wird die Ausprägung der Farbe unterdrückt) gezüchtet wird. Bei fast allen Farben finden Sie zudem Tiere mit dem *agouti-Gen* (Bänderung des einzelnen Haares), welches durch drei verschiedene tabby-Muster – *classic* (Räderzeichnung), *mackerel* (vertikale Streifenzeichnung) und *spottet* (Punktzeichnung) – sichtbar wird. Je nach Fellfarbe eines Tieres ist gegebenenfalls eine bestimmte Augenfarbe vorgeschrieben.

Ihr Charakter ist ruhig und ausgeglichen, dennoch schätzen insbesondere junge Perserkinder das Spiel mit dem Menschen. Mit ihren großen Augen und dem vielen Fell wirken sie wie kleine Wollknäuel und sind einfach niedlich. Für den Freigang sind Perserkatzen nur bedingt geeignet.

Viele Perserkatzen zeigen heute eine extrem kurze Nase. Foto: S. Jansen-Nöllenburg

Wenn Sie das Dekorative lieben, kontinuierliche Fellpflege nicht scheuen und mit einer geruhsamen Mieze Ihr Leben teilen möchten, können Sie den Kauf einer Perserkatze in Erwägung ziehen.

Halblanghaarkatzen (Langhaar)

Genetisch werden die Halblanghaarigen den Langhaarkatzen zugeordnet, auf Ausstellungen jedoch bilden sie ihre eigene Gruppe. Eine weitere Unterteilung kann innerhalb der Gruppe vorgenommen werden und zwar zwischen den so genannten *natürlichen Rassekatzen* und anderen, die eher durch die Experimentierfreudigkeit der Züchter entstanden sind, wobei Letzteres nicht unbedingt gegen eine Rasse sprechen muss. Zu den Naturrassen werden Maine Coon, Norwegische Waldkatze, Türkisch Angora und Sibirische Katze/ Neva Masquarde gerechnet. Weitere Halblanghaarkatzen sind z.B. die Birma Katze, Ragdoll, Balinesen, Javanesen und Somali.

Die Naturrassen sind vom Aussehen her für den Laien oftmals schwierig zu unterscheiden. Vom Charakter her variieren sie. Eins ist ihnen allen gemeinsam und das ist ein freundliches, mehr oder weniger temperamentvolles Wesen. Die Pflege des Fells ist wenig aufwendig. Beides macht sie zu angenehmen Hausgenossen. Wenn Sie sich für eine Katze mit guter Intelligenz und ausgeprägtem Erfindungsgeist, kombiniert mit einer gehörigen Portion Unabhängigkeit sowie Anhänglichkeit, begeistern können, so werden Sie sicherlich der richtige Käufer für eine solche Katze sein.

Die Norwegische Waldkatze

Wie Sie beim Lesen dieses Buches schon feststellen konnten, schlägt mein Herz für die Naturrassen und im Besonderen für die Norwegischen Waldkatzen. Damit ich nicht allzu sehr ins Schwärmen komme, werden ich versuchen mich zu beherrschen, um Ihnen diese Katzen objektiv vorstellen zu können.

Norwegisches Waldkatzenmädchen in prächtigem Winterpelz. Foto: Göcke

Norwegischer Waldkater mit schöner schwarz-weiß-Zeichnung im Alter von vier Monaten.
Foto: S. Jansen-Nöllenburg

Obwohl es sich bei der Norwegischen Waldkatze um eine ursprüngliche, absolut natürliche Rasse handelt, ist auch sie von züchterischen Eingriffen nicht verschont geblieben, die der Gesundheit und Robustheit der Rasse jedoch weder zum Vorteil noch zum Nachteil dienten, sondern lediglich rassetypische Merkmale verstärkten. Meine »alte Else« feiert dieses Jahr ihren sechzehnten Geburtstag. Sie unterscheidet sich vom Kopftyp her sehr von den heutigen Norwegern, obwohl die Anerkennung dieser Rassekatze (1977/FIFE-Generalversammlung, Paris) noch gar nicht so weit zurückliegt. Erste züchterische Bestrebungen zum Schutz dieser in Skandinavien beheimateten Rasse gab es schon vor dem ersten Weltkrieg. Deren Population reduzierte sich durch die Folgen der Urbanisation, weil sich verstärkt langhaarige und kurzhaarige Katzen paarten und somit ein Verlust der Rasse drohte (Kurzhaar vererbt sich dominant). In ihrem Heimatland wurden die Tiere als Hof- und Bauernkatzen geschätzt. Es galt als Glück bringend, diese Katzen zu versorgen und so wurde ihnen, gleich den Trollen, mit denen man es sich nicht verderben wollte, Milch vor die Haustüre gestellt. In der Nordischen Sagensammlung der Edda gibt es Geschichten über besonders große, kräftige Katzen, die als erste Hinweise auf diese Rasse verstanden werden.

Der Ausdruck dieser vom Charakter friedvollen und liebenswerten Tiere soll wildkatzenartig sein. Ihr Körper ist lang, muskulös, dennoch elegant und soll auf hohen Beinen stehen. **Der Kopf** soll ein gleichschenkliges Dreieck sein mit gerader Nase ohne Stop, kräftigem Kinn, großen offenen Augen, die leicht schräg gestellt den urigen Ausdruck verstärken und großen, hoch am Kopf angesetzten Ohren, die auf den Spitzen möglichst mit Luchsbüscheln versehen und von guter Innen- wie Außenbehaarung sind.

Das Fell dieser Naturburschen ist von fester, nicht filzender, leicht fettender, wasserabweisender, glänzender Struktur. Im Winter zeigen gute Norweger einen beeindruckenden Pelz, mit imposanter Halskrause, extrem buschigem Schwanz und so genannten Knickerbockern / Höschen an den Hinterbeinen. Zwischen den Fußballen sieht man lange Haarbüschel, die vermutlich die Füße vor Kälte schützen sollen. Fans der Norweger gehen davon aus, dass sich das besondere Fell der Katzen durch die speziellen klimatischen Bedingungen des Heimatlandes (feuchtwarme Sommer, schnee- und regenreiche Winter) der Tiere entwickelt hat. Zum Sommer hin haaren die Tiere ab und sind nur noch durch einen kleinen Backenbart und den buschigen Schwanz als Halblanghaarkatze zu erkennen.

Norwegische Waldkatzen gibt es in allen möglichen **Farben**, wobei *agoutis* und *non agoutis* in Schwarz mit und ohne Weiß als Ursprungsfarbe betrachtet werden. Mittlerweile kann man diese großen Katzen in vielen Farben z.B. in rot, creme, blau, silber und zahlreichen Varianten sowie Kombinationen bewundern. Der Teilalbinismus (Maskenfaktor u. Points) ist jedoch nicht anerkannt, da unter anderem der typische Charakter der Norwegischen Waldkatze, durch die hierfür nötige Einkreuzung anderer Rassen, verfälscht würde.

Der Charakter der Norwegischen Waldkatze kann mit dem einer lieben Hauskatze verglichen werden, wobei Norweger aus guten Zuchten von gemäßigtem, ausgeglichenem Temperament und berechenbarem Wesen sind. Die meisten Norweger sind gute »Gesprächspartner« und unterhalten sich gerne mit ihrem Menschen. Bis ins hohe Alter schätzen sie es zu spielen und sind neuen Ideen gegenüber aufgeschlossen. Als Mütter benehmen sie sich von vorbildlicher Gelassenheit, die gepaart ist mit einer rührenden Fürsorglichkeit. Wie bei allen anderen Naturrassen auch verlaufen die Geburten der Jungen problemlos. Bis zu einem Alter von ca. einem Jahr haben Norwegische Waldkatzenkinder einen starken Forschungsdrang. Besitzer junger Norweger sollten sich darauf einstellen, dass sie ihr Wohnumfeld nach den Bedürfnissen der munteren Jungtiere gestalten müssen. Da sie äußerst intelligent sind, sich gut erziehen lassen und den Alltag mit Fröhlichkeit, Unkompliziertheit und Geselligkeit beleben, sind sie optimale Gefährten. Wenn sie keinen Freigang kennen, brauchen sie diesen auch nicht, obwohl dies fälschlicherweise in etlicher Literatur so dargestellt wird.

Die Norwegische Waldkatze ist eine der wenigen ursprünglichen Katzen unserer Zeit. Sie ist deshalb gut für Menschen geeignet, die das Natürliche und Unverdorbene schätzen und sich dabei eine charakterstarke, anhängliche, liebevolle, gesellige, verspielte und gelassenen Katze wünschen. Lassen Sie sich beim Kauf einer Norwegischen Waldkatze kein »X für ein U« vormachen. Nur eine Norwegische Waldkatze mit Stammbaum ist auch eine solche, obwohl für den Laien auch Hybriden manchmal wie echte Norwegische Waldkatzen aussehen. Diese Mischlinge, z.B. zwischen Perser und Hauskatze mit Langhaar-Gen, verfügen jedoch niemals über die typischen Eigenschaften der Rasse, insbesondere was ihre Fellbeschaffenheit und ihren Charakter angeht. Die Zucht exzellenter Naturburschen ist nicht so einfach, wie Sie es sich vielleicht vorstellen. Informieren Sie sich bei seriösen Züchtern und Interessengemeinschaften ausführlich über die Zucht dieser Katze, bevor Sie sich für einen solchen Weg entscheiden.

Die Maine Coon

»Coons« oder »Coonies«, wie sie von ihren Fans liebevoll bezeichnet werden, sind wie die Norwegischen Waldkatzen robuste, naturbelassene Katzen. Ihre Ursprünge liegen in Nordamerika. Über ihre Abstammung gibt es zahlreiche Geschichten, die jedoch nur auf Vermutungen basieren. Eine Verwandtschaft zur Norwegischen Waldkatze oder Türkisch Angora ist bei der Ähnlichkeit der Tiere jedoch nahe liegend. Vielleicht brachten die ersten Auswanderer aus Europa die Katzen mit ins Land der unbegrenzten Möglichkeiten.

Die Katzen sind von auffälliger Größe, kräftig und besonders muskulös. Der lange **Körper** wirkt insgesamt kantig und steht auf langen Beinen mit dicht behaarten Pfoten. Der lange **Schwanz** sollte buschig aber nicht wie bei der Norwegischen Waldkatze fedrig sein.

Der breite, dreieckige **Kopf** endet in eine kantige Schnauze. Die breite lange **Nase** mit minimaler Einbuchtung (kein klassischer Stop) und das kräftige **Kinn** sollen in der Seitenansicht eine Gerade bilden. Die Ohren müssen in einem guten Abstand zueinander stehen und ausgeprägte Pinsel an den Ohrspitzen aufweisen. Die **Augen** sollten groß und eulenartig und keinesfalls orientalisch wirken. Der typische Gesichtsausdruck verleiht diesen urtümlichen Riesen, selbst wenn sie schon ausgewachsen sind, etwas Niedliches und Kindliches.

Das **Fell** der Coons braucht nur hin und wieder, besonders im Winter und während des Fellwechsels im Frühjahr, gekämmt zu werden. Es ist von weicher, feiner wärmender Unterwolle, über das ein festes Deckhaar fällt. Es verlängert sich am Körper von vorn bis hinten. Ein dichter, langer Kragen und »Knickerbocker« an den Hinterbeinen gelten als Markenzeichen.

Bei den Maine Coons gibt es noch mehr **Farbauswahl** als bei der Norwegern. Teilalbinismus (Maskenfaktor), der durch Einkreuzung anderer Rassen zu erreichen wäre, ist nicht erlaubt.

Etwas Kindliches hat sie nicht nur im Ausdruck sondern auch im **Wesen**. Die Maine Coons sind anhängliche, verträgliche Hausgenossen, die sich, auch hier sind sie den Norwegern ähnlich, leicht mit Artgenossen und anderen Tieren sozialisieren lassen. Maine Coon-Weibchen gebären leicht und sind instinktsichere Mütter. Selbst große Würfe, die bei dieser Rasse keine Seltenheit sind, ziehen sie mit «leichter Pfote« auf. Junge Maine Coons wünschen die aufmerksame Zuwendung des Menschen und unterhaltsames Spiel. Haushaltung wie Freigang sind möglich.

Maine Coons erreichen eine imposante Größe.
Foto: S. Jansen-Nöllenburg

Suchen Sie eine große imposante und anhängliche Katze, die es sich nicht nehmen lassen wird, Sie besonders als Jungtier mit allerlei Kapriolen zu unterhalten, so sollten Sie Ihre Aktivitäten auf die Sammlung weiterer Informationen über diese attraktive Katzenrasse richten. Da es in der Zucht zurzeit zwei verschiedene Trends gibt, rate ich Ihnen sich zu überlegen, welchem Sie den Vorrang geben. Bevorzugt werden auf Ausstellungen eher die Amerikanischen Typen, wobei die Fellmenge nicht unbedingt bei allen Katzen ausreichend ist, was für die Züchter eine neue Herausforderung darstellen sollte.

Die Sibirische Katze

Bevor der eiserne Vorhang zum Osten sich öffnete, lebte die Sibirische Katze lange Zeit relativ unbeobachtet. Erst durch züchterische Zusammenarbeit zwischen russischen und europäischen, insbesondere deutschen Vereinen wurde man auf diese bis dato unbekannte Rassekatze aufmerksam.

Sibirische Katze aus Moskau.
Foto: S. Jansen-Nöllenburg

Der Norwegischen Waldkatze des so genannten »alten Typs« (hier sind die rassetypischen Merkmale noch nicht so ausgeprägt) ist sie beim ersten Betrachten erstaunlich ähnlich. Dies ist sicherlich einer der Gründe dafür, dass sie vor ihrer Anerkennung als selbstständige Rassekatze 1991 als Sibirische Waldkatze bezeichnet wurde. Liest man den Standard dieser Ostschönheit, so stößt man immer wieder auf die Beschreibung »mittel«, weshalb ihre Gegner sie ironisch als Katze des Mittelmaßes bezeichnen und somit zum Ausdruck bringen wollen, dass die Zucht (die Natur »pendelt« sich automatisch immer auf ein Mittelmaß ein) wenig Anforderungen an die Züchter stellt. Dieser noch relativ jungen Rasse und ihren Züchtern wird damit allerdings Unrecht getan. Die Zucht der Sibirischen Katze mit anfänglich nur einigen wenigen Zuchttieren zwang den Pionieren viel Arbeit sowie auch beachtliche Investitionen finanzieller Art ab. Heute ist sie aus dem Zuchtgeschehen nicht mehr wegzudenken.

Ihr mittelgroßer **Körper** steht auf nicht zu hohen, aber dennoch kräftigen Beinen. Der **Schwanz** muss zur Länge des Körperbaus passen und darf daher nicht zu lang sein. Der **Kopf** bildet ein leicht breites Dreieck, wobei die Schnauze abgerundet und nicht spitz oder kantig sein darf. Die Augen sind groß und offen. Die Nase ist von mittlerer Länge und Breite und sollte leicht nach innen gewölbt, jedoch ohne Stop sein. Um die gemäßigten Proportionen des Kopfes zu unterstützen, sind die Ohren ebenfalls nur mittelgroß, breit an der Basis mit gutem Abstand voneinander, wobei sie schräg in der Vertikalen betrachtet jeweils eine Verlängerung der äußeren Nasenlinie bilden.

Farblich fallen die »Sibis«, wie sie von Züchtern liebevoll genannt werden, bei den Naturrassen aus dem Rahmen, weil bei ihr der Teilalbinismus anerkannt ist. Züchter diskutieren seit Jahren darüber, ob die Sibirische Maskenkatze, die **Neva Masquarade**, als eigene Rassekatze anerkannt werden sollte oder eine Unterform der Sibirischen Katze ist. *Nichtsdestotrotz ist die Neva eine äußerst dekorative Katze und eine Alternative für Katzenfreunde, die den Maskenfaktor lieben und dennoch eine von züchterischen Exzessen verschonte Katze wünschen.* Einer ist bei einer Neuentdeckung immer der Erste, und so ist es auch bei der Neva Masquarade gewesen. Hans Joachim Schulz, Richter auf Ausstellungen und Züchter, importierte die ersten Miezen 1990 aus Petersburg. Gezüchtet wird die Neva, die sonst von allen anderen Merkmalen her wie die Sibirische Katze sein muss, in den Farben Colorpoint, Mietet und bicolour.

Vom **Charakter** her sind die Sibirischen Katzen freundliche Tiere, die jedoch vom

Wesen her noch mehr Unterschiede zeigen als vielleicht über längere Zeit gezüchtete Rassen.

Sie werden Sibirische Katzen mit ganz unterschiedlichen Charakteren von temperamentvoll bis ruhig finden. Ganz so leicht wie z.B. Perserkatzen sind diese rustikalen Schönheiten vielleicht nicht zu »handeln«. Sollten Sie sich für das Aussehen einer Sibirischen Katze oder Neva Masquarade begeistern, so machen Sie sich am besten auf die Suche nach einem seriösen Züchter, der Ihnen die Wesenseigenschaften seiner Katzen und insbesondere der Elterntiere genau beschreiben kann. Dieser wird Ihnen dann auch die Vor- und Nachteile der Zucht mit dieser noch relativ jungen Katzenrasse erläutern.

Türkisch Angora sind hübsche und eigenwillige Katzen. Foto: Römer

Die Türkisch Angora

Die elegante Türkisch Angora wurde in ihrem Heimatland schon lange geschätzt, obwohl es keine züchterischen Bestrebungen wie in Deutschland gab. Wenn Sie in der Türkei Urlaub machen und sich für die Rasse interessieren, sollten Sie einen Besuch im Zoo von Ankara nicht versäumen. Hier finden Sie einige Vorfahren der Miezen, mit denen heute unter anderem in Deutschland gezüchtet wird. Aber auch so tummeln sich auf den Straßen wunderschöne Türkische Katzen, die im Gegensatz zu den gezüchteten natürlich ohne Stammbaum sind. Um die Zucht dieser Rasse hat sich insbesondere Gisela Römer, die Vorsitzende des Ersten Deutschen Türken-Zucht- und Rassekatzenvereins e.V. verdient gemacht hat. Die Anerkennung als Rassekatze erhielt diese hübsche Katze in Europa erst in den 80er-Jahren.

Der lang gestreckte **Körperbau** der Katzen ist kräftig und wirkt dennoch orientalisch und schlank. Die Katzen stehen auf hohen Beinen, wobei ähnlich wie bei der Norwegischen Waldkatze und anders als bei der Sibirischen Katze und der Maine Coon die Hinterbeine höher als die Vorderbeine sind, was den Tieren die Gabe verleiht, hohe Hindernisse im Sprung überwinden zu können. Ihr **Kopf** läuft keilförmig zu, was den orientalischen Eindruck verstärkt. Die **Nase** ist passend zur Kopfform lang und gerade ohne jeglichen Stop. Das Kinn sollte nicht fließend, sondern kräftig sein. Die **Ohren** sind von auffälliger Größe, mit nicht zu großem Abstand voneinander, was die Harmonie der Proportionen des schmalen Kopfes unterstützt. Besonders hübsch und ansprechend wirkt das Gesicht dieser bezaubernden Samtpfoten aus dem Orient durch die mandelförmigen **Augen**. Bei der **Augenfarbe**, die bei den zuvor genannten Rassekatzen züchterisch gesehen keine große Rolle spielt und lediglich zur Fellfarbe passen soll, sind sich Fans der Türkischen Katze nicht immer einig. Konservative Züchter wünschen die Festlegung auf bestimmte Augenfarben, insbesondere bei der **Türkisch Van Katze**, andere plädieren für die Akzeptanz aller

Augenfarben und berufen sich hierbei darauf, dass es sich bei der Türkisch Angora um eine Naturrasse handelt, bei der solche Eingriffe nur eine Beschränkung der Vielfalt zur Ursache hätten. Bei der Türkisch Van war lange Zeit die besondere Fellfärbung ein Erkennungszeichen dieser immer noch seltenen Rasse. Ihr Körperfell ist absolut weiß, wobei die Partien am Kopf (Oberkopf und Ohren) sowie der Schwanz von kräftigem Rot gefärbt sein sollen. Zurzeit gibt es Bestrebungen, auch andere Färbungen z.B. blau mal weiß oder getigert mal weiß, bei gleicher Farbverteilung anzuerkennen. Rund um den Van-See kann der Urlauber frei laufende Exemplare dieser Rasse finden, berichten Freunde dieser Rasse.

Van-Katzen sind immer noch eine Rarität.
Foto: Lang

Das **Fell** der Katzen ist nicht ganz so lang wie bei den anderen Naturrassen und auch von anderer Textur. Es ist mittellang, seidig, mit so gut wie keiner Unterwolle und ist am Hals wie am Schwanz besonders ausgeprägt. Die ersten *Türkisch Angora Katzen*, die nach Deutschland kamen und anerkannt wurden, waren weiß. Da jede weiße Katze nicht nur die Erbanlagen von Weiß, sondern auch die anderer Farben (»unter« dem sichtbaren Weiß) trägt, ergab sich hieraus zwangsläufig, dass auch andere Fellfärbungen mit und ohne agouti z.B. in Schwarz, in verdünnter Form Blau, Rot und in der Verdünnung Creme sowie Silber und Kombinationen wie Schildpatt/tortie-Tabby erlaubt wurden. Das Kämmen des Fells ist nur selten, meist im Winter nötig. Damit die Katzen die nötige Pflege als angenehm empfinden, sollten sie behutsam von klein auf daran gewöhnt werden. (Das gilt selbstverständlich auch für alle anderen Rassen mit längerem oder langem Fell.)

Vom **Wesen** her ist die Türkisch Angora Katze eine zärtliche, temperamentvolle, eigenwillige, kapriziöse Individualistin. Insbesondere Kater brauchen bei der Erziehung Konsequenz sowie eine starke, aber liebevolle Hand.

Wenn Sie sich für diese Rasse begeistern, müssen Sie ein Mensch sein, der Individualität und Unabhängigkeit bei Katzen schätzt und bereit ist, mit der Mieze zu schmusen oder zu spielen – aber nur, wenn sie es will! Natürlich gibt es wie bei allen anderen Rassen auch Unterschiede im Wesen. Nicht wenige Züchter berichten jedoch davon, dass sich die Katze ungern völlig vereinnahmen lassen. Sollten Sie ein Mensch sein, der gerne seine eigenen Wege geht und dem allzu starke Abhängigkeit auf die Nerven fällt, sind Sie vielleicht der richtige Partner für eine solche Katze.
Sollten Sie bereit sein, mit diesen Katzen zu züchten, so wird Ihnen das sicherlich viel Freude machen, unter der Voraussetzung, dass Sie es schätzen, mit lebhaften unternehmungslustigen Katzenkindern Ihr Heim zu teilen.

Nachdem Sie nun einen kleinen Überblick bezüglich der Naturrassen erhalten haben, möchte ich mich den ***anderen Halblanghaarrassen*** *zuwenden.*

Die heilige Birmakatze

Auch die Birmakatze hat ihre eigene Geschichte, die eher einem Märchen aus Tausendundeiner Nacht gleicht, als dass sie realistischen Ursprungs ist. Angeblich handelt es sich bei dieser bezaubernden Maskenkatze um eine Tempelkatze, was schon durch ihren Namenszusatz *»heilige«* bewiesen scheint. In Wirklichkeit ist es eher so, dass sie durch ein spezielles Zuchtprogramm mit Persern und Siamesen entstanden ist. Sie ist folglich ein »Kunstprodukt«, das Ergebnis züchterischer Erfindungsgabe und Experimentierfreudigkeit. Kombiniert mit Einsatzfreude und Durchhaltevermögen ihrer Schöpfer und durch jahrelange Weiterentwicklung und Spezifizierung sowie der Verbesserung rassetypischer Merkmale wurde sie zu dem, was sie heute ist: ein bezauberndes dekoratives Geschöpf. Die Zucht dieser schönen Katzen ist nicht einfach. Zunehmende Probleme wie Krankheitsanfälligkeit, Kleinwüchsigkeit und geringe Wurfgrößen sind sicherlich nicht zuletzt Ursache langjähriger Inzucht, welche durch Outcrossing z.B. mittels Coulour-Point Perser sowie Siamkatzen zu beheben versucht wurde. Wenn sie auch nicht gerade besonders robust sind, bezaubern Birmakatzen ihre Besitzer durch ihr besonders hübsches Outfit.

Von der **Statur** her wirkt die Birma eher zart, obwohl sie nach Maßgabe des Standards eine muskulöse, nicht zu kleine Katze sein sollte, die auf kurzen kräftigen Beinen mit runden Pfoten steht. Passend zum Körperbau darf der Schwanz nicht über das Schulterblatt hinaus reichen (wenn man ihn am Körper entlang zieht) und muss buschig behaart sein. Ihr **Kopf** hat die Form eines insgesamt abgerundeten, gleichschenkligen Dreiecks mit leicht gewölbter Stirn und gutem Kinn. Die optimale Kopfform zu erreichen scheint nicht einfach zu sein, weil sich in den Würfen hin und wieder Vorfahren »zu Worte melden«, deren Typ heute nicht erwünscht, als Erbgut jedoch vorhanden ist. So beklagen Züchter, dass ehemals viel versprechende Jungtiere später sich entweder in Richtung Perser- oder Siamkatze entwickeln. Die **Nase** ist mittellang und etwas konkav mit einer leichten Einbuchtung, jedoch ohne Stop. Die **Ohren** müssen zu den Proportionen des Kopfes und zur Maske passen und dürfen weder zu klein noch zu groß sein. Die Ohrenenden sind abgerundet. Das Bezauberndste an dieser Rasse sind sicherlich die tiefblauen **Augen**. Katzen mit optimaler Augenfarbe sind immer noch eine Seltenheit und nicht leicht zu züchten. Das **Fell** ist halblang und am Bauch sowie an der Brust länger, wobei ein Backenbart besonders gern gesehen wird. Bei einem guten Birmafell ist der Pelz seidig und fällt leicht über die gering ausgeprägte Unterwolle. Sehr zum Verdruss der Züchter gibt es jedoch auch Birmakatzen, die abstehen-

Birmakatzen bezaubern durch strahlend blaue Augen. Foto: Osthoff des oder zu eng anliegendes Fell haben, wobei Ersteres zu ungepflegt und Letzteres meist ein wenig fettig und zu dünn wirkt. Und noch etwas stellt die Geduld eines Birma-Züchters immer wieder auf die Probe und das ist Vervollkommnung der Points und Abzeichen, die durch den Standard genau festgelegt sind. Unter den Points versteht man die gleichmäßige Ausfärbung der Farben wie z.B. Seal, Blue, Chocolate, Lilac, Creme, Red, Tortie am Kopf, den Ohren, den Beinen und am Schwanz. Die Abzeichen, das sind die Handschuhe, an den Vorderbeinen inklusive den Stiefeln wie Sporen an den Hinterbeinen, die exakt gleichmäßig und hinten ohne »Renner« sein sollten. Viele Züchter wie auch Richter legen hierauf besonderen Wert.

Der **Charakter** wird von ihren Fans als besonders sanftmütig bezeichnet. Sie sind verschmust und anhänglich, aber niemals lästig. Mit anderen Rassen sind sie gut zusammen zu halten. Katzenmütter haben meist nur kleine Würfe von zwei bis drei Jungtieren zu versorgen, gehen dieser Aufgabe liebevoll nach und sind durchaus in der Lage, sich wenn nötig auch um eine größere Kinderschar zu kümmern. Freundliche Zuwendung brauchen die Jungtiere eher als allzu lebhaftes Spiel, obwohl es ihnen möglich ist, sich auch in einen lauteren Haushalt einzufügen. Birmakatzen sind anpassungsfähige und freundliche Katzen.

Sollten Sie eine hübsche, vom Wesen her sanfte Rassekatze suchen, die von durchschnittlicher Intelligenz ist, die Nähe ihres Menschen ohne Aufdringlichkeit sucht aber dennoch benötigt, so ist eine Birmakatze gegebenenfalls genau die Richtige für Sie. Wenn Sie vorhaben diese Rasse auch zu züchten, so dürfen Sie allerdings kein ungeduldiger Mensch sein, der schnell zum Erfolg kommen muss.

Die Ragdoll

Ragdoll-Katzen haben sich als Halblanghaarkatzen mit Maskenfaktor in Deutschland nicht unbedingt durchgesetzt, was sicherlich zum einen damit zu tun hat, dass es genug Alternativen gibt und zum anderen, dass die Mythen über diese Katzen mehr als unglaubwürdig sind. Ann Baker, die »Erfinderin« der Ragdoll (übersetzt: Lumpenpuppe), machte z.B. Reklame damit, dass die Tiere angeblich derart schmerzunempfindlich seien, dass sie problemlos über heiße Herdplatten laufen könnten. Dass es sich bei der Ragdoll um eine durch Menschenhand entstandene Kreation handelt, scheint dadurch bewiesen zu sein, dass Baker für ihre Züchtung ein Patent anmeldete. Als Rasse fest etablierte sich die Ragdoll erst in den 80er-Jahren. Dem Bemühen seriöser Züchter ist es zu verdanken, dass allzu kuriose Geschichten in Vergessenheit gerieten, und insbesondere die Vorzüge dieser Rasse publiziert wurden. Aller Wahrscheinlichkeit nach sind Perser und Birmakatzen ihre Vorfahren, obwohl immer noch hin und wieder Geschichten von seltsamen Mutationen kursieren.

Ragdoll-Katzen sind immer noch selten.
Foto: S. Jansen-Nöllenburg

Eindrucksvoll an dieser recht gemütlichen Rasse ist ihre Größe. Der Körper wird lang und muskulös gewünscht, wobei die Hinterbeine wie bei diversen anderen Rassen und Hauskatzen höher sind als die Vorderbeine. Bei starker Ausprägung verleiht dies den Katzen einen etwas schwerfälligen Gang, durch den die katzentypische Eleganz verloren geht. Der stark behaarte Schwanz wird von guter Länge gefordert und muss mindestens so lang wie die Hinterbeine sein und beim Gang des Tieres bis auf den Boden reichen. Der **Kopf** der Katze ist passend zum Körper von guter Größe, keilförmig mit ausgeprägten Wangen und gerader **Nase**, die jedoch am Nasenansatz, zwischen den Augen, eine leichte Innenwölbung (kein Stop) zeigt. Das Kinn ist kräftig und rund. Die **Ohren** sollten mittelgroß und am Ansatz weit und offen sein. Typisch für Katzen mit Teilalbinismus schaut auch die Ragdoll ihren Menschen mit bezaubernden blauen **Augen** an. Das Fell ist halblang, glänzend und dicht, wobei der Kragen unterschiedlich ausgeprägt ist. Die Ausprägung der Maske ist in diversen Farben mit Weiß erlaubt.

Beim Kauf dieser Katzen sollte Sie besonders viel Wert auf das Studieren der Stammbäume legen, denn das, was wie ein Ragdollkind aussieht, muss nicht unbedingt ein reinrassiges Kitten sein (das trifft im Übrigen auch beim Kauf aller Naturrassen zu). Hüten Sie sich davor, Ammenmärchen, wie dem von der Unempfindlichkeit dieser Rasse, Glauben zu schenken.

Die Balinesen

Balinesen sind äußerst attraktive Halblanghaarkatzen, die ihre Menschen insbesondere durch ihre Eleganz und Lebhaftigkeit bezaubern. Ob sie eine Laune der Natur, ein Zufallsprodukt oder Resultat der Experimentalzuchten für die Perser Colourpoint sind, darüber sind Züchter sich nicht unbedingt einig. Fest steht, dass sie direkt von der Siamkatze abstammt. Ihr **Körper** ist lang und von mittlerer Größe. Er wirkt zierlich, wobei in der Bewegung zu erkennen ist, dass die Katze durchaus muskulös ist. Die langen Beine mit den ovalen Pfoten verstärken den grazilen Körperbau ebenso wie der lange Hals und der mit fedrigem Fell behaarte **Schwanz**, der beim Laufen der Katze gut den Boden berühren muss. Passend zum Körperbau ist der **Kopf** eher klein, lang und keilförmig ohne Pinch (Einbuchtung im unteren Wangenbereich). Stirn und **Nasenpartie** gehen ohne Wölbung ineinander über. Die Stirn ist flach. Die **Ohren** sind groß, breit, offen am Ansatz und laufen spitz zu. Ihr seidiges **Fell** zeigt sich weniger dicht und lang als bei den anderen Halblanghaarrassen, was die Fellpflege einfach macht. Wie alle anderen Maskenkatzen bezaubert sie ihre Betrachter durch wunderschöne blaue **Augen**, die, um die Harmonie des orientalischen Gesamteindrucks zu verstärken, mandelförmig sein sollten. Balinesen sind in allen **Farben** zu finden, in denen auch Siamkatzen gezüchtet werden. Einfarbige Verwandte sind die Javanesen.

Balinesen sind genauso wie ihre kurzhaarigen Verwandten sensible, anhängliche und stark auf ihren Besitzer fixierte Katzen. Ihre Lebhaftigkeit und Intelligenz ist unübertroffen. Wohl kaum eine andere Katzenrasse zeigt sich derartig gesprächig. Hat ihr Mensch keine Lust, sich mit ihr zu unterhalten, erzählt sie sich nicht gerade leise eben selber Geschichten. Für den Freigang ist sie nur bedingt geeignet.

Wenn Sie Spaß an einem Zusammenleben mit einer besonders intelligenten, äußerst anhänglichen Katze haben, die es versteht, nötige Aufmerksamkeit vehement auf sich zu ziehen, und Sie gerne mit Ihrer Katze plaudern möchten, über all die Dinge, die Sie und das Tier bewegen, so ist eine Balinesin gerade die richtige Katze. Sollten Sie es eher ruhig lieben und eine unabhängigere Gefährtin wünschen, so ist es leicht möglich, dass Ihnen die Balinesin auf die Nerven fallen wird.
Ihre Zucht ist nicht unbedingt etwas für Anfänger, insbesondere nicht für nervöse Zweibeiner. Der Besuch eines oder mehrerer Züchterhaushalte gibt Ihnen Aufschluss darüber, ob Sie Gefallen daran finden würden, mit einer Gruppe dieser unterhaltsamen Tiere Ihr Leben zu teilen.

Die Somali

Diese Somali bezaubert durch einen intensiv rot gefärbten Pelz. Foto: S. Jansen-Nöllenburg

So wie die Balinesen von der Siamkatze abstammen und als halblanghaarige Variante betrachtet werden können, so ist die Somali eine halblanghaarige Abessinierkatze und genauso elegant wie diese. Vor der Anerkennung als Rassekatze hielten Züchter die mit mehr Fell behaarten Jungtiere in ihren Abessinier-Würfen peinlich berührt versteckt, um ja nicht in den Verdacht zu geraten, dass mit ihren Stammbäumen etwas nicht stimmen würde. Die amerikanische Züchterin Evelyn Mague brach das Schweigen, bekannte sich zu der Variante und startete ein Zuchtprogramm. 1975 wurde die Rasseanerkennung durchgesetzt. Heute haben diese attraktiven, wie kleine Luchse wirkenden Katzen längst ihr Schattendasein überwunden. Ihr **Körper** ist lang, muskulös von mittlerer Größe und wird von langen, schlanken Beinen mit ovalen Füßen getragen. Ihr **Kopf** muss die Form eines abgerundeten Keiles mit kräftiger Schnauze und am Ansatz minimal gewölbter **Nase** (kein Stop) haben. Die **Ohren** sollten groß und breit an der Basis mit gutem Abstand voneinander platziert sowie gut behaart sein. Hinter dem Ohr ist wie ein Daumenabdruck der »Wildfleck« zu erkennen, der z.B. auch bei der Europäischen Wildkatze als klassisches Zeichen gilt. Die bernsteinfarbenen oder grünen mandelförmigen **Augen**, die wie mit einem Kajalstift schwarz umrandet scheinen, unterstützen den erwünschten luchsartigen Ausdruck dieser schönen Tiere. Ihr **Fell** ist weich und dicht. Halskrause und Höschen an den Hinterbeinen vervollständigen das Bild. Die Somalis sind heute in allen möglichen **Farben** zu bewundern. In der Ursprungsfarbe Sorrel (kupferrot) oder der Wildfarbe (braun bis orange) wirken sie für viele Katzenfreunde am ursprünglichsten. Was jedoch natürlich eine Frage des persönlichen Geschmacks ist. Auch heute noch werden die Somalis am häufigsten in der Wildfarbe gezüchtet. Bedingung bei allen Farbvarianten ist das klassische Ticking, die Mehrfach-Bänderung des einzelnen Haares, wobei die Haarspitzen der jeweiligen Farbe entsprechend ausgefärbt sein sollten. In neuen Varianten tragen die Katzen z.B. ein Haarkleid in Fawn, Blau, Silber sowie Chocolate und Lilac. Für die Zucht ist die Erweiterung der Farbpalette sicherlich eine Bereicherung und stellt die Züchter vor immer neue Anforderungen.

Die Somali ist eine verspielte, in der Bewegung geschickte und anschmiegsame Katze mit melodischer Stimme.

Da die Somali vom Wesen her unproblematisch ist, eignet sie sich als Gefährtin für all die Menschen, die sich von einer mittelgroßen, eleganten und doch urig wirkenden Katze adoptieren lassen möchten und auch bereit sind, nach ihrer Pfeife, das heißt nach ihrer melodischen Stimme, zu tanzen.

Kurzhaarkatzen

Kurzhaarige Katzen gibt es in allen möglichen Varianten. Je nach persönlichem Geschmack kann der Katzenfreund wählen zwischen schlanken, eleganten, zarten oder kräftigen, kleinen und großen Exemplaren in allen nur denkbaren Farben. Einige der kurzhaarigen Katzenrassen, die mal mehr mal weniger an unsere geliebten Hauskatzen erinnern und sich nicht nur vom Aussehen sondern auch vom Wesen her unterscheiden, möchte ich Ihnen vorstellen. Trotz der beachtlichen Gegensätze, die sich erkennen lassen, haben sie alle eines gemeinsam und das ist ein pflegeleichtes Fell.

Die Siam

Die lebhaften Siamkatzen sind sicherlich die bekanntesten kurzhaarigen Rassekatzen. Über ihren Ursprung gibt es keine Zweifel. Als wohl älteste Rasse in Menschenhand kam die exotische Schönheit in den 80er-Jahren des letzten Jahrhunderts aus Siam als Geschenk des Königs von Siam nach England. 1871 wurde sie auf der berühmten großen Katzenausstellung im Londoner Crystal Palast der Öffentlichkeit als *Royal Siam Cat* präsentiert. Von früher bis heute wurde das Aussehen dieser hinreißenden Katzen durch züchterische Selektion stark verändert. Ihr Rassestandard ist mehrfach überarbeitet worden. Ob die Konzentration auf das Extreme der Entwicklung der Rasse dienlich ist, darüber gibt es zahlreiche Diskussionen, aus der heraus sich eine »neue – alte« Rasse entwickelte: die Thai-Katze. Ihre Anhänger bevorzugen die Siamkatze so, wie sie früher einmal war (der Kopf von gemäßigtem Dreieck, der Körper zwar elegant doch kräftiger) und wollten sich der heutigen Vorstellung von einer optimalen Siam nicht unterwerfen. Da das Erbgut der modernen Siam durch stetige Auslese gefestigt ist, war es nicht ganz einfach, die züchterische Entwicklung zurückzuschrauben. Einkreuzungen von anderen Rassen mit Maskenfaktor waren nur schwer zu umgehen.

Das Nonplusultra eines modernen Züchters ist sicherlich eine Siamkatze mit außerordentlich schlankem, extrem langem **Körper**, der von ihren Kritikern als mager bezeichnet wird, und ein dünner Schwanz, der jedoch ohne Fehler (Knick) sein muss. Die Beine sind hoch und feingliedrig, die Pfoten von ovaler Form. Von ihren Gegnern als »Hungerhaken« oder »Twiggykatze« bezeichnet, ist der Körper bei einer guten Siamkatze dennoch muskulös, was insbesondere bei männlichen Tieren zur Geltung kommt und ihre Geschmeidigkeit unterstützt. Bei allem Respekt vor den Züchtern dieser schicken Katzen, hat man hin und wieder dennoch das Gefühl, dass die Maßgaben des Standards ein wenig überinterpretiert werden. Die Rassebeschreibung definiert, dass der Körper mittelgroß, lang, schlank und zierlich sein soll, wobei eine ausgewogene Verbindung zwischen feinen Knochen und festen Muskeln gegeben sein sollte.

Die Siam der Neuzeit hat einen extrem langen, schmalen keilförmigen **Kopf**. Die

Ohrenlinie bildet eine Verlängerung des Keils, der vom Kinn über die Wangenknochen schräg nach oben, ohne Pinch (Einbuchtung über den Schnurrhaarkissen), verlaufen muss. Die Stirn ist minimal gewölbt und bildet in der Seitenansicht eine fast gerade Linie mit der langen **Nase**. Kinn und Nase bilden eine vertikale Linie, wobei die Ausprägung Schnauze nicht dominieren sollte. Die dunkelblauen, schräg gestellten mandelförmigen **Augen** der Siam, deren Farbe durch Auslese intensiviert wurde, verleihen ihr etwas Mystisches. Das berühmte Schielen der Katzen, ein Defekt, ist heute kaum noch zu beobachten. Dies ist der gewissenhaften Auslese der Züchter zu verdanken. Genauso sind Knickschwänze heute in der Siamzucht eine Seltenheit. Leider bleibt diese hochgezüchtete Katzenrasse vor anderen Defekten nicht verschont. Durch gezielte Zuchtprogramme die Weitergabe der Veranlagung zu Mißbildungen, wie denen des Brustbeines (Sternum) oder der Hüftgelenksdysplasie, langfristig zu verhindern, ist die Aufgabe seriöser Züchter. Das **Fell** der Siam ist kurz, von feiner und seidiger Textur. Die Farbzucht ist wie bei allen Katzen mit Teilalbinismus nicht einfach. Das Körperfell wird hell gewünscht. Maske und Points müssen sich deutlich absetzen.

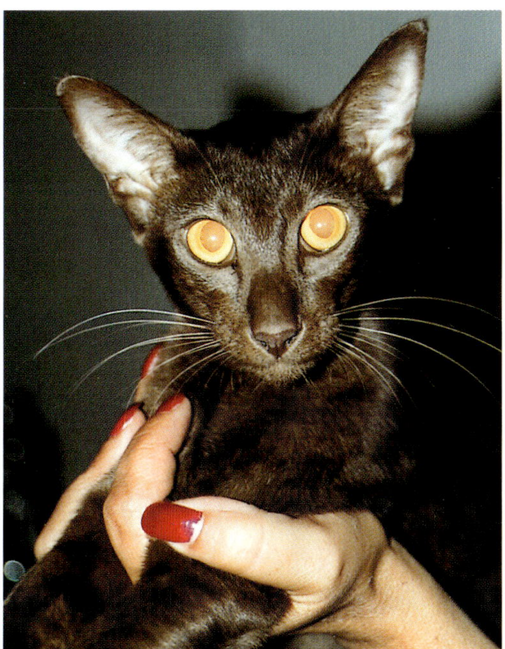

Der keilförmige Kopf ist typisch für die Orientalische Kurzhaar. Foto: S. Jansen-Nöllenburg

Da alle Katzen mit **Teilalbinismus** weiß geboren werden, ist es für den Züchter besonders schwierig, die **Farbqualität** eines Jungtieres zu bewerten. Dies stellt seine Geduld oftmals auf eine harte Probe. Enttäuschungen sind hierbei nicht ausgeschlossen und hin und wieder muss ein Züchter akzeptieren, dass ein zunächst viel versprechendes Jungtier sich nicht so entwickelt, wie er sich wünscht bzw. erhofft. Durch jahrelange Zucht kann der Katzenfreund Siamkatzen in vielen **Farben** finden. Die bekanntesten sind sicherlich Sealpoint und Chocolatepoint. Besondere Liebhaber begeistern sich für diese Farben, wobei sich die Maske und Points besonders deutlich vom Körperfell abheben. Doch auch andere Farben, wie Blue oder Lilac sowie Varianten in Rot, z.B. Redpoint, deren Verdünnung Cremepoint und Kombinationen daraus wie Tortiepoint mit Seal, Chocolate oder Blue lassen die Herzen von Siamfans höher schlagen. Die Liste der Farben ließe sich noch weiter führen. Wenn Sie sich für diese Rasse begeistern, sollten Sie sich ausgiebig mit weiterer Literatur, insbesondere mit einer genauen Beschreibung des breiten Farbspektrums beschäftigen.

Einfarbige Siam wie z.B. die schwarzen **Ebony** oder die braune **Havanna**, Gescheckte und Tabbys, Siamkatzen ohne Teilalbinismus, werden als Orientalische Kurzhaarkatzen (OKH) bezeichnet. Auch sie haben ihre eigene Geschichte, tragen ihren Pelz in unterschiedlichsten Farben, sind jedoch vom **Charakter** her wie alle anderen Siam einfach bezaubernde, intelligente, sehr gesprächige und besonders lebhafte Katzen. Aufgrund ihres Temperaments und ihrer Beweglichkeit sind sie gute Jäger, die den Freigang schätzen. Langeweile ist ihnen verhasst. Ihr Besitzer soll sich ausgiebig mit ihr beschäftigen. Intensive Schmusestündchen schätzt die Siamkatze hierbei genauso wie ihrer Intelligenz entsprechende Spiele. Je nach Einstellung des Katzenfreundes, beurteilt er sie von anhänglich bis lästig. Fest steht, dass sie eine Katze ist, die man nicht einfach vor die Tür setzen kann, wie man ein Kind in sein Zimmer schickt, weil man nach ausgiebigem Spiel nun auch mal seine Ruhe haben möchte. Eine Siamkatze kann man nicht besitzen, man wird von ihr besessen oder eben auch nicht, je nachdem, was für ein Typ Mensch man selber ist. Sie fügt sich bei entsprechender Aufmerksamkeit in einen Familienverband genau so gut ein, wie in einen Singlehaushalt. Sie sind exzellente Mütter meist großer Würfe und teilen sich die Arbeit der Jungtieraufzucht innerhalb ihres Verbandes gerne. Sollten sie zu wenig Liebe erhalten, neigen sie allerdings zur Eifersucht.

Sie sehen, das war eine relativ lange Charakterbeschreibung. Ob Sie ein Siamkatzenmensch sind, müssen Sie selber entscheiden. Fest steht, dass kaum eine andere Rasse so ausgeprägte, kapriziöse Wesenszüge zeigt. Überlegen Sie sich genau, ob Sie ausreichend Geduld, Gelassenheit und Toleranz aufbringen können. Diese interessanten Katzen haben es verdient.

Die Burma

Ebenfalls in die Gruppe der Katzen mit orientalischem Aussehen einzuordnen ist die Burmakatze. Vom Gesamterscheinungsbild ist die Burma eine wohl proportionierte Katze von mittlerer Größe, deren Hinter- wie Vorderbeine die gleiche Höhe aufweisen müssen. Je nachdem, ob sie europäischen oder amerikanischen Typs sind, unterscheiden sie sich stark voneinander, wobei Züchter, die Wert auf Vitalität legen, eher

So wie diese Thai-Katze, die heute einen eigenen Standard hat, sahen vor vielen Jahren die Siamkatzen aus. Foto: S. Jansen-Nöllenburg

den heimischen, robusten, als den mehr oder weniger krankheits- und für genetische Defekte (z.B. Gaumenspalte, Vorbiss, Totgeburten) anfälligen amerikanischen Typ bevorzugen. Der Kopf einer guten Burmakatze ist keilförmig, jedoch keinesfalls schmal wie bei der Siamkatze, sondern an der Basis eher breit, mit mittelgroßen weit voneinander platzierten Ohren und starkem Kinn. Die Nase zeigt am Ansatz auf unterer Augenrandhöhe einen Stop. Die **Augen**, von gelber, bernsteinfarbener und manchmal auch grüner (unerwünschter) Färbung, geben dieser harmonische Rasse den orientalischen Touch. Das feine, kurze **Fell**, möglichst ohne Unterwolle, muss glänzen. Die klassischsten Burma sind sicherlich die Braunen, obwohl es z.B. auch Katzen in Blau, Chocolate, Lilac, Rot, Creme und Tortie und sogar Silber gibt.

Burmavarianten sind die *schwarze Bombay* und die *Burmilla*, eine Kreuzung aus Burma und Chinchilla. Das Wesen der Burma ist lebhaft und verspielt aber niemals wild, sondern eher von einer behutsamen Art mit dennoch erstaunlichem Durchsetzungsvermögen.

Die Korat

Diese von der Fellfarbe her silberblauen Katzen stammen aus Thailand und sind in der Provinz Korat beheimatet, wo sie als Glückskatzen gelten. Kritiker bezweifeln, dass es sich bei ihr um eine eigenständige Rasse handelt und sind der Ansicht, dass sie ein Kreuzung aus Siam und anderen blauen Katzen ist. 1980 wurde sie als Rassekatze von der FIFE anerkannt. Der **Körperbau** der Korat ist mittelgroß, stabiler und muskulöser als der der Siam, dennoch aber schlank und geschmeidig, mit schlanken Beinen und ovalen Pfoten und einem zur Länge des Körpers passenden, mittellangen Schwanz. Das **Gesicht** ist herzförmig und muss abgerundet sein. Die **Ohren** werden groß und hoch am Kopf platziert leicht nach vorne gerichtet getragen. Die **Nase** ist von guter Breite mit leichtem Stop. Die großen Augen beeindrucken mit einem intensiven Grün, wodurch ein attraktiver, interessanter Kontrast zur Fellfärbung entsteht. Das seidige **Fell** ist glänzend, kurz und eng am Körper anliegend.

Koratfans loben das **Wesen** dieser gemäßigten, noch nicht überzüchteten Katze orientalischen Typs in den höchsten Tönen. Es sind freundliche, soziale, anhängliche, aber nicht aufdringliche Katzen. In Einzelhaltung fühlen sie sich nicht so wohl wie in der Gemeinschaft mit Artgenossen.

Burma.
Foto:
S. Jansen-Nöllenburg

Der richtige Mensch für diese Katzenrasse sind Sie, wenn Sie eine zutrauliche Katze mit der Geschmeidigkeit der Orientalen schätzen, aber sie nicht allzu temperamentvoll und gesprächig wünschen. Da die Zucht noch nicht sehr verbreitet ist, werden Sie nur mit viel Glück einen Züchter in unmittelbarer Nähe finden. Das Zusammenstellen von entsprechenden Zuchtpaaren sowie die Suche nach einem Deckkater ist aus den gegebenen Gründen ebenfalls schwierig und aufwendig.

Abessinier erinnern an Falbkatzen. Diese Katze zeigt ein besonders gutes Profil.
Foto: S. Jansen-Nöllenburg

Die Abessinier

Wie viele andere Rassekatzen auch, kann die Abessinier mit einer ganz besonderen Herkunftsgeschichte aufwarten. So wird erzählt, dass ihre Abstammung auf die Falbkatze zurückgeführt wird und sie als Katze der Pharaonen deren Paläste schmückte. Diesen Märchen muss man nicht unbedingt Glauben schenken, auch ohne solche Phantastereien handelt es sich bei der Abessinierin um eine der ältesten Katzenrassen. In England ist sie schon seit dem 19. Jahrhundert bekannt, bei uns richtete man das züchterische Augenmerk erst später auf sie, wobei sie sich innerhalb kürzester Zeit großer Beliebtheit erfreute.

Der **Körper** der »Abi« ist mittelgroß, kräftig aber dennoch geschmeidig. Die Beine müssen sehnig, lang und schlank mit ovalen Pfoten sein. Der lange Schwanz ist z.B. dicker als der der Siam, breit am Ansatz und läuft zum Ende hin schmal zu.

Der mittelgroße **Kopf** zeigt einen stumpfen Keil mit kräftiger Schnauze und gerader **Nase**. Die **Ohren** sollten von auffallender Größe und weit voneinander platziert sein. Die großen, mandelförmigen Augen bezaubern durch ein intensives Grün oder Gelb.

Das Besondere an der **Fellfarbe** ist das *Ticking*, das mit einer Mehrfachbänderung des einzelnen Haares, im Wechsel von hell und dunkel, in der Regel nur bei dieser Rasse sowie ihrer Verwandten, der Somali, auftritt. Experten sprechen daher auch vom typischen Abi-Somali-Ticking. Findet man diese Zeichnung auch bei anderen Rassen, so liegt der Verdacht der Einkreuzung nahe. In Wildfarbe und Sorrel wirken die Katzen besonders urig. Mittlerweile gibt es diese kleinen »Pumas« jedoch auch in vielen anderen Farben und zahlreichen Kombinationen z.B. mit Silber.

Das **Fell** ist kurz, von feiner Textur und muss eng am Körper anliegen. Regelmäßige, unkomplizierte Fellpflege unterstützt den Glanz des Haarkleides.

Charakterlich lassen sich die Abessinier schwer »über einen Kamm scheren«. Als ausgeprägte Individualisten mit großer Intelligenz stellen sie an die Menschen, die ihr Leben mit ihnen teilen, hohe Ansprüche. Je nach Fellfarbe kann das Temperament zusätzlich variieren. Sie sind sehr gelehrig und fordern daher von ihrem Zweibeiner ein differenziertes Spielverhalten. Ich kenne Abessinier, die genauso gut ein Spielzeug apportieren wie ein Hund. Auch an Versteckspielen nach dem Motto: »Such den Menschen – Such die Katze«, haben sie Freude. Langeweile können sie ebenso wenig leiden wie allzu viel Hektik. Sie sind sehr anhänglich, sensibel und benötigen, um sich wohl zu fühlen, die spürbare Zuneigung und Aufmerksamkeit ihres Menschen.

Abessinier-Weibchen sind strenge aber liebevolle Mütter, die ihre Mutterrolle gewissenhaft ausüben und ihr gerne nachkommen. Wenn sie die Möglichkeit zum Freigang erhalten, beglücken sie ihre Zweibeiner gerne mit einer kleinen Beute. Da sie sehr auf den Menschen bezogen sind, bewegen sie sich in der Regel nicht zu weit von zu Hause weg. Dies gilt jedoch nicht unbedingt für rollige Weibchen und potente Kater.

Sollten Sie mit dem Gedanken liebäugeln, eine Abessinierkatze zu Ihrer Gefährtin zu machen, müssen Sie ein geduldiger, feinfühliger und toleranter Mensch sein, der Katzenhaltung zu seinem wichtigsten Hobby erklärt. Eine Ihrer obersten Aufgaben wird es im Zusammenleben mit dieser Katze sein, ihre Gedankengänge und ihr Gebaren verstehen zu lernen. Folglich werden Sie sich über das Verhalten einer Katze im Allgemeinen und über das Wesen der Abi im Besonderen ein gutes Wissen zulegen müssen. Erst wenn Sie soweit sind und über zusätzliche Erfahrungen im Leben mit diesen eigenwilligen Geschöpfen verfügen, rät es sich, die Zucht dieser Katze in Erwägung zu ziehen.

Die Ocicat

Nicht nur die zuvor beschriebenen Abessinier sind Verwandte dieser hübschen, wie ein kleiner Ozelot wirkenden Katze. Auch American Shorthair und Siamesen sind in ihrem Stammbaum zu finden. Ehemals Hybriden, diesmal glücklicherweise ohne erfundene Entstehungsgeschichte, ist die Ocicat als Rasse in der USA seit 1986 und mittlerweile auch in Deutschland durch die WCF (World Cat Federation) und die der Organisation angeschlossenen Vereine anerkannt und verfügt inzwischen über ein relativ gefestigtes Erbgut. Einkreuzungen werden hin und wieder jedoch immer noch vorgenommen, zum einen um den der Abessinier ähnlichen Typ zu festigen, zum anderen um eine breitere Farbpalette zu erlangen.

Die Ocicat sollte einen harmonischen, kräftigen **Körperbau** zeigen, wobei es den Tieren nicht an Eleganz fehlen darf. Die

Ocicat, ein Juwel in lilac spotted.
Foto: Cooremanns

Beine sind passend zum Körper mittellang und kräftig. Der Schwanz ist lang und dünn.

Der **Kopf** ist breit und keilförmig mit breiter Schnauze sowie leicht gewölbter **Nase**. Die großen **Ohren** scheinen eine Verlängerung zu den Wangenknochen zu bilden, liegen in gutem Abstand zueinander und sind breit an der Basis. Die mandelförmigen, umrandeten **Augen** unterstützen den wildkatzenhaften Ausdruck. Die Verwandtschaft zu der Abessinier zeigt sich bei der **Farbe** des feinen, aber dennoch dichten **Fells**. Wobei nicht nur das typische Ticking für den klassischen Ozelot-Ausdruck sorgen soll, sondern insbesondere das Muster mit gleichmäßigen Tupfen und Streifen. Diese immer noch seltenen Katzen werden von ihren Besitzern als ausgeglichen, klug und fröhlich beschrieben.

Es gibt noch nicht besonders viele Züchter dieser Rasse und da man diese Katzen heute nur selten auf Ausstellungen antreffen kann, ist über ihr Wesen noch nicht allzu viel bekannt. Es kann jedoch davon ausgegangen werden, dass die Katzen die charaktertypischen Eigenschaften ihrer Vorfahren auf sich vereinen. Wenn Sie sich für diese Katzenrasse begeistern, werden Sie vielleicht eine Weile brauchen, um den richtige Züchter zu finden. Lassen Sie sich von ihm über die Vor- und Nachteile der Rasse aufklären. Ein Blick ins Internet wird auch über die Grenzen hinaus hilfreich sein.

Die Bengal Katze – Leopardette

Immer wieder spielen Züchter mit dem Gedanken, Wildkatzen mit der felis catus bzw. mit Rassekatzen zu verpaaren, mit dem Ziel, Katzen zu erhalten, die vom Aussehen her ihren nicht domestizierten Ahnen ähneln, aber vom Wesen her völlig zahm sind. Dies ist allerdings eine Aufgabe, der sich nur äußerst versierte und erfahrene Züchter widmen sollten. Ob derartige Experimente überhaupt notwendig sind und erfolgreich sein können, darüber gibt es etliche Diskussionen. Die amerikanische Biologin Jean Mill beschäftigte sich über viele Jahre mit einer solchen Experimentalzucht, indem sie wilde Bengalkatzen mit Hauskatzen kreuzte. Sie erweiterte ihr Zuchtprogramm, über das sie genau Buch führte, durch die weitere Verpaarung mit Egyptian Mau, Abessiniern und Amercian Shorthair (was in dieser Kombination an die Ocicat erinnert). Das Problem in dieser Zucht war, dass die Nachkommen über mehrere Generationen nicht so zahm und auch nicht unbedingt immer fertil waren, wie man es sich gewünscht hatte. Der **Körper** dieser Katzen muss lang, muskulös und elegant sein, wobei er auf langen, sehnigen Beinen steht. Die Hinterbeine sind höher als die Vorderbeine, was den Gesamteindruck besonderer Geschmeidigkeit verstärkt. Der **Kopf** erinnert an die Abessinier, obwohl es doch Unterschiede gibt. Die **Ohren** sind groß und offen. Die **Augen** sind grün bis gelb und von wachem Ausdruck einer Hauskatze bestimmt. Die **Zeichnung** des kurzen, dichten seidigen **Fells** ist das besondere Markenzeichen dieser kleinen Stubentiger und Intention züchterischer Bestrebungen. Bei einem klar abgegrenzten *Spotted Tabby* zeigen sich dunkle Tupfen und Streifen auf diversen Grundfarben; zu nennen sind hier Farben, die u.a. auf wildkatzenhafte Verwandte Hinweise geben sollen, wie z.B. Leopard. Sorrel erinnert an die Einkreuzung mit Abessiniern. Exotisch muten Farbbezeichnungen wie *Charcoal* und *Marble* an. Diese Katzen zeigen grüne wie gelbe Augen. Hieraus hebt sich die *Snow-Bengal* hervor, deren braune Wildflecken einen besonders auffälligen Kontrast zum elfenbeinfarbenen Grund geben. Mit blauen Augen wirken diese Tiere besonders attraktiv.

Bis heute gehört diese traumhaft schöne, aber immer noch nicht völlig berechenbare Katze m. E. nicht in die Hände von Anfängern. Eine gehörige Portion Wissen im Umgang mit auch schwierigen Katzen ist nur eine der Voraussetzungen, um mit einer Bengalkatze zusammenzuleben. Da es sich bei der Bengalkatze um eine nicht immer leicht zu handhabende, schwer zu züchtende, in der Anschaffung sowie Haltung teure Rassekatze handelt, haben Sie bei Ihrer Suche nach dieser Katze das Glück, so gut wie kaum auf schwarze Schafe unter den Verkäufern zu treffen. Wer sich die Mühe macht, mit derartigen Tieren zu züchten, wird sich in der Regel seiner besonderen Verantwortung bewusst sein und Sie als Bewerber auf Herz und Nieren prüfen. Die Bengal Katze wird aus gegebenen Gründen noch selten gezüchtet, die wenigen Züchter jedoch haben einen bekannten Namen. Einen Züchter in unmittelbarer Nähe zu finden, wäre ein Glücksfall. Wenden Sie sich an Vereine, um einige gute Züchteradressen zu erfahren. Züchter so selten gezüchteter Rassen arbeiten oftmals freundschaftlich auch über die Grenzen des eigenen Landes hinaus zusammen und empfehlen Sie auf Anfrage an andere seriöse Züchter weiter, wenn sie selber keine Jungtiere haben. Vorbestellungen sind bei dieser Rasse keine Seltenheit, was bedeutet, dass Sie sich gegebenenfalls auf eine längere Wartezeit einrichten müssen. Für das Zusammenleben mit kleinen Kindern würde ich diese Rasse nicht empfehlen, obwohl es mittlerweile schon ganz liebe und durchaus berechenbare Exemplare gibt. Der Anschaffungspreis ist erheblich höher als bei anderen Rassen.

Die Europäisch Kurzhaar

Zwischen der Europäisch Kurzhaar und der Britisch Kurzhaar wird der Betrachter auf den ersten Anblick vielleicht keine gravierenden Unterschiede erkennen, obwohl sie dennoch gegensätzlich sind, was sich schon aus ihren Ursprüngen heraus ergibt. Die Britisch Kurzhaar ist eine Verwandte der Perserkatze, wogegen es sich bei der Europäisch Kurzhaar um eine veredelte Hauskatze handelt. Einkreuzungen in diese Rasse sind nicht erwünscht. Diesbezüglich wundert man sich, woher dann Farbvarianten wie Shadeds und Chinchillas sowie blauäugige Tiere kommen. Züchter der Rasse argumentieren damit, dass es bei Hauskatzen, die sich nach persönlichem Gefallen und nicht nach der Einflussnahme ihrer Züchter paarten, schon immer eine große Vielfalt an Farben mit zahlreichen Nuancen gab, wodurch das Genpotential der Katzen vielfältig ist. Die Katzen wirken vom Gesamteindruck her harmonisch und scheinen von züchterischen Exzessen verschont geblieben zu sein.

Der mittellange große, kräftige **Körper** der Tiere steht auf stämmigen Beinen mit runden Pfoten.

Der **Kopf** ist groß, mit gut ausgeprägten Wangenknochen, mittelbreiter Nase und kräftigem Kinn. Die **Ohren** sind passend zur Kopfform nicht zu groß, wobei eine Ohrenbreite am Ansatz der Ohrgröße entsprechen sollte und als Maßstab hierfür dient. Die **Augen** sind leicht schräg gestellt, allerdings nicht mandelförmig, groß und offen. Das kurze, glänzende **Fell** ist dicht und fest. Die **Farben** ihres Pelzes sind ganz unterschiedlich, von Schwarz, Blau, Rot, Creme bis Silber, in Kombinationen miteinander möglich sowie auch mit Tabby. Zum Glück wurde der Teilalbinismus, der definitiv nur durch Out-Crossing zu erreichen ist, bisher nicht akzeptiert.

Vom **Charakter** her ähneln sie unseren geliebten Feld-Wald-und-Wiesen-Miezen, wobei durch züchterische Selektion die positiven Charaktereigenschaften der Katzen verstärkt wurden.

Die Europäisch Kurzhaar ist eine Katze für Menschen, die sich schon immer für Hauskatzen begeisterten und die vielleicht wie ich der Meinung sind, dass die planmäßige Zucht aller Hauskatzen ihr endlich die Anerkennung zubilligen würde, die sie verdient hat, was nicht zuletzt das Elend vieler Katzen, die »umsonst« zu haben sind und daher leider immer wieder wie »Wegwerfprodukte« behandelt werden, reduzieren könnte. Wenn Sie ein Hauskatzenfan sind, sich aber aus unterschiedlichen Gründen (Prägung, charakterliche Einschätzbarkeit durch die Beobachtung der Elterntiere, optimale Aufzucht, medizinische Versorgung, Vorliebe für eine besondere Farbe etc.) eine Katze aus einer Zucht wünschen, so werden Sie sicherlich viel Freude an einem Zusammenleben mit einer dieser doch recht unverfälschten Schönheiten haben. Nur wenige Züchter haben sich dieser Aufgabe gestellt, da es bei der nahen Verwandtschaft der Tiere zu den »einfachen« Miezen nicht unbedingt leicht ist, ausreichend Käufer zu finden.

Die Britisch Kurzhaar (BKH)

Schon um 1898 wurde die BKH, auch Britisch Shorthair genannt, in englischen Cat Clubs registriert. Von damals bis heute hat sich ihr Erscheinungsbild durch züchterische Auslese stark verändert. Die Motivation für die Zucht dieser Katzen war ähnlich wie bei der Europäisch Kurzhaar. Man hatte das Ziel, der normalen Hauskatze einen ausgeprägten, einheitlichen Typ zu geben und sie zudem nach klaren Farben in entsprechenden Farbvarianten zu züchten. Zunächst beschränkte man sich darauf, ausgesuchte Hauskätzchen für die Zucht zu verwenden. Nach und nach begannen die Züchter verstärkt, Perserkatzen einzukreuzen. Dies hatte zum einen den Vorteil hierdurch schneller ein gutes Farbpotential zu erhalten und zum anderen gelang es so, die Fellqualität zu verbessern. Gleichzeitig, mit einer Zunahme von verschiedenen Vereinen, die sich in ihrer Einschätzung einzelner Rassen uneinig waren und oftmals leider heute immer noch sind, entstand ein Wirrwarr bezüglich der Namengebung und Klassifizierung, was unter anderem dazu führte, dass einige Vereine die blaue Kartäuser als eigenständige Rasse beurteilen und andere sie als blaue BKH führen. Dies führt zur besonderen Konfusion, wenn die Blauen der Gruppe Chartreux, die ihre Ursprünge als einer der ältesten Rassen in Frankreich haben, als Kurzhaarperser eingeteilt oder als Britisch Blue bezeichnet werden.

Vom Gesamteindruck her wirken die Britisch Kurzhaarkatzen wie kleine Teddybären. Der **Körper** der Katzen ist groß und muskulös, mit kurzem, dicken Schwanz und steht auf kurzen, kräftigen Beinen. Auffällig sind der stabile Brustkorb sowie der kurze, recht dicke Hals. Der **Kopf** ist rund mit kur-

Britisch Kurzhaar in creme-weiß.
Foto: Jorzik / Ohlig

zer, breiter Nase, die nur einen kleinen Stop aufweisen darf und großen, runden Augen, was den niedlichen Ausdruck unterstützt.

Die **Ohren** müssen klein und breit an der Basis sein.

Auch wenn man die Beschaffenheit des **Fells** beschreibt, denkt man sogleich an einen Teddy. Im Gegensatz zu den meisten anderen Kurzhaarrassen soll der Pelz der Briten nicht eng am Körper anliegen, sondern durch die Unterwolle und festes Deckhaar etwas vom Körper abstehen, wobei es niemals ungepflegt wirken darf.

Briten findet der Katzenfreund in zahlreichen **Farben** wie natürlich Blau und z. B. Weiß, Schwarz, Chocolate Lilac, Rot, Creme, Silber und in Kombinationen miteinander, wobei auch der Teilalbinismus z.B. als Blue-Point und das Tabby z.B. als Silver-Tabby nicht fehlt. An die Qualität der Farbe werden hohe Ansprüche gestellt. Die Pflege ist unkompliziert. Je nach Ausprägung des Kopftyps müssen die Augenwinkel gegebenenfalls regelmäßig gereinigt werden.

Britisch Kurzhaarkatzen sind bezaubernde, liebenswürdige und freundliche Katzen, die durch ihr ruhiges **Wesen** sehr zur Entspannung ihres Menschen beitragen können. Als Mütter zeichnen sie sich als instinktsicher und stressunanfällig aus.

In der Regel entfernen sich die Briten beim *Freigang* nicht allzu weit von zu Hause. Das ist jedoch unter anderem immer auch abhängig vom jeweiligen Temperament des Tieres. Lassen Sie sich diesbezüglich vom Züchter beraten. Nicht alle Züchter befürworten aufgrund der eventuellen Gefahren, die ein Spaziergang in die Natur mit sich bringen kann, das Stromern ihrer Lieblinge vor der Haustür.

Kartäuser. Foto: Jorzik / Ohlig

Britisch Kurzhaarkatzen sind die richtigen Katzen für Menschen, die ihr Leben gerne in Ruhe und Gelassenheit verbringen. Wenn Sie sich für eine solche Mieze begeistern, dann sollten Sie selber vielleicht nicht allzu lethargisch sein. Briten neigen nicht dazu, die Liebe, die sie zum Glücklichsein brauchen, einzufordern. So können diese Katzen mit einem eben solchen zweibeinigen Partner schnell ins Abseits und in Vergessenheit geraten. Das jedoch haben diese »Wonneproppen« auf vier Pfoten keinesfalls verdient.

Die American Shorthair

Diese Katzenrasse gilt als die älteste Nordamerikas. In einer dieser so typischen Legenden heißt es, dass die American Shorthair ein Abkömmling der Norwegischen Waldkatze ist, die mit den Wikingern das Land erobert haben soll. Wahrscheinlicher ist, dass sie von den ersten Siedlern aus Europa mit nach Amerika gebracht worden ist. Ob sie wirklich auf der Mayflower mitreiste, darüber kann man nur Spekulationen anstellen. Auf heimischen Ausstellungen ist sie so gut wie nie zu finden, was sicherlich daran liegt, dass sie aufgrund der starken Konkurrenz im Kurzhaarbereich keine Lücke füllen kann. Vom Gesamteindruck her ähnelt sie der Britisch Kurzhaar.

Sie ist eine kräftige Katze mit mittellangem, aber nicht gedrungenem **Körperbau**. Passend hierzu muss die Länge der Beine sein.

Ihr **Kopf** ist groß, etwas länger als breit und zeigt sich abgerundet mit gut ausgeprägter Schnauze und kräftigem Kinn. Die Nase ist mittellang und gerade, wobei sie durchgängig von einer Breite, ohne Verjüngung zur Spitze hin, sein sollte. Die **Ohren**, an den Spitzen leicht abgerundet, sollten aufrecht, mit gutem Abstand voneinander platziert sein. Die Höhe der Ohren muss der Breite des inneren Ohrabstandes entsprechen. Die **Augen** sind von ausdrucksstarker Farbe wie einem kräftigen Grün, Kupfer, Gelb oder Blau. Der **Pelz** wird kurz und dicht sowie fest im Griff erwünscht. Die American Shorthair gibt es diversen **Farben** mit und ohne Tabby.

Im **Wesen** sowie vom Äußeren ist sie der Britisch Kurzhaar ähnlich und somit ein angenehmer und pflegeleichter Hausgenosse. Für den Freigang ist sie sicherlich aufgrund ihres »Hauskatzen-Erbgutes« geeignet.

Da diese Katzen eher in Amerika als in unseren Gefilden gezüchtet werden, gestaltet sich die Suche nach dem richtigen Züchter als schwierig. Sollte Ihr Herz für diese Rasse schlagen, dürfen Sie weite Wege zum Züchter nicht scheuen. Den richtigen Züchter zu finden, wird einige Mühe machen. Lassen Sie sich von deutschen Vereinen die Anschriften amerikanischer Verbände geben und versuchen Sie dort an Züchteranschriften sowie an weitere Informationen über diese robuste, den Britisch Kurzhaarkatzen sehr ähnliche Rasse zu gelangen. Da amerikanische Züchter ihre Tiere auch hin und wieder nach Europa verkaufen, können Sie auf diesem Wege gegebenenfalls auch Kontakte mit Züchtern in der Nähe herstellen. Die Zucht ist mangels entsprechendem Zuchtmaterial hier schwierig.

Die Exotic Shorthair

Die Exotic Shorthair ist eine kurzhaarige Perserkatze, die aus Zuchtprogrammen mit Perserkatzen, Burmesen und American Shorthair entstand. Kurzhaarige Perserkatzen zu erhalten, deren Typ natürlich noch weiterzuentwickeln war, gestaltete sich als nicht schwierig, da sich das Kurzhaargen gegenüber dem Langhaargen dominant vererbt.

Ihr **Körperbau** ist, wie bei der Perser, der einer gedrungenen, mittelgroßen Katze, die auf niedrigen Beinen mit runden Pfoten steht. Der Rücken sollte gerade und Schultern wie Brustkorb breit sein. Der Schwanz ist passend zum kompakten Körper kurz.

Auch in den Proportionen des Kopfes gleicht sie der Perserkatze. Der **Kopf** wird breit und rund, mit kurzer **Nase** und ausgeprägtem Stop, breiter gerundeter Schnauze sowie kleinen, weit auseinander gesetzten **Ohren** gewünscht. Die **Augen** groß und rund entsprechen dem Kindchenschema.

Das **Fell** ist dicht und steht aufgrund der Unterwolle vom Körper ab. Alle Farbschläge der Perserkatze sind erlaubt. Bei der Farbzucht der Kurzhaarigen stehen die Züchter jedoch vor einer besonders schweren Aufgabe, weil Farbfehler im kurzen Pelz sofort ins Auge fallen. Der Charakter der Exotic Shorthair kann nur als äußerst liebenswert bezeichnet werden. Die Tiere sind von ruhigem Naturell, anhänglich ohne aufdringlich zu sein.

Bei *Extremzuchten* der Exotic Shorthair lassen sich die gleichen Probleme feststellen wie in der Perserzucht. Verkürzte Tränenkanäle und Atemwegsprobleme werden von Kritikern als Folge übertriebener, fehlgeleiteter Auslese bemängelt. Von Nachteil ist zudem, dass der hübsche Gesichtsausdruck bei diesen Katzen von einem eher grimmigen verdrängt worden ist. Seriöse Züchter sind hier gefordert, nach Alternativen zum Wohle der Katzen zu suchen. Befürworter der Extremzucht sind der Meinung, dass sich diese Fehler durch eine Verstärkung der Nasenbreite, wobei die Katzen größere Nasenlöcher erhalten sollen, aufheben lassen.

Für den Freigang ist sie nicht unbedingt geeignet.

Die Anatoli – Türkische Kurzhaarkatze

Die anatolische Katze, die Anadolu Kedisi wie sie auch genannt wird, ist im Grunde genommen eine alte Katzenrasse, die neu entdeckt wurde. Den türkischen Bauern ist sie nicht unbekannt, eher gehört sie als gute Mäusefängerin zum Alltag der Menschen auf dem Land. Beachtung schenkte man ihr eher im Zoo von Ankara, wo Besucher ein weißes kurzhaariges Katzenpaar bewundern können. Ursprünglich soll diese Rasse nur im anatolischen Gebiet der Türkei beheimatet gewesen sein. Heute ist sie in vielen Regionen der Türkei zu finden. Ebenso wie bei der Türkisch Van und Türkisch Angora gehen züchterische Bestrebungen eher von Europa aus, als dass es solche im Heimatland gäbe.

Sind Sie ein Perserkatzenfan, scheuen jedoch den erhöhten Pflegeaufwand? Wenn ja, dann ist eine Exotic Shorthair bestimmt die richtige Katze für Sie. Sollten Sie den Extremtyp bevorzugen, so achten Sie beim Kauf darauf, dass hierdurch die Vitalität der Katzen nicht beeinträchtigt ist. Da sich auch nicht unbedingt alle Züchter darüber einig sind, wie die ultimative Exotic oder auch Perser aussehen soll, gibt es mittlerweile unterschiedliche Bezeichnungen wie z.B. Perser Katze (Exotic) alten oder englischen Typs, wodurch zum Ausdruck gebracht werden soll, dass es sich hierbei u.a. um Katzen mit mehr Nase als heute in der Zucht üblich handelt. Diese Klassifizierungen haben auf Ausstellungen keinerlei Relevanz. Hier sind die Extremen eher erfolgreich als die anderen, obwohl mittlerweile auch schon einige Richter vor allzu viel Übertreibung, was die Verstärkung auf rassetypische Merkmale angeht, warnen. Überlegen Sie sich vor Ihrem Kauf gut, welche Zuchtbestrebung Sie durch die Adoption eines Kätzchens unterstützen und berücksichtigen Sie bei Ihrer Entscheidung bitte ebenso, dass der Standard sich eigentlich nicht geändert hat, sondern lediglich seine Interpretation. Die Zucht von Exotics ist äußerst schwierig und verlangt von den Züchtern hohe Investitionen, ein umfangreiches Wissen, ein gutes Maß an Geduld und noch einiges mehr.

Der **Körper** dieser hübschen, züchterisch noch unverdorbenen Katzen ist muskulös, von mittlerer Größe, auf hohen Beinen mit etwas abgerundeten Pfoten stehend. In der Bewegung sollten die Katzen einen anmutigen, geschmeidigen Eindruck machen. Unterschiede zur Van-Katze gibt es diesbezüglich nicht. Der **Schwanz** muss passend zum Körper an der Seite entlang geführt bis zum Schulterblatt reichen, wobei die Form des Schwanzendes, spitz oder rund, zurzeit noch nicht festgelegt ist. Der **Kopf** ist keilförmig abgerundet und breit an der Basis mit kräftigem Kinn. Die **Ohren** der Anatoli werden mit harmonischem Abstand zueinander und eben solcher Größe, nicht zu eng platziert und an den Enden spitz zulaufend mit kleinen Haarbüscheln versehen, gewünscht. Die **Augen** sind offen und leicht schräg gestellt. Die Augenfarbe sollte passend zur Fellfarbe sein. Erlaubt sind Farben wie grün, hellgelb bis dunkelbernstein. Weiße Katzen können blaue oder odd-eyes (zwei unterschiedliche Augenfarben, wobei immer ein Auge blau ist) zeigen. Das kurze dichte Fell ist von seidiger Textur und liegt dicht am Körper an. Freunde der Anatoli sind der Meinung, dass das **Fell** der Katzen an das eines Fischotters erinnere, ohne dass es jedoch allzu fettig ist. Was zum Schmunzeln veranlasst, wenn man weiß, dass diese Katzen äußerst wasserliebend sind. Bewundert werden diese attraktiven, lebhaften Kurzhaarkatzen insbesondere in weißem Pelz. Züchter wünschen allerdings die Anerkennung der Katzen in allen so genannten **Ursprungsfarben**. Weil sie vom Charakter äußerst eigenwillig sind, raten Kenner dieser Rasse davon ab, ältere Tiere aus ihrer gewohnten Umgebung zu reißen. Eingewöhnungsprobleme sind in solchen Fällen an der Tagesordnung. Eine frühzeitig auf den Menschen geprägte Anatoli beweist sich als anhängliche und liebenswerte Gefährtin, deren ausgeprägtes Temperament mit allerlei Kapriolen der täglichen Unterhaltung dient.

Odd eyed Anatoli mit einem blauen und einem gelben Auge. Foto: Baks

Da diese Rasse noch sehr selten gezüchtet wird, ist es nicht ganz einfach, an einen Züchter zu gelangen. Vereine, die sich um die Anerkennung dieser Rasse verdient machen, wie zum Beispiel der 1. ITAVC e.V. oder die DE e.V. (s. Anhang), können bei der Suche nach dem richtigen Züchter weiterhelfen. Bei neuen Rassen, oftmals Importe aus den Ursprungsländern, erhält der Käufer in der Regel keinen Vollstammbaum, weil es meist nicht möglich ist, mehrere Ahnen registrieren zu lassen, sondern einen so genannten Experimentalstammbaum (RIEX = Registre Initial et Experimental), der Lücken in der Ahnentafel aufweist. Daher sollte gerade beim Kauf einer solchen Rasse Wert auf einen Stammbaum, ausgestellt von einem seriösen Verein, gelegt werden, um Betrug vorzubeugen. Der richtige Mensch für eine Anatoli sind Sie, wenn Sie in der Lage sind, im Zusammenleben mit dem Tier viel Toleranz zu beweisen und es schätzen, immer wieder von neuem überrascht zu werden. Haben Sie Spaß daran, wenn Ihre Katze in den Gardinen baumelt oder von Schrank zu Schrank springt? Wenn »Ja«, dann sind Sie der richtige Partner für diese kurzhaarige Türkin und werden die Unterhaltung, die Ihnen diese ursprüngliche Katze kontinuierlich bietet, zu schätzen wissen.

Besondere Rassen

Um der Information willen werde ich Ihnen nachfolgend noch einige andere Rassen vorstellen, deren züchterische Notwendigkeit nicht nur unter Berücksichtigung der Maßgaben des Tierschutzgesetzes mehr oder weniger stark bezweifelt werden darf. Zwar sind einige Rassen aus einer »Laune« der Natur entstanden, ob jene jedoch, die frei in der Natur lebend und sich unbeeinflußt fortpflanzend keine Überlebenschance (aus den verschiedensten Gründen) hätten, für züchterische Experimente benutzt werden dürfen, kann man in Frage stellen.

Auf welche Rassen dies zutrifft, überlasse ich Ihrem Urteilsvermögen.

Dass die Maßgaben des Tierschutzgesetzes Anwendung finden, ist auch abhängig von dem Gewissen und den ethisch, moralischen Vorstellungen der Vereinsvorstände, den Richtern und den Züchtern sowie insbesondere den Käufern. Das heißt, würden Rassen, die mit einem Defekt behaftet sind, nicht gekauft werden und auf Ausstellungen nicht zugelassen sein, so würde sich die Zucht erübrigen. Die Verantwortung liegt also auch bei Ihnen als Käufer.

Nicht alle der Mutationen wie z.B. das Lockenfell der Rex, führen zu einer Beeinträchtigung der Lebensqualität der Tiere, besondere Rücksichtnahme und/oder Aufmerksamkeit sind jedoch zum Teil erforderlich, was allerdings auch für viele andere Rassekatzen, wie z.B. die Perser gilt, die alleine, ohne Hilfe ihres Menschen, ihre Fellpflege nicht bewältigen könnte. Hier jedoch greift der Tierschutz nur dann ein, wenn der Tierhalter sich seiner Verantwortung, die er mit dem Kauf eines Tiers eingeht, entzieht.

Die Manx

Ein berühmter Liebhaber dieser Rasse, die als Experiment der Natur bewertet werden kann, war König Edward der VIII. 1901 wurde der erste Manx-Club gegründet. Anfang der 60er-Jahre wurde diese Katze vom englischen Verband GCCV als Rassekatze mit eigenem Status anerkannt. Auffälliges Merkmal sind die Schwanzlosigkeit und die im Verhältnis zu den Vorderbeinen stark erhöhten Hinterläufe. Durch die Disharmonie der Proportionen und dem Fehlen des Schwanzes, der den Katzen ansonsten unter anderem als Gleichgewichtshilfe dient, bewegen die Katzen sich schwerfällig und ungeschickt. Der typische Hoppelgang ist nicht nur eine Folge der Schwanzverkümmerung, sondern zudem auf Wirbelsäulendefekte zurückzuführen, die die Katzen in der Beweglichkeit einschränken und oftmals Schmerzen verursachen. Hin und wieder leiden die Katzen zusätzlich unter einer Verkürzung des Enddarms, was zur Folge hat, dass es ihnen unmöglich ist, ihre Blasen- und Darmfunktionen zu kontrollieren. Mit dem Letalfaktor behaftet, sterben die Embryonen oftmals schon im Mutterleib ab. Totgeburten sind keine Seltenheit, was die Zucht schon aus diesem Grund als Absurdum darstellt. Es gibt diverse Schwanztypen, die je nach Ausprägung in Rumpy, Rumpy-riser, Stumpy und Longy eingeteilt sind, wobei alle vom Defekt betroffen sind. Im Wesen sollen die Katzen der Britisch Kurzhaar ähnlich sein.

Kauf und Zucht sind nicht zu empfehlen.

Die Scottish Fold

1961 wurde die Faltohrkatze in Schottland entdeckt. Wie bei jeder Besonderheit wurden auch hier Züchter schnell auf diese Katze aufmerksam und entwickelten ein Zuchtprogramm. Auch diese Rasse ist mit einem Defekt behaftet, die als besonderes Markenzeichen von ihren zum Glück wenigen Züchtern angepriesen wird. Um den Letalfaktor zu minimieren und schädliche Skelettveränderungen an den Hinterbeinen sowie am Schwanzansatz zu vermeiden, wurden Britisch Kurzhaarkatzen in die Scottish Fold eingekreuzt. Die Veränderung der Ohrmuschel wird von Freunden dieser Rasse als »durch natürliche Mutation entstanden« bezeichnet. In diesem Zusammenhang darf dann die Feststellung gestattet sein, dass jede Mutation erst mal natürlichen Ursprungs ist, wobei sich die Frage stellt, ob gescheiterte Experimente der Natur nicht auch als solche begriffen werden sollten. Bis auf die nach vorne »gefalteten« Ohren soll die Scottish Fold der Britisch Kurzhaar gleichen. Ebenfalls vom Charakter her sind sie den Briten ähnlich, wobei zu überlegen ist, wie ausgeglichen und nervenstark ein Tier sein kann, wenn es unter seinen Missbildungen leidet.

Sollten Sie schon selber mal Probleme mit Ihrer Wirbelsäule gehabt haben, werden Sie ganz bestimmt nicht auf die Idee kommen, durch den Kauf einer solchen Katze deren Zucht zu unterstützen. Lassen Sie sich bitte auch nicht von den hübschen Gesichtern der Katzen beeindrucken und schenken Sie Züchtern, die Ihnen erklären, es gäbe zwar Probleme, auf die eigene Zucht träfe das jedoch nicht zu, keinen Glauben. Dies trifft selbstverständlich auch auf Erwägungen zu, die den Kauf einer Manx betreffen. Kaufen Sie keine Katze aus Mitleid.

Die Japanese Bobtail

Die Japanese Bobtail hat ihre Ursprünge in Japan. Auf vielen alten Zeichnungen kann man die als Glück bringend verehrten Katzen mit gedrehtem Stummelschwanz finden. Ob sie alle auf die Japanese Bobtail hinweisen, ist nicht unbedingt gewiss, da man zeitweise aus Aberglauben heraus den Katzen den Schwanz abhackte. *»Auch Japan hatte seine Katzenverfolgung; aus Neko* (Anmerk. der Autorin: Meneki – Neko war eine japanische Glückskatze, die grüßend die Pfote hob) *wurde um 1400 Nekomata, der furchtbare Katzendämon. Gestaltenwandel spielte eine Rolle: Katzen konnten sich in Frauen verwandeln, sie konnten Tote aufwecken und Zombies schaffen. Katze und Frau, das bedeutete in Japan so etwas wie bei uns der Vampirglaube. Doch pragmatisch wie die Japaner sind, lokalisierten sie das Dämonübel im Schwanz der Katze. Schwanzlose Katzen waren demnach harmlos, und ob man die stummelschwänzige Katze Japans zuerst kupierte oder die Japanese Bobtail aus Mutationen weitergezüchtet wurde, ist nicht bekannt; auf jeden Fall überlebte sie den Dämonenglauben.«* (Ulrich Klever)

Ihr Körper ist schlank und von mittlerer Größe steht sie auf ebensolchen, kräftigen, muskulösen Beinen. Der Kopf ist dreieckig, wobei er nicht zu lang sein darf, mit hoch platzierten Ohren, die eine Verlängerung der Wangenlinie bilden müssen. Die Augen sind groß, offen und leicht schräg gestellt, was den freundlichen Gesichtsausdruck verstärkt.

So hübsch und liebenswert diese Katzen auch sind, ist auch ihre Zucht nicht ganz unbedenklich. Der gedrehte Schwanz ist oft schmerzempfindlich.

Die Sphynx

Besonderes Markenzeichen dieser »Zufallsrasse« ist die Felllosigkeit. In den 60er-Jahren wurde in den USA zum ersten Mal ein haarloses Kätzchen in einem Wurf mit behaarten Geschwistern entdeckt. Wie bei allen Besonderheiten begeisterten sich auch für diese Katze Züchter. Amerikanische, kanadische und insbesondere holländische Züchter entwickelten ein Zuchtprogramm, um die Zuchtbasis dieser seltenen Tiere zu verbreitern. Auch wenn ihr das Fell bis auf einen kleinen Flaum an manchen Stellen völlig fehlt, ist diese Katzenrasse robust, krankheitsunanfällig sowie von einem bezaubernden Charakter. Die Tiere sind sprunggewaltig, äußerst verspielt, intelligent und extrem menschenbezogen. Der Kalorienbedarf dieser Katze ist höher als bei anderen Katzen. Aufgrund des mangelnden Fells sollten die Katzen keinen starken Temperaturschwankungen unterworfen werden.

Der Körper der Sphynx ist mittelgroß, geschmeidig mit stark entwickelter Brust, gerundetem Bauch. Sie steht auf muskulösen, aber nicht plump wirkenden Beinen, wobei die Hinterbeine höher als die Vorderbeine sind. Auffällig sind die langen Pfoten mit stark ausgeprägten Pfotenballen, die der Sphynx einen besonderen Gang verleihen.

Der Kopf erscheint eher klein als groß, mit stark ausgeprägten Wangenknochen und kräftiger, kantiger Schnauze. Breite, mittellange Nase mit kleinem Stop. Die möglichst haarlosen Ohren sind von auffälliger Größe, breit und offen an der Basis und bestimmen den Gesamteindruck des Kopfes. Die Augen wirken mandelförmig und sind dabei groß und offen.

Die Haut der Tiere fühlt sich weich und mehr heiß als warm an, so wie die Stirn eines fiebrigen Kindes. Nach der Hautfärbung wird die Katze klassifiziert.

Nacktkatzen sind gute, aufmerksame Mütter und sehr fruchtbar.

Sphynxkatze. Foto: Van Onna

Sollten Sie sich für den Kauf einer solchen Katze entscheiden, so müssen Sie sich darüber im Klaren sein, dass die Sphynx nicht unbedingt für den Freigang geeignet ist. Im Sommer muss ihre Haut ebenso vor Sonnenstrahlen geschützt werden, wie die des Menschen. Im Winter darf sie nicht zu großer Kälte ausgesetzt werden. Ansonsten ist es eine Sache des persönlichen Geschmacks, ob man sich für eine Nacktkatze begeistern kann. Ihre Fans loben insbesondere ihren bezaubernden Charakter. Die Gegner dieser Zucht beanstanden, dass die Katzen, die aus einer Laune der Natur letztendlich entstanden sind, ohne Hilfe des Menschen kaum lebensfähig seien. Nach Maßgabe des Tierschutzgesetzes ist zu überlegen, ob die Zucht dieser Katzen unter die Rubrik der Qualzuchten eingeordnet werden kann, da ihr ein für das normale Leben wichtiger Bestandteil, ein schützender Pelz, fehlt.

Die Rexkatze

Auch Rexkatzen haben ihr Erscheinungsbild der Experimentierfreudigkeit der Natur zu verdanken. Das Besondere an diesen Katzen ist der gelockte Pelz, der auf eine Mutation zurückzuführen ist, die interessanterweise in ähnlicher Art auch bei anderen Säugetieren, wie z.B. Kaninchen beobachtet werden konnte. Als Rexkatzen anerkannt sind die Cornish Rex und die Devon Rex, die unterschiedlichen Ursprungs sind. Nina Ennismore aus Cornwall, Züchterin von Rex-Kaninchen, entdeckte in einem Hauskatzenwurf einen kleinen Kater mit gewelltem Fell, den sie Kallibunker taufte und dessen Einzigartigkeit sie sofort erkannte. Zehn Jahre später, 1960, wurde Beryl Cox aus Devon auf einen Kater mit gewelltem Fell aufmerksam. Durch Verpaarung zwischen Devon und Cornish Rex wurde der Rückschluss gezogen, dass es sich bei den Varianten um unterschiedliche Gene, die für das Lockenfell verantwortlich sind, handelt. Die Nachkommen hatten alle ein glattes Fell. Durch züchterische Auslese wurde mittlerweile eine spezifische

Morphologie herausgebildet, so dass die Tiere sich vom Typ her unterscheiden.

Der **Körperbau** der Rex ist mittelgroß, schlank, lang gestreckt und dennoch kräftig mit langem dünnem Schwanz. Insbesondere bei der Betrachtung der Kopfform lassen sich Unterschiede zwischen beiden Rexarten finden. Der **Kopf** der Cornish Rex ist ein Drittel länger als breit und keilförmig. Die gerade **Nase** und das kräftige Kinn bilden in der Seitenansicht eine gerade Linie. Die auffällig großen **Ohren** sind offen, breit an der Basis und tief platziert. Die **Augen** sind mandelförmig und groß. Der Blick ist aufmerksam.

Das **Fell** ist kurz, weich, durchgängig gewellt und liegt auf dem Rücken wie an den Seitenpartien eng an. Am Bauch ist es stark gekräuselt. Als weitere Besonderheit gelten die ebenfalls gekräuselten Schnurrbarthaare.

Der relativ kurze, ovale **Kopf** der Devon Rex wird bestimmt von gut ausgebildeten Wangenknochen und einer kräftigen Schnauze. Die Verbindungslinie zwischen den Ohren in der Mitte des Keils sollte sehr breit sein. Die tief angesetzten, großen **Ohren** müssen als Verlängerung der Wangenknochen verlaufen. Die **Augen** sind mandelförmig, groß und stehen weit voneinander. Das Fell ist kurz und weich, darf jedoch Grannenhaare aufweisen. Schurr- und Tasthaare sind gekräuselt. Schon die Jungtiere weisen ein gewelltes Fell aus, das sich nach einigen Monaten meist noch stärker ausgeprägt. Alle **Fellfarben** sind erlaubt.

Beide Rassen sind freundliche, angenehme und anhängliche Hausgenossen, wobei die Cornish Rex etwas temperamentvoller sein soll.
Als halblanghaarige Verwandte der Cornish Rex gilt die Sel Kirk Rex, deren reinerbige Zucht sich als äußerst problematisch erweist.

Rex Katze in schwarz-weiß. Foto: Schwarzenbach

Eine deutsche »Variante« einer Katze mit Lockenfell ist die **German Rex**, deren Zucht mangels ausreichender genetischer Basis bisher auf einige wenige engagierte Züchter beschränkt ist.

Als »Kunstprodukt« kann die **Pudelkatze** betrachtet werden. Bei ihr handelt es sich ebenso um eine Katze mit gelocktem Fell, deren Besonderheit die nach vorne gefalteten Ohren sind. Durch ein Zuchtprogramm mit Hauskatzen, Norwegischen Waldkatzen, Devon Rex und Scottish Fold erfüllte sich die Züchterin Dr. Rosemarie Wolf den Wunsch nach einer ausgefallenen Rarität. Da auch bei dieser Rasse eine reinerbige Zucht aufgrund der Gefahr genetischer Anomalien nicht möglich ist, setzt die Zucht ein hohes Maß an Verantwortung und Gewissenhaftigkeit voraus. Sie sollte daher nur von erfahrenen Katzenexperten praktiziert werden.

Wird aus jedem Experiment gleich eine Rasse?

Es gibt noch einige Rassekatzen mehr. Da es sich hierbei jedoch nicht um ein reines Rassekatzenbuch handelt, müsste diese Übersicht **zunächst** ausreichend sein. Weitere Literatur (s. Anhang) sollten Sie sich dennoch besorgen.

Nicht alle zuvor genannten Neuzüchtungen sind als Rasse von sämtlichen Dachverbänden anerkannt. Bevor eine Varietät zu einer Rasse wird, haben die Züchter einen langen Weg zu gehen. Zunächst einmal werden im Experimental-Zuchtbuch eines Vereines Neuzüchtungen unter »Andere, noch nicht anerkannte Varietäten«, geführt. *»Im Bereich der Federation International Feline (FIFE) dürfen derartige Katzen auf Ausstellungen ... noch nicht mit bereits etablierten Rassen konkurrieren, da den Zuchtrichtern noch kein anerkannter Standard vorliegt. Sobald jedoch nach gelungenem Zuchtvorhaben sechs Katzen aus drei durchgezüchteten Generationen sowie 15 Katzen aus verschiedenen Generationen derselben Rasse anlässlich einer internationalen Katzenausstellung einem ebenfalls internationalen Richterkomitee zur Begutachtung vorgestellt werden konnten, wird neben einer (befristeten) provisorischen Anerkennung ein Standard mit Rasse- und Farbnummern (zwecks Registrierung im verbandseigenen Zuchtbuch) und dazugehörige Punktskala erstellt. Sie dienen sowohl der Benotung auf Ausstellungen als auch als Richtschnur für den Züchter. Erst damit wird eine Neuzüchtung konkurrenzfähig. ...«* (Dagmar Thies / Rassekatzen züchten)

Rassekatze oder Mischling? Auskunft gibt der Stammbaum. Foto: Lang

Sie sehen, die Züchtung neuer Rassen ist nicht nur aus genetischer Sicht eine komplizierte Angelegenheit. Sie setzt großes Engagement, züchterische Erfahrung sowie Pioniergeist voraus. Außerdem ist die Zucht neuer Varietäten immer mit einem hohen Kostenaufwand für den Züchter verbunden. Nicht alle Neuzüchtungen sind als Qualzuchten zu bewerten. Bei der Sibirischen Katze zum Beispiel, die erst seit einigen Jahren anerkannt ist, handelt es sich um eine äußerst gesunde und robuste Katzenrasse. Warum aber zum Beispiel die Manx bei allen Dachverbänden, FIFE, WCF, CFA (USA) und GCCF als Rasse anerkannt sein muss, darf als Frage hier gestattet sein. Es wird deutlich, wie sinnvoll es wäre, nicht nur die Kriterien der »Schönheit« (Phänotyp) eines Tieres nach Maßgabe der Rassestandards zu beurteilen, sondern ebenso seine Vitalität und definitive Fertilität zu bewerten und in die Überlegungen zur Anerkennung einer Rasse mit einzubeziehen.

Ob sich letztendlich die Zucht einer Rasse als sinnvoll erweist, entscheiden auch Sie als Käufer. Ob es sich bei dem von Ihnen ausgewählten Jungtier um ein dem Standard weitgehendst entsprechendes handelt, ist für Sie als Laie schwierig zu beurteilen. Die Standards der unterschiedlichen Rassen sind mit Punktskala in diversen Katzenbüchern (s. Anhang) zu finden oder bei den Vereinen erhältlich. Selbst wenn Sie nicht zum Experten in Sachen Zucht werden möchten, ist es ratsam, sich vor dem Kauf eines Rassekätzchens hiermit zu beschäftigen. Sprechen Sie die einzelnen Punkte des Standards, wie z.B. Körperbau, Schwanzlänge, Fellbeschaffenheit und Ähnliches mit dem Züchter Ihrer Wahl durch. Die meisten Züchter, die sich gewissenhaft um eine Zuchtverbesserung bemühen, haben immer sehr viel Freude daran, solche Einzelheiten zu erläutern und werden Sie umfassend informieren. So erklären sich dann auch die Ausstellungserfolge der Elterntiere des von Ihnen erworbenen Jungtieres.

Bedeutung von Ausstellungen

Selbst dann, wenn Sie schon hin und wieder eine Ausstellung besucht haben, dürfte der Trubel dort für Sie zunächst »ein Buch mit sieben Siegeln« sein. Das ist mir am Anfang nicht anders ergangen. Meinen ersten Ausstellungsbesuch tätigte ich mit meinem Hauskater Felix, der wie schon an anderer Stelle erwähnt, ein Hybride aus einem Türkisch-Van-Mix mit einer Hauskatzendame war. Zu meiner großen Freude erhielt Felix mit seinem schönen, seidigen, nicht ganz kurzen Fell (für eine Hauskatze anscheinend zu lang) die Bewertung »sehr gut«. Ich freute mich riesig. Sämtlich Züchter in meiner Umgebung waren jedoch empört. Ich konnte das gar nicht verstehen, weil ich in der Schule immer sehr stolz war, wenn unter einer Klassenarbeit diese Note stand. Der Haken an der Sache war jedoch, dass es sich bei einer derartigen Benotung für die Katze um ein absolut vernichtendes Urteil handelt, was im Grunde genommen eine Zuchtuntauglichkeit bescheinigt. Ich nahm es gelassen, war Felix für mich sowieso einer der Schönsten. Ohne Rasse dennoch Klasse. Welchen Rassestandard die Richterin damals für eine Hauskatze zu Grunde gelegt hat, ist mir jedoch bis heute schleierhaft. Ein Gutes hatte diese Ausstellung, ich entdeckte dort meine erste Zuchtkatze: Else, ein sehr hübsches Norwegisches Waldkatzenmädchen, das mittlerweile schon ein wenig altersschwach ist. Da mich das Ausstellungsgeschehen als stolze Besitzerin einer Rassekatze nun ganz besonders faszinierte, war ich unweigerlich gezwungen, mich mit den Statuten näher auseinander zu setzen. Ich möchte Ihnen das Ausstellungsgeschehen ein wenig erläutern, damit Sie dann bei einem Besuch besser als ich damals wissen, um was es eigentlich geht.

Früh am Morgen, meist zwischen 7.00 und 8.30 Uhr, vor der offiziellen Eröffnung einer Ausstellung für die Besucher, sind die Züchter ganz unter sich. Bepackt mit Transportkörben, Ausstellungsunterlagen und Zubehör stehen sie, meist ein Gähnen unterdrückend, in einer langen Schlange, um an einem Stand engagierter Helfer des Vereinsbüros ihre Ausstellungsunterlagen zu erhalten. Dann geht's weiter zur Tierarztkontrolle. Dort wird kontrolliert, ob die Katzen in einem einwandfreien gesundheitlichen Zustand sowie ordnungsgemäß geimpft sind. Die Durchsicht der Impfpässe in Bezug auf die Tollwutimpfungen nehmen in der Regel die Amtsveterinäre der verschiedenen Stadtverwaltungen der Städte vor, in denen eine Ausstellung durchgeführt wird. Die Aussteller erhalten dann meist einen Stempel auf ihre Ausstellungsunterlagen, der den Gang in die Halle erlaubt. In der Halle sind in mehreren Reihen Käfige

Sind die Käfige geschmückt und die Katzen versorgt, so geht das Ausstellungsgeschehen erst richtig los. Foto: S. Jansen-Nöllenburg

auf Tischen aufgebaut. Damit die Katzen keinen Sichtkontakt zueinander haben und es sich den Umständen entsprechend etwas gemütlich machen können, werden die Käfige, insbesondere an den Seitenwänden, mit Gardinen versehen. Auf den Käfigboden gehören kleine Teppiche, Kuschelhöhlen und Ähnliches. Auch mit Wasser- und Futternäpfen wird der Käfig oftmals bestückt. Vor dem Käfig bringen viele Züchter durchsichtige Scheiben an, die zum Schutz der Katzen vor dem Anfassen der Besucher dienen sollen. Das Käfigdach wird häufig mit Werbematerial wie Fotoalben, Visitenkarten und weiteren Zuchtinfos versehen. Sind die Samtpfoten erst einmal im Käfig platziert, so atmen die Züchter auf. Die erste Hürde ist genommen. Ab ca. 9.00 Uhr werden die Züchter dann wieder aktiv, weil das Richten beginnt. Je nach Rasse haben die Züchter mit der Vorbereitung und Pflege der Katze hinter den Käfigen mehr oder weniger Arbeit. Für den Laien ist es sicherlich sehr interessant, zu beobachten, was dort vor sich geht. Es wird gepudert, gekämmt, gerupft, geschminkt (!) und noch einiges mehr. Viele erfahrene Züchter sind allerdings der Meinung, dass Katzen, die daheim gut auf den Wettbewerb vorbereitet wurden, auf der Ausstellung nur noch kurz in »Form« gebracht werden müssen. Ich habe noch nie einen Züchter von Naturrassen gesehen, der mit einem »Kosmetikköfferchen« angereist ist. Ich glaube, das ist eher den Züchtern der Langhaarrassen vorbehalten. Der Blick hinter die Kulissen zeigt Ihnen als Besucher jedenfalls, wie viel Pflege die Rasse braucht, für die Sie Ihr Herz entdeckt haben.

Sind die Katzen gut »gestylt«, so werden sie nach und nach dem Richter vorgeführt. In früheren Jahren war das Präsentieren der Katzen Aufgabe der Stuarts. Mittlerweile tun dies die Besitzer selber, was den Vorteil hat, dass viele Katzen, begleitet von ihrem geliebten Menschen, das Ganze erheblich gelassener hinnehmen. Auch für die Katzenhalter ist dieses Verfahren sicherlich angenehmer, als wenn sie ihre Mieze in fremde Hände geben müssten. Dem Richter wird dann die Katze auf den zuvor desinfizierten Richtertisch gesetzt. Er beurteilt die Qualität des Tieres nach einem Punktsystem, welches im Rassestandard festgelegt ist und vergleicht es mit Konkurrenten. Beim heutzutage üblichen »offenen« Richten, kann der Züchter den Richter nach der schriftlichen Beurteilung im Richterbericht, der erst zum Schluss der Ausstellung ausgehändigt wird, nach dessen Meinung fragen. Gefällt ihm die Katze oder hat er Fehler festgestellt? Das ist die Sorge, die Züchter beschäftigt. Ob die Katze neben der Vergabe des Titels für weitere Prämierungen vorgesehen ist, erfährt der Aussteller in der Regel nicht, denn das würde die Spannung nehmen. Noch während des Richtens, bis ca. 16.00 Uhr (das variiert von Ausstellung zu Ausstellung und ist abhängig von der Menge der zu richtenden Katzen sowie der Anzahl der eingeladenen Richter) werden die ersten Gewinner auf der Bühne vorgestellt. Meist sind es die Vereinsvorsitzenden oder ein anderer Funktionsträger eines Vereines, die dadurch, dass sie die Käfignummern der Gewinner bekannt geben, einen Freudentaumel auslösen können.

Welche Prämierungen sind überhaupt auf einer Ausstellung zu erlangen?

Eine generelle Übersicht über alle Ausstellungsregeln zu erstellen, ist schwer möglich, da es von Verein zu Verein Unterschiede im Verfahren gibt. Folgende Erläuterungen sollten somit als Richtlinie verstanden werden.

Da gibt es zunächst die so genannten »Klassen«.

Die jüngsten auf einer Ausstellung zugelassenen Katzen sind Jungtiere zwischen zehn und zwölf Wochen, die als Nest bewertet in der **Wurfklasse** gerichtet werden. Die Würfe konkurrieren innerhalb ihrer Rasse und mit den Nestern anderer Rassen.

In der **Jugendklasse** werden Katzenkinder und Teenager im Alter von drei bis sechs Monaten und sechs bis zehn Monaten gerichtet. Je nach Vereinsregeln können hier die Kleinen sogar gegen die Großen (innerhalb ihrer Rasse um den Rassesieg und gegen andere Rassen um die Best in Show und Best of Best) antreten.

Die **»Offene Klasse«** ist die erste Klasse, in der alle Katzen, die noch keine Titel erlangt haben, um die Siegeranwartschaft, d.h. um den Championatstitel ringen. Drei erworbene Championanwartschaften im In- oder Ausland führen zum Championat. Die Katze, der Kater dürfen vor ihrem Namen den verliehenen Titel **Champion** tragen.

Den Titel **Internationaler Champion** wird den Katzen in der **Championklasse** verliehen, die mindestens drei Siegeranwartschaften in zwei verschiedenen Ländern gewonnen haben. Für den **Großen Internationalen Champion** in der **Internationalen Championklasse** sind drei gewonnene Anwartschaften in drei verschiedenen oder zwei verschiedenen Ländern erforderlich. In der **Grand Championklasse** konkurrieren die Katzen um die Anwartschaft zum **Europa Champion**. Dieser Titel wird nur dann verliehen, wenn die Katzen mindestens drei Anwartschaften in drei unterschiedlichen Ländern erringen konnten. In einigen Vereinen ist es möglich, das Welt Championat zu erreichen. Hierzu ist neben Prämierungen im In- und nahen Ausland wenigstens ein Sieg auf einem anderen Kontinent zu erbringen.

Die Katzen müssen von unterschiedlichen Richtern beurteilt werden.

Bei diesen Klassen konkurrieren die Katzen nur innerhalb der jeweiligen Rasse. Dies ist auch bei einer weiteren Prämierung – der »Best in Colour« – so, wobei Katzen mit der gleichen Farbe bei entsprechender Konkurrenz als Beste ihrer Farbe ausgezeichnet werden. »Best in Variety«, der Rassesieg, werden den Tieren, aufgeteilt nach Jungtieren, Kastraten, Männchen und Weibchen, verliehen, die als Beste ihrer Rasse auf einer

Ausstellung ausgezeichnet wurden. Bei der »Best in Show« schlägt jeder Richter aus der Gruppe der von ihm gerichteten Katzen ein erwachsenes Tier und für die Jugendklasse 3-6 Monate, 6-10 Monate jeweils eine Katze oder Kater für den Wettbewerb vor. Der Richtervorschlag wird als Nominierung bezeichnet und wird in vielen Vereinen auf der Richterurkunde versehen. Aus den Nominierungen heraus wählt das Richtergremium ein männliches oder weibliches Tier aus, das zur Best in Show gekürt wird. Das knapp unterlegene, gegengeschlechtliche Tier wird mit »Best opposite sex« prämiert. Bei der **Best in Show** konkurrieren Katzen nur innerhalb der Gruppen Langhaar, Halblanghaar, Kurzhaar, und Siam/OKH miteinander.

Die Gewinner dieser Gruppen kämpfen dann um die »Best of Best«, die nach einer Rangfolge in verschiedenen Platzierungen wie 1. Platz, 2. Platz usw. vergeben wird. Das beste Tier der »Best of Best«, das auf den ersten Platz gekommen ist, wird zur »Best over all« gekürt. Auf guten Ausstellungen, bei denen durchschnittlich mindestens ca. 400 Katzen vertreten sind, kann ein Züchter zu Recht stolz auf diesen Sieg und selbstverständlich auch auf alle anderen Prämierungen sein.

Wenn Sie einen Züchter daheim besuchen, werden Sie sicherlich eine Vitrine oder ein Regal mit Pokalen oder Schleifen an der Wand entdecken. Lassen Sie sich von ihm erklären, welche seiner Katzen welche Preise gewonnen hat. Aufschlussreich ist dabei immer, nicht nur für Züchter, einen Blick in die Richterberichte zu werfen. Hierin beschreibt der Richter genau, wie er die Katze im Einzelnen, z.B. den Körperbau, die Kopfform, die Nasenlinie, die Schwanzlänge usw. und vom Gesamteindruck her, bewertet. Sie werden dabei feststellen, dass selbst bei den höchst prämierten Katzen und Katern kleine Fehler von Richtern benannt sind. Einen Bericht, in dem durchgängig ein »Exzellent« zu lesen ist, findet man sehr selten.

Ausstellungen sind nicht nur wichtig, um die Zuchttauglichkeit einer Katze zu bescheinigen, sondern sind ebenso eine Charakterkontrolle. Aggressive Katzen werden disqualifiziert. Ohne entsprechende Prämierungen auf den Schauen erhält der Züchter für die Jungtiere seiner Zuchtkatze keine Stammbäume. Nur der Stammbaum jedoch bescheinigt die Rassereinheit.

Ein Richtergremium vergleicht die Qualität der Katzen.
Foto: S. Jansen-Nöllenburg

7. Den richtigen Züchter finden

Auf Ausstellungen mit Züchtern ins Gespräch zu kommen, ist äußerst hilfreich.
Foto: S. Jansen-Nöllenburg

Den richtigen Züchter finden

Das Leben und dazu eine Katze,
das gibt eine unglaubliche Summe, ich schwör´s Euch!

Rainer Maria Rilke

Den richtigen Züchter zu finden, ist für die, die sich auf die Suche nach ihrer Traumkatze machen, nicht ganz einfach. Meine erste Rassekatze entdeckte ich, als ich auf einer Katzenausstellung meinen Hauskater Felix präsentierte.

Ein süßes, kleines buntes Norwegisches Waldkatzenmädchen saß mit Mutter und Geschwistern im Käfig neben Felix. Ich verliebte mich auf den ersten Blick in diese niedliche Wesen und kaufte es nach gründlicher Überlegung am zweiten Tag der Veranstaltung. Während der beiden Ausstellungstage sprach sich bei dem einen oder anderen Züchter herum, dass ich vielleicht ein potentieller Käufer wäre. Meine Unterfahrenheit in Sachen Zucht wurde zunächst dadurch deutlich, dass ich viele Fragen zum für den Laien komplizierten Ausstellungsgeschehen stellte. Da witterten einige ihre Chance, mir eine weniger gut gezüchtete Katze zu verkaufen. Mir wurde wärmstens der Kauf einer kleinen cremefarbenen Perserkatze ans Herz gelegt. Der Haken an der Sache war nur, dass dieses Tier durch einen starken Überbiss nicht zuchttauglich war. Ich wurde zwar auf diesen »kleinen« Fehler hingewiesen, jedoch versuchte man mich zum Kauf zu überreden, mit dem Kommentar, dass dies nicht weiter schlimm wäre, die Richter dürften ja nicht in das Maul eines Tieres schauen und außerdem könne ich der Katze zur Not auch noch ein paar Zähne ziehen lassen. Das würde ihr überhaupt nichts ausmachen. Auch ein taubes Maine Coon-Kätzchen versuchte man mir für DM 1400,- zu verkaufen, mit der Bemerkung, so ein Tier hätte seine Vorteile, es wäre weniger geräuschempfindlich und somit nicht schreckhaft. Zwar hatte ich zu diesem Zeitpunkt noch sehr wenig Wissen über Rassekatzen angesammelt und nur Erfahrungen mit Hauskatzen gemacht, aber, dass man mich hier bewusst über den Leisten ziehen wollte, wurde mit schnell klar. Die Züchter des Waldkatzenkindes machten auf mich einen erheblich besseren Eindruck als die, die mir eines ihrer Tiere aufzudrängen versuchten. Sie erzählten mir sehr viel über die damals noch recht unbekannte Rasse, drängten mich nicht zum Kauf, sondern meinten, ich solle mich in Ruhe entscheiden. Positiv wirkte auf mich, dass sie sich von mir Auskunft über meine Lebensverhältnisse und Vorstellungen zur Katzenhaltung geben ließen. Das kleine Waldkatzenmädchen namens Else wurde meine erste Zuchtkatze. Sie erhielt Preise auf Ausstellungen und war eine gute Zuchtkatze. Mit ihren 16 Jahren ist sie immer noch wohlauf und guter Dinge. Wissen Sie, was mir da beschieden war? Reines Anfängerglück.

Wo finden Sie einen richtigen Züchter?

Jedes Wochenende finden Sie in den Tageszeitschriften für unterschiedliche Rassen eine Vielzahl von Annoncen. Abhängig davon, ob eine Rasse häufig oder selten gezüchtet wird, lassen sich mehr oder weniger Anzeigen entdecken. Die Angebote in Tageszeitungen sind aufgrund der hohen Kosten, die sie verursachen, kurz und somit meist wenig aussagekräftig. Auch in Katzenfachzeitschriften bieten Züchter ihre Katzen zum Verkauf an. Hier kann man schon etwas mehr über das Angebot erfahren. Viele Züchter versuchen anhand eines ansprechenden Fotos die Qualität ihres Nachwuchses oder der Elterntiere zu veranschaulichen. Im Text der Inserate werden meist Farbe und Geschlecht der zu verkaufenden Jungtiere sowie die Prämierungen der Elterntiere beschrieben. So gut wie alle Züchter versuchen auf diesen Wegen, das Interesse der zukünftigen Käufer zu wecken.

Leider sind Käufer immer noch häufig der Meinung, dass nur der inseriert, der es nötig hat, weil er ansonsten keine Menschen für seine Babys begeistern kann. Selbst Züchter rühmen sich zum Teil damit, dass sie ihre Jungtiere auch ohne Werbung, über einen festen Kundenstamm und so genannte Mund-zu-Mund-Propaganda verkaufen. Dies ist bei langjährigen, erfahrenen und erfolgreichen Züchtern wirklich oftmals der Fall. Nicht selten ist ein Katzenbaby schon so gut wie verkauft, bevor es überhaupt geboren wurde. Nach vielen Jahren der Zucht erlebe ich immer wieder, dass ein Katzenbesitzer, der schon ein Kätzchen von mir gekauft hat, sich ein ähnliches Tier aus gleicher oder ähnlicher Verpaarung zusätzlich wünscht, weil er von seiner Katze begeistert ist. Er kann sicher sein, dass das neue vierbeinige Familienmitglied unter gleichen Bedingungen aufgezogen wurde, wie jenes, welches ihm so viel Freude bereitet. Befreundete Züchter erleben Ähnliches.

Zudem ist es so, dass Züchter, die gleiche Vorstellungen von Zucht, Haltung, Aufzucht, Gesundheitsprophylaxe und Ähnlichem haben, sich gegenseitig beim Verkauf ihrer Jungtiere helfen. Sollte ich zum Beispiel auf Anfrage eines Interessenten kein Jungtier zu verkaufen haben, so gebe ich Adressen von seriösen Züchtern, die ich gut kenne, weiter.

Hin und wieder hat ein Katzenfreund eine ganz bestimmte Vorstellung davon, wie sein zukünftiges Kätzchen aussehen soll. Er wünscht sich vielleicht, dass das Kätzchen eine ganz bestimmte Fellfarbe hat. Wenn ich kein adäquates Tier anzubieten habe, vermittle ich ihn an andere Züchter weiter.

Dennoch ist es auch bei den guten Züchtern so, dass der Bedarf bei ihrem bestehenden Kundenstamm gedeckt sein kann. Annoncen sind somit für jeden Züchter zeitweilig notwendig.

Das Inserat sagt in der Regel wenig über die Qualität eines Tieres aus.

Annoncen entschlüsseln

Auch ich überlege mir hin und wieder eine besonders originelle Annonce, welche die Leser vielleicht ansprechen könnte. So formulierte ich vor kurzem folgenden Text: »Norwegische Waldkätzchen – eine Liebe fürs Leben«. Meine Idee war nicht so gut wie ich dachte. Ich erhielt nur einen einzigen Anruf. Ein Herr, der in etwas gebrochenem Deutsch sprach, meinte: »Ich rufe auf die Anzeige an.« »Ja, bitte.« »Ich wollte fragen was los ist.« » Wie, was los ist? Sie rufen doch sicher auf mein Inserat bezüglich der Norwegischen Waldkatzen an.« »Katzen, wieso Katzen? Ich dachte schöne norwegische Frau sucht Mann.« Wie Sie sich sicherlich vorstellen können, beendete ich das Gespräch empört.

Hinterher musste ich natürlich über diese kuriose Situation lachen und beschloss, doch eher wieder auf klassische Art zu inserieren. Ähnlich ging es mir mit einem anderen Versuch. Der Werbetext lautete: »Eine Norwegische Waldkatze vom Feengarten (das ist der Zwingername) – und Sie sind unendlich reicher.« Ich wollte damit verdeutlichen, dass das Leben mit einem meiner Tiere viel Freude macht. Ein Tierhändler aus Düsseldorf fragte daraufhin bei mir an, wie viele Katzen ich produzieren könnte und wie sich der Preis bei hoher Abnahme gestalten würde.

Einige aufschlussreiche Hinweise kann man beim Lesen dennoch entdecken. Anzeigen in Katzenfachzeitschriften werden meist so formuliert: »Vom Feengarten, ex., typvolle Norwegische Waldkatzenbabys in red-tabby-mackerel, black-classic-tabby, u. black. Vater Eu. Ch. Tyranno Saurus Rex Felis Jubatus, mehrfach BoB, BiS, BiV, Mutter Gr. Int. Ch. Pretty Belinda vom Feengarten mehrf. BiS, BiV. charakterstark und verschmust, entwurmt u. geimpft. Stammb. D.E., liebevolle Katzenfreunde gesucht. Nur in beste Hände abzugeben.«

Ein Züchter erhält hier eine Menge an Informationen. Für den Laien ist es schon schwieriger, den Text zu entschlüsseln. So können Sie sich, wenn Sie sich nicht schon ausführlich mit der Materie beschäftigt haben, unter den genauen Farbbeschreibungen vermutlich nichts vorstellen. Wenn Sie nicht züchten wollen, reicht Ihnen wahrscheinlich aus, wenn Sie wissen, welche Farbe die angebotenen Tiere haben. Bei der Bezeichnung »red« handelt es sich um rot, mit »tabby« wird angezeigt, dass das Tier getigert ist und durch »mackerel« wird die Art des Tigermusters beschrieben. Der Vater sowie die Mutter der Jungtiere haben vor ihren Namen einen Titel stehen. Dieser Titel gehört ähnlich einem Doktortitel zum Namen dazu und belegt, dass die Katze auf Ausstellungen in Konkurrenz mit anderen Katzen erfolgreich bewertet wurde. Nur Katzen, die zuchttauglich sind und dem Rassestandard entsprechen, erringen diese Titel. Die Abkürzung »BoB« bedeutet, dass die Katze zur Best of Best, beste Katze der Ausstellung, gekürt wurde. Ein seltener Titel, auf den Züchter zu Recht besonders stolz sind. Selbst wenn Sie aus den einzelnen Beschreibungen noch nicht ganz schlau werden, so können Sie jedoch erkennen, dass es sich um Rassekatzen handelt, deren Besitzer Mitglied in einem Verein sind. Zur Entschlüsselung der Kürzel bieten zahlreiche Katzenbücher sowie auch entsprechendes Informationsmaterial der Vereine Hilfe.

In den meisten Katzenfachzeitschriften dürfen gewerbliche Züchter und Händler nicht inserieren, sie versuchen aus diesem Grund eher, in Tageszeitungen auf sich aufmerksam zu machen.

Katzenkinder müssen mit ihrem Menschen zusammenleben, damit sie sich gut entwickeln. Foto: S. Jansen-Nöllenburg

Vorsicht vor Massenzüchtern

Werden in einer Anzeige gleich mehrere Rassen zum Verkauf angeboten, so könnten Sie vermuten, dass ein Massenzüchter für sich Werbung macht. Doch auch seriöse Züchter züchten hin und wieder mehrere Rassen. Je nach Haltung kann es dort auch einmal zu ungeplanten Mischlingsverpaarungen kommen.

Eine Freundin von mir hält drei verschiedene Halblanghaarrassen, die sich zudem für den Laien kaum voneinander unterscheiden. Einmal kam es zu einer unerwünschten Verpaarung. Sie bot die Katzenbabys preiswert, selbstverständlich ohne Stammbaum, als Hybriden an und bekannte sich klar zu diesem kleinen Missgeschick. Ihr guter Name blieb unbefleckt und die Käufer der Katzen wurden nicht betrogen.

Hinter Angeboten, die wie folgt oder ähnlich klingen: »Rassekatzen billig abzugeben« oder »Rassekatzen als Auslandsimporte – mit Stammbaum – sehr preiswert«, verbergen sich vielleicht unseriöse Geschäftemacher. Solche Annoncen könnten Massenzüchter und Händler aufgegeben haben, die Katzen mit gegebenenfalls gefälschten Papieren unter vielleicht katastrophalen Bedingungen aus dem Ausland nach Deutschland transportieren. Sollten Sie bei Ihrer Suche nach einem Katzenkind das Gefühl haben, an einen Händler oder Massenzüchter geraten zu sein, so empfehle ich Ihnen, gut zu überlegen, ob Sie diesen durch einen Kauf unterstützen wollen. Ich erlebe immer wieder, dass Katzenfreunde ein Tier nur aus Mitleid kaufen. Durch ein solches, falsch verstandenes Mitleid wird das Elend der Katzen nur verlängert. Die Verkäufer werden zur weiteren Vermehrung motiviert. Gäbe es keine derartigen Käufe aus Barmherzigkeit, so würden die Händler sowie unseriöse Vermehrer, die nicht aus Liebe zum Tier züchten, sich schnell einem anderen, lukrativeren Geschäft zuwenden.

Die oberste goldene Regel beim Katzenkauf ist daher: Kaufen Sie nie ein Tier aus Mitleid! Wer Erbarmen mit einem armen Wesen empfindet und helfen will, der sollte sich eine Katze aus dem Tierheim oder von Katzenschutzorganisationen holen.

Aber auch ein guter Züchter kann durch eine Veränderung seiner Lebensumstände in die Situation kommen, seinen Bestand zum Wohle der Katzen reduzieren zu müssen. Damit es ihm gelingt, seine Tiere schnell zu vermitteln, wird er vermutlich einen geringen Kaufpreis ansetzen.

Ausstellungen als Kontaktbörse

Auf Katzenausstellungen können Sie Züchter und deren Tiere kennen lernen. Die Termine erfahren Sie aus Katzenfachzeitschriften, Tageszeitungen oder bei den Vereinen selbst, deren Anschriften Sie wiederum Fachzeitschriften entnehmen können. Hin und wieder werden auf Ausstellungen sogar Würfe vorgestellt. Durch den zunehmenden Infektionsdruck verzichten aber immer mehr Züchter darauf, ihre Jungtiere zu zeigen, weil diese meist infektionsanfälliger als erwachsene Tiere sind, die über eine ausgeprägte Immunität verfügen. Sie machen auf Ausstellungen, die sie mit ihren erwachsenen Katzen besuchen, lieber nur indirekte Werbung für die daheim gebliebenen Kleinen.

Der Eintrittspreis beträgt pro Person um die ca. DM 8,-. Die Aussteller reisen ab etwa 7.00 Uhr an. Die Öffnungszeiten für Besucher variieren innerhalb der Vereine, üblich ist jedoch der Einlass ab 9.00 Uhr. Um 18.00 Uhr geht das Ausstellungsgeschehen in der Regel seinem Ende zu.

Wichtig für Sie als Jungtiersuchender ist der Kauf des Ausstellungskataloges, in dem fast alle Aussteller mit ihren Katzen namentlich genannt sind (Meldungen in »letzter Minute« sind hier aus Zeitgründen nicht zu finden). Auch die Farben und Klassen, in denen die Tiere gegeneinander konkurrieren, sind in diesem Katalog notiert. Jeder ausgestellten Katze ist eine bestimmte Nummer zugeordnet, die mittels eines kleinen Schildchens, das an der vorderen und hinteren Käfigwand angebracht wurde, zu erkennen ist. An vielen Käfigen machen die Züchter Werbung für

Die besten Katzen werden auf der Bühne vorgestellt. Foto: S. Jansen-Nöllenburg

sich und ihren Zwinger, indem sie Informationsbroschüren sowie Fotoalben oben auf dem Käfig auslegen. Durch einen Blick in Ihren Katalog erhalten Sie dann beim Besuch der Ausstellung zusätzliche Informationen über die präsentierten Tiere.

Nachdem die Züchter die Ausstellungsformalitäten geregelt und mit ihren Katzen die Tierarztkontrolle durchlaufen haben, begeben sie sich in die Ausstellungshallen, um ihre jeweiligen Käfige zu dekorieren.

Das Ausschmücken der Käfige hat nicht nur dekorativen Charakter, sondern hat zudem den Zweck, Katzen, die sich nicht kennen, voneinander optisch zu trennen. Die Dekoration ist ganz vom individuellen Geschmack des Katzenfreundes abhängig. So sieht man auf einer Ausstellung ganz schlichte oder auch sehr prunkvoll geschmückte Käfige. Lila Federboas, die dem äußeren Rahmen des Käfigs Glanz verleihen sollen oder kleine Bettchen und sogar Nachttische mit Lämpchen sind hier ebenso zu entdecken, wie karge Käfigeinrichtungen, in denen die Katze als solche mehr zu bewundern ist, als die Dekoration. Viele Käfige sind vorne mit Plastikscheiben geschützt, was den Katzen genau wie Kuschelhöhlen eine gewisse Sicherheit bietet, insbesondere vor den Gästen einer Ausstellung, die leider oftmals – trotz offiziellem Verbot – in einen Käfig hineingreifen und die Tiere somit einem erhöhten Infektionsrisiko aussetzen und ansteckende Krankheiten, die trotz Tierarztkontrolle nicht immer auszuschließen sind, von Käfig zu Käfig weiter geben. Leider gibt es immer noch Aussteller, die das Risiko einer Ansteckung nicht scheuen und ihre Katzen, insbesondere Jungtiere in einem Körbchen oben auf den Käfig setzen. Diese Miezen, die jeder streicheln darf, sind zwar auf einer Ausstellung oftmals eine besondere Attraktion, zeugen jedoch nicht unbedingt für die Seriosität des Halters, sondern stehen eher für seinen unbedingten Verkaufswillen.

Mit kritischem Blick prüft die Richterin die Qualität des Tieres. Foto: S. Jansen-Nöllenburg

Wenn Sie ein wirkliches Interesse an einer Katzenrasse haben, sollten Sie daher den Züchter bitten, das ausgestellte Tier, vielleicht den Vater oder die Mutter Ihres zukünftigen Katzenkindes, einmal aus dem Käfig zu nehmen, damit Sie es genauer in Augenschein nehmen können. Die meisten Aussteller sind solchen Wünschen gegenüber sehr aufgeschlossen, weil sie wissen, dass ein Tier im Käfig immer etwas anders wirkt als auf dem Arm. Wenn Sie ein echter Katzenfreund sind, verzichten Sie auf das unerlaubte Streicheln der Tiere. Vom erhöhten Infektionsdruck einmal abgesehen, ist es für die Katzen ein zusätzlicher, unnötiger Stress, von so vielen fremden Menschen angefasst zu werden.

Hinter den Käfigen sind kleine, enge Gänge, auf denen es sich die Züchter in mittelbarer Nähe und im direkten Blickkontakt zu ihren Katzen gemütlich machen. Da viele Aussteller lange Anreisen zum Besuch einer internationalen Konkurrenzschau auf sich nehmen, wirkt das Ganze hinter den offiziellen Besucherreihen oftmals wie bei einem platzeingeschränkten Picknick. Unter den Käfigen stehen die Transportkörbe der Katzen, die im Laufe des Tages zu Campingtischen umfunktioniert werden. Früh am Morgen sieht man dort Thermoskannen, Brötchen und Katzenfutter liegen. Für das leibliche Wohl muss nun einmal gesorgt werden, zumal nicht bei allen Ausstellungen eine unbedingt gute Restauration zur Verfügung steht. Im Laufe des Tages wird je nach Erfolg der Katzen das eine oder andere Sektfläschchen geköpft werden. Sollten Sie feststellen, dass nicht alle Katzen auf der Ausstellung gefüttert werden, so entsteht bei Ihnen vielleicht der Eindruck, dass der Katzenhalter sein Tier vernachlässigt. Viele Züchter verzichten auf die Fütterung der Katzen während der Ausstellung jedoch aus einem anderen Grund. Für die Katzen ist es oftmals unangenehm, die doch meist sehr kleine Katzentoilette benutzen zu müssen. Auch das Herumtragen zum Richter oder auf die Bühne ist für die Katzen mit vollem Magen schlecht. Etliche erfahrene Züchter füttern daher ihre Lieblinge nur vor sowie nach der Veranstaltung und stellen ihren Katzen auf der Ausstellung lediglich Wasser und ein paar kleine »Leckerchen« wie Vitamintabs zur Verfügung. Dieses Verfahren beugt zudem einer unangenehmen Geruchsentwicklung vor, die trotz gründlicher, kontinuierlicher Reinigung der Toiletten entstehen würde.

Scheuen Sie das Gespräch mit den Ausstellern nicht. Die meisten Züchter freuen sich, wenn Sie Ihr Interesse bekunden und sind, wenn sie ihre Katze nicht gerade dem Richter präsentieren müssen, gerne bereit, ausführlich Auskunft über die von ihnen gezüchtete Rasse zu geben.

Darüber hinaus, was die Züchter Ihnen an Informationen im Gespräch bieten, ist es hilfreich, auf einer Ausstellung Augen und Ohren offen zu halten. Die Art und Weise, wie Züchter den Umgang mit ihren Katzen pflegen, kann sehr aufschlussreich sein. Aus diesem Grund sollten Sie sich für den Besuch einer Ausstellung mindestens einen halben Tag Zeit nehmen. Besonders spannend wird es meist nach der Mittagspause, nachdem die meistem Züchter mit ihren Miezen beim Richten waren, denn dann werden die ersten prämierten Katzen mit ihren Besitzern auf der Bühne vorgestellt. Zum einen ist die Bühnenschau meist recht unterhaltsam sowie informativ, zum anderen sehen Sie dann die Züchter, die besonders erfolgreich zumindest auf dieser Ausstellung sind, auf der Bühne. Besuchen Sie mehr als eine Veranstaltung, lohnt es sich, die Gewinner im Katalog zu notieren und langfristig miteinander zu vergleichen.

Der Blick hinter die Kulissen ist gerade zu diesem Zeitpunkt äußerst aufschlussreich. Bei einer Vielzahl von wunderschönen ausgestellten Tieren liegt es in der Natur der Sache, dass nicht jedes Tier gewinnen kann. Beobachten Sie, wie die Gewinner und Verlierer mit ihren Katzen umgehen. Liebt der, der keinen Preis erringen konnte, seine Katze dennoch, behandelt er sie zärtlich oder ist er eher verärgert und lässt seinen Frust am Tier aus? Wie geht er mit den anderen Ausstellern um? Ein guter Züchter muss immer in der Lage sein, auch seiner Konkurrenz gratulieren zu können. Am Rande des Ausstellungsgeschehens spielen sich so manche spannende Dinge ab, die Ihnen Aufschluss nicht nur über den Charakter der Katzenrasse, sondern ebenso über den des Züchters geben können. Ein wenig Verständnis muss man jedoch auch für die Aufregung der Katzenbesitzer haben. Eine Ausstellung wird nun mal nicht nur zur gegenseitigen Kontaktaufnahme und -pflege besucht, sondern auch weil man mit seinen Tieren einen Preis erringen möchte. Es ist ganz natürlich, dass die Züchter gerade ihre eigenen Tiere als besonders schön empfinden. Die Ausstellungsregeln schließen aber Proteste der Züchter gegen ein Richterurteil aus, dennoch kommt es hin und wieder zu diesbezüglichen Auseinandersetzungen, die – wenn eine Vereinsführung dies konsequent handhabt – zum Ausstellungsverbot des Querulanten führen können. Diese Konsequenzen werden jedoch in der Regel nur dann gezogen, wenn sich der Protest gegen die Vereinsführung richtet. Angriffe gegen Züchterkollegen werden nicht geahndet.

Ein Blick hinter die Kulissen lohnt sich. Foto: S. Jansen-Nöllenburg

Auch das Verhalten der Gewinner ist oftmals aufschlussreich. Fühlen diese sich allen anderen überlegen oder sind sie noch in der Lage, sich über die Prämierung ihrer Katzen wirklich zu freuen? Wenn Sie sich einen guten Überblick verschaffen, so werden Sie vielleicht nicht nur die Katzenrasse finden, die Ihnen gefällt, sondern auch den Züchter, der zu Ihnen passt.

Ob eine Rassekatze pflegeleicht oder pflegeintensiv ist, darüber kann Ihnen gerade ein Ausstellungsbesuch einen guten Überblick geben. Insbesondere kurz vor dem Richterbesuch wird es hinter dem Käfig interessant. Baut der Katzenhalter ein Tischchen auf und stellt darauf Pflegeutensilien, wie Augenwässerchen, Schminkstifte, Puder, etliche diverse Kämme und Ähnliches, so können Sie sicher sein, dass er eine Rasse züchtet, die, um vermeintlich schön zu sein, doch einiges an Kosmetik braucht. Vielleicht gehören Sie ja zu den Katzenfans, denen ein solcher Aufwand Spaß machen würde. Sollten Sie jedoch zu den Katzenfreunden gehören, die es als wenig tierfreundlich empfinden, wenn eine Katze, auch wenn sie noch so sehr daran gewöhnt sein mag, um ein duftiges Fell zu erhalten gepudert und dann nach unten geschüttelt werden »muss«, dann gehen Sie flugs weiter zu den Rassen, die das nicht nötig haben.

Wenn Sie sich auf einer Ausstellung in ein Katzenkind verlieben, so können Sie dieses mittels entsprechenden Vertrages, den jeder seriöse Züchter ausstellt, kaufen. Erst am Ende einer Ausstellung ist es nach Maßgabe der Vereinsstatuten jedoch erlaubt, das Kätzchen mitzunehmen. Ich rate allerdings dazu, die Katze zumindest noch einige Tage nach dem Kauf und der Ausstellung beim Züchter zu lassen, um auszuschließen, dass das Tier sich aufgrund des erhöhten Infektionsdrucks eine Krankheit zugezogen hat. In solchen Fällen kann ein entsprechender Vorvertrag gefertigt werden. Außerdem ist es immer interessant, den Züchter daheim zu besuchen und sich einen Überblick über seine Haltungsbedingungen machen zu können. (Durch eine Tierarztkontrolle vor dem Einlass in die Ausstellungshalle wird überprüft, ob die Katzen wohlauf sind. Nur gesunde Katzen werden zugelassen und dennoch kann es passieren, dass die Vierbeiner nach der Ausstellung indisponiert sind.)

Der Besuch einer Katzenausstellung bietet Ihnen zudem die Möglichkeit, eine Vielzahl von Rassekatzen, die Sie vielleicht nur aus Büchern kennen, in natura zu sehen. Durch die Bühnenshow, bei der die Schönsten der Schönen mit einem Pokal belohnt werden, erfahren Sie einiges Wissenswertes über einzelne Rassen. Ganz besonders interessant sind in diesem Zusammenhang Sonderschauen, bei denen bestimmten Rassen besondere Aufmerksamkeit geschenkt wird. Wenn Ihnen eine Rasse sehr gut gefällt und in Ihrer Nähe eine derartige Veranstaltung durchgeführt wird, sollten Sie einen Besuch nicht versäumen. Hier erhalten Sie neben Züchteranschriften oftmals kostengünstig wichtiges Informationsmaterial von Experten. Außerdem werden die Katzenbesitzer auf der Bühne häufig befragt, was ihnen an der Rasse besonders gut gefällt oder wie sie z.B. überhaupt auf die Idee gekommen sind zu züchten. Sollten Sie sich für eine besonders seltene Rassekatze interessieren, so rate ich Ihnen, sich zuvor beim Verein zu erkundigen, wie viele Katzen von dieser Rasse zur Veranstaltung gemeldet wurden, bevor Sie sich auf den Weg machen und anschließend enttäuscht sind, weil Sie nur wenige oder vielleicht überhaupt keine Tiere der von Ihnen gewünschten Rasse zu sehen bekommen.

Im Vorraum der Ausstellungshallen finden Sie oftmals Verkaufsstände mit allen möglichen Produkten für Katzen, die erheblich umfangreicher und spezialisierter sind als in den meisten Zoofachgeschäften. Von Diätfutter, Wellness-Produkten, Kämmen, Streu, Kuschelhöhlen, kleinen Sofas bis hin zu Kratzbäumen wird hier all das geboten, was ein Katzenherz begehren könnte. Die Beratung an diesen Ständen ist meist sehr qualifiziert, weil die Verkäufer oftmals selber Züchter sind und somit über die vielfältigen, individuellen Bedürfnisse der Katzen Kenntnis haben. (Mehr zu den Ausstellungsregeln finden Sie am Schluss des Kapitels über Rassekatzen.)

Den Besuch einer Ausstellung sollten Sie nur als Möglichkeit der Kontaktaufnahme wie zur Sammlung von Informationen nutzen und nicht, um definitiv vor Ort eine Katze zu kaufen bzw. mitzunehmen. Nutzen Sie die Möglichkeit, zu beobachten, wie die Züchter mit ihren Katzen und mit Züchterkollegen auch in Stresssituationen umgehen.

Jungtiervermittlungsstelle der Vereine

Die meisten Katzenvereine haben eine Jungtiervermittlungsstelle eingerichtet. Dort erfahren Sie, welche Jungtiere, aufgeteilt nach Rassen, zum Verkauf stehen. Adressen über Jungtiervermittlungsstellen erhalten Sie über die Vereine direkt sowie über entsprechende Inserate der Vereine in Katzenfachzeitschriften. Wenn Sie durch die Vermittlung eines Vereines einen Züchter finden, können Sie gewiss sein, dass dieser Mitglied in diesem Verein ist und dass die angebotenen Jungtiere, wenn sie keine Hybriden sind, in der Regel über einen anerkannten Stammbaum verfügen, der durch das Zuchtbuchamt des Vereines nach vorheriger Überprüfung ausgestellt wurde. Über die Qualität des Züchters erhalten Sie hier nicht unbedingt Auskunft, da sich grundsätzlich alle Züchter, die Mitglied des Vereines sind, gegen eine entsprechende Gebühr in die Listen der Vermittlungsstellen eintragen lassen können. Manche Vereine veröffentlichen in ihren mehrmals jährlich erscheinenden Vereinszeitungen so genannte »Wurfkisten«, in denen zu verkaufende Jungtiere angeboten werden. Auch Interessengemeinschaften, welche als Untergruppen eines Vereines zu verstehen sind und sich im Besonderen um die Zucht spezifischer Rassen bemühen, bieten einen Vermittlungsservice mit meist kompetenter Beratung an.

Durch das Deckkaterverzeichnis, das im Anhang der meisten Vereinszeitungen aufgeführt ist, versuchen Züchter ihre potenten Kater zur Fremdverpaarung anzubieten. Auch hierdurch können Sie vielleicht auf einen Züchter stoßen, der die von Ihnen erwünschte Rasse züchtet.

Ein Blick ins Internet

Wenn Sie über einen Computer mit Internetanschluss verfügen, so sollten Sie auch dort einmal nachschauen. Besonders spannend ist das Surfen sicherlich über die Grenzen des eigenen Landes hinaus. Auch wenn Sie nicht unbedingt in die USA reisen wollen, um die Mieze Ihres Herzens zu kaufen, so ist es doch außerordentlich interessant, wie viele Informationen ein Katzenfreund weltweit über Samtpfoten sammeln kann. Eine befreundete Züchterin, die auf der Suche nach einer seltenen Rassekatze war, wurde auf diesem Wege zunächst in Australien fündig und erhielt von der dortigen Züchterin die Anschrift einer belgischen Katzenfreundin, die mit Nachkommen der australischen Katzen eine Zucht aufgebaut hatte. Mittlerweile verfügen schon viele Vereine über einen Internetanschluss. Wie auch immer, dieses neue Kommunikationsmedium sollten Sie, wenn Sie darüber verfügen, auf Ihrer Suche nach der ultimativen Mieze nicht ungenutzt lassen.

Tipps vom Veterinär

Wenn Sie schon ein Haustier haben, kennen Sie sicherlich einen Tierarzt. Tierärzte wissen in der Regel immer über einige Züchter Bescheid, die sie weiter empfehlen können. Durch Vermittlung eines Tierarztes können Sie ziemlich sicher sein, an einen seriösen Züchter zu gelangen. Dies liegt oftmals daran, dass der Tierarzt über den gesundheitlichen Zustand des Zwingers Kenntnis hat und durch Hausbesuche den Haushalt des Züchters beurteilen kann. Er kann Ihnen gegebenenfalls auch sagen, ob es sich bei der von Ihnen ausgesuchten Rasse um eine eher robuste oder anfällige Art handelt und ob sie vom Wesen her zu Ihnen und Ihrer Lebensführung passt. Meine Tierärztin z.B. war überrascht, als sie vor vielen Jahren zum ersten Mal Norwegische Waldkatzen sah. Sie begeisterte sich fortan für diese anpassungsfähige, stressunanfällige, vom Fell her pflegeleichte und gesundheitlich robuste Rassekatze. Ihr Urteil über Rassekatzen, welche sie eher als gesundheitlich anfällig erlebt hatte, konnte sie revidieren und im Laufe der Jahre durch das Kennenlernen vieler verschiedener Rassen differenzieren.

Tipps von Freunden

Wenn Sie Freunde, Bekannte oder Verwandte haben, die mit einem Rassekätzchen zusammenleben und auf ihren Züchter schwören, so können Sie ruhig auch einen Anruf bei diesem wagen, selbst dann, wenn er eine andere Rasse züchtet, als die Sie sich wünschen. Im Laufe eines Züchterlebens entwickeln sich durch den Besuch von Ausstellungen, Vereinstätigkeiten, Züchterseminare und Ähnliches freundschaftliche Kontakte über die Zucht der eigenen Rasse hinaus. Viele langjährige Züchter pflegen Freundschaften zu anderen seriösen Züchtern, selbst wenn diese eine völlig andere Rasse züchten und helfen Ihnen sicherlich bei Anfrage gerne weiter.

Warum in die Ferne schweifen...?

Je nachdem, für welche Rasse Sie sich entschieden haben, kann es notwendig werden, dass Sie weitere Wege für einen Züchterbesuch in Kauf nehmen müssen. Dies gilt insbesondere beim Kauf selten gezüchteter Rassen oder dann, wenn Ihnen die Züchterhaushalte in der näheren Umgebung nicht gefallen. Ich selber war zwei Jahre lang auf der Suche nach einem besonders großen, kräftigen, typvollen, schönen und liebenswerten Norwegischen Waldkater, der eine Bereicherung für die Zucht darstellen sollte. Nach zahlreichen Telefonaten und Briefkontakten mit Züchtern in ganz Skandinavien wurde ich endlich in Dänemark fündig. Durch meinen Besuch dort konnte ich mich von der Qualität des Tieres, seiner Elterntiere sowie über seine Haltungsbedingungen informieren. Zu diesem Zeitpunkt war unser Katerchen erst drei Wochen alt. Als er drei Monate wurde, machten mein Mann und ich uns erneut auf den Weg, um ihn nach Hause zu holen. Ein Jahr später flog mein Mann nach Kopenhagen. Wir hatten uns dort ein hübsches Norwegisches Waldkatzenmädchen ausgesucht. Zum Abholtermin lag in Dänemark besonders viel Schnee und da wir der kleinen Mieze die Strapazen einer zu langen Reise ersparen wollten, flog mein Mann mit dem Katzenkind. Selbstverständlich reiste sie im Personen- und nicht im Gepäckteil mit und durfte während des Fluges sogar auf den Schoß. Dies ist allerdings nur nach vorheriger Absprache mit der Fluggesellschaft möglich, wobei Linienflüge zu bevorzugen sind.

Bevor Sie sich auf eine lange Reise machen, ist es jedoch empfehlenswert, dass Sie sich Fotos der Jungtiere und Elterntiere sowie Stammbäume der Katzen zusenden lassen. Hiermit verschaffen Sie sich einen kleinen Überblick und sehen zumindest, ob die Katzen Ihren ungefähren Erwartungen entsprechen. Selbstverständlich kann ein Foto niemals so aussagekräftig sein, wie die persönliche Inaugenscheinnahme des Zwingers. Von einem Kauf per Foto, was in der Katzenzuchtszene insbesondere beim Erwerb einer Zuchtkatze eher üblich ist als beim Hundekauf, kann jedoch nur abgeraten werden. Das wäre genauso, als wenn Sie sich Ihren Partner per Katalog bestellt hätten. Sind Sie jedoch nach dem Erhalt diverser Fotos oder gar Videoaufnahmen von einem Katzenkind begeistert, wird der Züchter Ihnen in der Regel einen schnellstmöglichen Besuchstermin nennen oder Ihnen einen Kaufvertrag zusenden. Viele Züchter handhaben den Vertragsabschluss per Post dann so, dass sie vom Käufer eine Anzahlung verlangen, die er beim Rücktritt vom Vertrag zur Deckung entstehender, zusätzlicher Kosten einbehält. Kein seriöser Züchter wird den Käufer zur Abnahme eines Jungtieres zwingen, sollte es ihm letztendlich nicht gefallen. Schließlich soll zwischen Mensch und Tier eine Liebe fürs Leben entstehen und keine Pflichtfreundschaft. Dennoch ist es für den Züchter äußerst unangenehm, wenn der Käufer z.B. den Besuchs- oder Abholtermin unter fadenscheinigen Argumenten immer wieder verschiebt und dann irgendwann vom Kaufvertrag zurücktritt. Um Konflikte zu vermeiden, ist es daher immer ratsam, wenn Käufer und Verkäufer sich zuvor kennen gelernt haben. Selbst zahlreiche Telefonate ersetzen nicht den Kontakt miteinander.

Züchter nehmen, wie Sie sehen, zur Bestandsverbesserung einige Umstände in Kauf. Natürlich müssen Sie, um die passende Katze zu finden, nicht gleich ins Ausland fliegen. Dennoch sollten Sie, wenn es nötig erscheint, etwas Mühe nicht scheuen und keinesfalls nur aus Bequemlichkeit das erstbeste Kätzchen kaufen. Um so stolzer und erfreuter werden Sie dann sein, wenn Ihr kleiner Star erst einmal sein Leben mit Ihnen teilt. Kaufen Sie keine Katze ohne diese und den Züchter kennen gelernt zu haben.

Ob diese hübsche Maine Coon aus Amerika nach Deutschland kam? Foto: S. Jansen-Nöllenburg

Warten können

So wie Sie vielleicht für die Mieze Ihres Herzens weite Wege zum Züchter in Kauf nehmen, so kann es vielleicht auch einmal vorkommen, dass Sie bei der Auswahl des richtigen Züchters auf einen stoßen, der zurzeit kein Jungtier für Sie hat, aber bald einen Wurf erwartet oder eine Verpaarung plant. Sollten Sie sich bei diesem Züchter gut aufgehoben fühlen, so ist es ratsam, bei ihm eine Vorbestellung zu tätigen. Ich halte jedoch nichts von so genannten Vorverträgen, die gefertigt werden, bevor die Katzenbabys überhaupt geboren sind, unter anderem, weil derartige Vereinbarungen nicht selten zu Konflikten führen, wenn sich die Erwartungen nicht erfüllen lassen. Besser ist es, sich vom Züchter den ungefähren Wurftermin sagen zu lassen und sich dann einige Tage nach der voraussichtlichen Geburt der Welpen telefonisch über den neusten Stand der Dinge zu informieren und gegebenenfalls dann einen Besichtigungstermin zu vereinbaren.

Überlegen Sie sich vor einer so genannten »Vorbestellung«,

- ob Sie auf eine bestimmte Farbe festgelegt sind oder bei der Auswahl nur Ihr Herz sprechen lassen wollen,
- ob Sie flexibel sind, was das Geschlecht des Jungtieres angeht,
- ob Sie unbedingt bei diesem Züchter kaufen möchten und weiter warten können, wenn kein adäquates Tier zum Verkauf steht, oder
- ob Sie Ihre Strategie dann vielleicht ändern wollen,
- ob Sie unbedingt eine Zucht- und Ausstellungskatze kaufen wollen oder
- ob Sie auch mit einem weniger typvollen Tier glücklich werden können,
- ob Sie auch eine Katze mit einem kleinen Defekt (der die Gesundheit im Allgemeinen nicht belastet, wie z.B. ein Knickschwanz) kaufen würden.

Ratsam ist es, wenn Sie zuvor genannte Faktoren mit dem Züchter Ihrer Wahl besprechen. Konflikte und Missverständnisse lassen sich somit vermeiden. Sollte nicht das Katzenkind Ihrer Wahl geboren werden, weil Sie sich z.B. sehnlichst ein Katerchen wünschen, aber nur Weibchen geboren werden, so geben Sie bitte nicht dem Züchter die Schuld. Sie halten so was sicherlich für absurd und wissen, dass der Züchter keine Einflussmöglichkeit hat. Mir ist es allerdings einmal passiert, dass ein Käufer, der sich ein halbes Jahr auf das gewünschte Katzenkind gefreut hatte, absolut wütend war, weil sein vorbestelltes schwarze Katerchen leider nicht geboren wurde. Geboren wurden »nur« getigerte Katzenkinder. Ich hatte ihm zuvor ausführlich erklärt, dass schwarze Babys »fallen« könnten, dass dies aber in dieser Verpaarung nicht völlig sicher sei. Er beschwerte sich erbost und meinte, ich wäre schuld, dass er sich nun erneut auf die Suche machen müßte und forderte von mir, ihm nun schnell von einem anderen Züchter ein schwarzes Jungtier mit ähnlichem Stammbaum zu »besorgen«, was ich selbstverständlich nicht tat, da ich einen solchen Käufer keinem anderen Züchter zumuten wollte.

Außerdem haben diese Vorbestellungen keinen Vertragscharakter, sondern sind nur Absprachen, an die Käufer und Verkäufer lediglich Höflichkeit und Fairness binden.

Wenn Sie sich zu einem frühen Zeitpunkt ein Katzenkind aussuchen, haben Sie den Vorteil, es in kontinuierlichen Abständen besuchen und seine Entwicklung beobachten zu können.

Üblich ist zwischen Verkäufer und Käufer oftmals, selbst wenn das Kätzchen erst wenige Tage alt ist, einen Kaufvertrag abzuschließen. Ein solches Verfahren gibt beiden Vertragspartnern Sicherheit. Zum einen stimmt der Züchter der Übergabe des Katzenkindes unter Berücksichtigung der Vertragsbedingungen zu einem festgelegten Termin zu, zum anderen garantiert der Käufer die Übernahme des Tieres. Häufig wird vom Käufer eine Anzahlung erbeten, die beim Rücktritt vom Vertrag seitens des Käufers dem Züchter zur Deckung seiner Kosten zusteht. Tritt der Züchter zurück, aus welchen Gründen auch immer, so wird er die Anzahlung zurückgeben und versuchen, den Vertrag in beiderseitigem Einvernehmen zu lösen.

Sollten Sie sich entschließen, ein Jungtier zu kaufen, das erst wenige Tage oder Wochen alt ist, so können Ihnen die meisten Züchter nur die Stammbäume der Elterntiere zeigen. Dies hat zum einen den Grund, dass große Vereine bei der Vielzahl ihrer Mitglieder häufig nicht mehr in der Lage sind, die Stammbäume innerhalb einiger Tage zu erstellen und zum anderen, dass der Züchter zur Beantragung des Stammbaums die Farbe des Jungtieres benennen muss, welche jedoch teilweise erst zu einem späteren Zeitpunkt genau zu definieren ist. Ich übergebe in solchen Fällen zusätzlich zum Vertrag eine Kopie der Stammbaumbeantragung.

Schön ist es, wenn der Käufer frühzeitig ein Foto vom erworbenen Katzenkind oder der Elterntiere erhält. Meine Käufer bringen oftmals beim zweiten oder dritten Besuch eine Foto- oder Videokamera mit. Die Dokumentation des Wachstums des Kätzchens in unterschiedlichen Entwicklungsphasen macht sehr viel Freude und verkürzt die Wartezeit ein wenig.

Worüber sich ein Züchter beim Besuch sehr freut, sind kleine Aufmerksamkeiten, wie ein Blumenstrauß, ein paar Katzenleckereien oder Ähnliches. Natürlich sind solch kleine Gastgeschenke keine Pflicht, vielleicht gehören sie jedoch zur »Kür« und zeigen dem Züchter, dass man es ihm dankt, wenn er seine Zeit für weitere Besuche zur Verfügung stellt und seine Arbeit anerkennt.

Mitleid ist ein schlechter Ratgeber beim Katzenkauf. Foto: S. Jansen-Nöllenburg

Einen seriösen Züchter erkennen

Aus der ersten Regel: Kaufe nie ein Tier aus Mitleid!, ergibt sich folgerichtig die zweite: Kaufe eine Katze nur bei einem seriösen Züchter!

Bei der Vielzahl der Angebote die Spreu vom Weizen zu trennen, kostet schon ein wenig Zeit und persönlichen Einsatz, den Sie dennoch nicht scheuen sollten. Doch was bedeutet eigentlich seriös? Wenn Sie einmal in den Duden schauen, finden Sie dort als Erklärung Begriffe wie: anständig, ernsthaft, ernstgemeint, gediegen und vertrauenswürdig. In diesem Sinne ist ein seriöser Züchter ein Mensch, der seine Ziele zur Zuchtvollkommenheit immer im Zusammenhang mit dem Wohl der Tiere versteht. Das bedeutet, dass neben der Selektion auf äußere Merkmale, um den Kriterien des Standards gerecht zu werden und diesen so nahe wie möglich zu kommen,

Vitalitätssteigerung, Charakterfestigkeit sowie Gesunderhaltung Zuchtbasis sein müssen. Doch nicht nur sein ordentliches Verständnis von Zucht und Tierhaltung macht einen seriösen Züchter zu eben diesem. Er benimmt sich nicht nur den Tieren gegenüber anständig, sondern geht auch mit den Menschen, mit denen er als Züchter ständig zu tun hat, in diesem Sinne um.

Er ist ein Mensch, dem Sie als Käufer Vertrauen dürfen und dieses Vertrauen ist eine der wichtigsten Bedingungen für den Käufer.

Pokale und Schleifen demonstrieren zwar die Ausstellungserfolge der Zuchtkatzen, lassen jedoch auf die Einstellung des Züchters wenig Rückschlüsse zu. Ebenso verhält es sich mit dekorativen, vielleicht beeindruckenden Katzenmöbeln (die Katzen interessiert lediglich die Funktionstüchtigkeit des Möbels und nicht der dekorative Begleitwert mit künstlichem Efeu und Ähnlichem) oder Hochglanzprospekten, mit denen zwar eindrucksvoll Werbung gemacht werden kann, womit jedoch letztendlich nur zum Ausdruck gebracht wird, dass der Züchter in diesem Punkt keine Kosten scheut.

Ich kenne Züchterhaushalte, bei denen ich zunächst das Gefühl vermittelt bekam, es handle sich dort um ein wahres Katzenparadies. Im Gespräch mit den Züchtern erfuhr ich, dass sie ihre Katzen zwar gerne hätten, sich aber problemlos von jungen wie älteren Tieren trennen würden, wenn diese nach kurzer Zeit ihrer Beobachtung nicht den Erwartungen entsprechen oder die gewünschten Ausstellungserfolge erzielen würden. Mit Kastraten belasten sich solche Menschen in der Regel auch nicht. Tiere, die aus den unterschiedlichsten Gründen für die Zucht nicht oder nicht mehr verwertbar sind, müssen weg. Nennt man so etwas Tierliebe? Ist es nicht besser, und das gilt nicht nur für Laien sondern insbesondere für Züchter, wohl überlegt zu kaufen, sich bezüglich der Anzahl der Katzen zu beschränken, anstatt Katzen zu sammeln, die dann gegebenenfalls für die Zucht nicht oder nur bedingt tauglich sind, und sie dann auszusortieren? Bei der Unterhaltung mit derartigen Tierhaltern bekomme ich immer das Gefühl, dass sie Katzen nur als Prestigeobjekte halten und dass der ständige Neukauf von Katzen einen höheren Reiz hat, als das Zusammenleben mit den Tieren sowie die Zucht als solches. In diesen Zuchten wird der Faktor Schönheit als Erfolgsmesser über das Wohlbefinden der Katzen gestellt.

Diese Britisch Kurzhaarkatze macht es sich zwischen gewonnenen Pokalen gemütlich. Wichtig ist für sie jedoch nur, dass ihr Mensch sie liebt.
Foto: Jorzik/Ohlig

Selbstverständlich möchte jeder Züchter gute, dem Standard entsprechende Katzen züchten, sollte er allerdings mal einen »Fehlkauf« getätigt haben, stellt sich die Frage, ob er seine Fehlentscheidung dem Tier anlasten will. Natürlich kommt es hin und wieder leider vor, dass sich verschiedene Katzen eines Bestandes auch bei aller Mühe seitens des Züchters nicht verstehen. Wenn die Möglichkeit der kontinuierlichen Trennung verfeindeter Tiere nicht besteht, ist die Abgabe der Katzen an liebe Menschen, möglichst in Einzelhaltung, unabdingbar.

Ähnlich in Frage stellen kann man die Zucht extremer Rassen, bei denen gesundheitliche Mängel, wie unter anderem das Fehlen von Gliedmaßen, wie dem Schwanz bei der Manx als rassetypische Schönheitsideale konzentriert werden. Durch den § 11 des Tierschutzgesetzes soll die Zucht bestimmter Extreme verhindert werden. Doch wo kein Kläger ist, ist auch kein Richter oder anders ausgedrückt, wo immer noch Käufer für bestimmte Extremtypen zu finden sind, da ist auch ein Absatzmarkt.

Ein seriöser Züchter hat das Herz für Mensch und Tier auf dem richtigen Fleck. Darüber hinaus verfügt er über das entsprechende Wissen, das für eine ordentliche Zucht unabdingbar ist. Dieses Wissen gibt er weiter an Katzenhalter, die ihn um Rat fragen. Zudem versucht er seinen Wissensstand immer mehr zu erweitern, indem er Ausstellungen und Seminare besucht, Gespräche mit anderen Züchtern führt, Fachliteratur liest und sich bemüht, immer auf dem neusten Stand wissenschaftlicher und medizinischer Erkenntnisse zu sein. Grundkenntnisse über Genetik, Verpaarung, Trächtigkeit, Geburtsvorbereitung und Geburt, Jungtieraufzucht, medizinische Prophylaxe, optimale Ernährung und artgerechte Haltung sind nur einige Voraussetzungen, die ein seriöser Züchter beherrschen muss. Seine Hauptaufgabe besteht darin, dass er gesunde, wesensfeste Jungtiere unter Berücksichtigung der Gesunderhaltung der Elterntiere, insbesondere des Muttertieres, züchtet.

Dadurch, dass Sie einen seriösen Züchter unterstützen, schaden Sie einem »schlechten Züchter« und tun sich selber was Gutes.

Alte Hasen oder Anfänger

Außer der Liebe zum Tier braucht ein guter Züchter ebenso eine gehörige Portion Fachwissen und Erfahrung. Langjährige Züchter haben Anfängern in dieser Beziehung meist einiges voraus, aber dennoch dürfen sie sich nicht nur auf dem Erreichten ausruhen, sondern müssen sich durch Fachliteratur, Züchtertreffen, Ausstellungen sowie Vereinsveranstaltungen weiter informieren. Lange Jahre der Zucht sind jedoch nicht unbedingt ein Garant für umfassendes Wissen. Es gibt Katzenhalter, die seit 20 Jahren züchten und noch nicht einmal über ein genetisches Grundwissen verfügen. Andererseits gibt es Jungzüchter, die sich bemühen kontinuierlich dazuzulernen, sich entsprechende Literatur beschaffen, Züchterseminare besuchen und einiges mehr dafür tun, auf dem Laufenden zu bleiben.

Vielleicht werden Sie sich fragen, bei wem Sie am besten eine Katze kaufen sollten – ob bei einem Erstzüchter oder bei einem alten Hasen. Diese Frage lässt sich pauschal nicht so einfach beantworten und ist sicherlich stark abhängig von Ihren persönlichen Ansprüchen. Die emotionale Bindung des Züchters an seine Jungtiere ist sicherlich bei den ersten Würfen besonders intensiv. Ich kann mich noch gut daran erinnern, dass ich bei der Abgabe meiner ersten Katzenbabys immer, trotz sorgfältiger Prüfung der Interessenten, einen Kloß im Bauch hatte. Als ich einmal auf einer Ausstellung in Regensburg (ca. acht Fahrtstunden von unserem Zuhause entfernt) einen kleinen getigerten Kater verkaufte und schon kurz nach der Vertragsunterzeichnung, Stunden vor der Abgabe des Katerchens, mit Tränen in den Augen dastand, kommentierte dies eine alte Perserzüchterin ihrem Mann gegenüber mit den Worten: »Sieh mal Hans, was das Kind sich über das viele Geld freut«. Ich war so fassungslos, dass ich diese Bemerkung bis heute nicht vergessen habe. Nach vielen Jahren der Zucht sehe ich das Ganze nicht mehr so emotional wie früher, obwohl ich immer noch an meinen Katzenkindern hänge.

Etwas souveräner an die Sache heranzugehen kann Vor- und Nachteile haben. Wenn heute einer meiner Katzenkäufer ein Problem mit seinem Tier hat und meinen Rat braucht, so bin ich nicht gleich vor lauter Sorge ebenso von Strang und Nerven, sondern kann aus dem Fundus meiner Erfahrungen einen kompetenten Rat geben und meinen Gesprächspartner in der Regel beruhigen. Eine kontinuierliche Kontaktaufnahme mit jedem einzelnen Katzenhalter ist jedoch heute nicht mehr so oft möglich wie früher, als der Kreis noch kleiner war. Dennoch freue ich mich immer sehr, wenn ich Anrufe oder Briefe und Fotos erhalte.

Da viele alte Hasen beträchtliche Ausstellungs- und Zuchterfolge vorweisen können, nehmen sie Dinge wie z.B. auch das für die meisten aufregende Ausstellungsgeschehen recht gelassen hin. Wenn auch Sie ausstellen möchten, so wird es recht angenehm für Sie sein, einen ruhigen Begleiter an Ihrer Seite zu wissen. Als ich früher mit meiner Mieze zur Prämierung auf die Bühne durfte, so zitterten wir beide. Heute »klemm« ich mir das prämierte Tier unter dem Arm, plaudere auf der Bühne mit den Zuschauern übers Mikrofon und die jeweilige Katze schnurrt dazu. Die Freude über die Anerkennung ist nach wie vor gleich geblieben, doch es gibt neben dem Wunsch zu gewinnen noch andere wichtige Dinge.

Genauso verhält es sich mit der Hebammenhilfe des Zweibeiners bei einer Katzengeburt. Nicht selten handeln Anfänger aus Sorge um die Mutterkatze bei scheinbaren Problemen während der Geburt vorschnell. Wer jedoch etlichen Katzen bei einer Vielzahl von Geburten beigestanden hat, weiß, dass Ruhe die erste Bürgerpflicht ist, was sich oftmals positiv auf das Geburtsgeschehen auswirkt.

Wer züchten möchte, ist sicherlich gut bedient, wenn er bei einem erfolgreichen Züchter kauft, der über Erfahrungen mit der

Nur gute Rassekatzen sollten zur Zucht verwendet werden. Foto: S. Jansen-Nöllenburg

Qualität der Jungtiere aus wiederholten, gleichen oder ähnlichen Verpaarungen verfügt, weil dieser ihm aufgrund vorher gewonnener Erkenntnisse objektiv die Vor- und Nachteile der Jungtiere erläutern kann. Zudem ist er in der Lage, Stammbäume zu lesen, d.h. er kennt die Ahnen verschiedener Stammbäume, deren Vererbungsqualitäten und kann einen Rat darüber geben, welche Linien in der Verpaarung miteinander vermutlich Erfolg bringen könnten. Fest steht, dass etliche langjährige Züchter Katzen/Kater, die z.B. nur noch als Urgroßeltern in Stammbäumen vermerkt sind und auf Ausstellungen nicht mehr zu sehen sind, noch »persönlich kennen« und gegebenenfalls sogar über hilfreiche Informationen und Fotomaterial verfügen. Erstklassige Jungtiere können Sie jedoch bei Neuzüchtern mit Anfängerglück oder solchen mit dem richtigen »Riecher« genauso finden, wie bei den Stars der Züchterszene.

Wie schon zuvor erwähnt, bestätigen Ausnahmen die Regel und es gibt durchaus absolut gelassene und clevere Anfänger mit einer bewundernswerten Portion Wissen, die vielleicht auch mit der Hilfe erfahrener Freunde in Ruhe versuchen, jedes Problem zu lösen sowie qualitativ hochwertige Rassekatzen ihr Eigen nennen und langjährige

Züchter, die die Bezeichnung »Züchter« wenig verdient haben, durchgängig kaum erfolgreich sind und/oder Belastungssituationen selten gewachsen sind.

Je nachdem mit welchem Züchtertyp Sie es zu tun haben, wird er mehr oder weniger kommunikativ sein. Überlegen Sie, ob es Ihnen reicht, bei wichtigen Fragen immer einen guten Rat zu erhalten oder ob Ihnen z.B. auch wöchentliche Plauderstündchen mit Ihrem Züchter wichtig sind. Wenn Ihnen Hilfestellung des Züchters notwendig erscheint, wird ein Züchter mit dem Motto »Aus den Augen, aus dem Sinn« nicht unbedingt der Richtige sein. Fragen Sie den Züchter ruhig, wie er seine, so nenne ich das, »Nachbetreuung« handhabt. Sie können so Enttäuschungen vermeiden.
Wenn Sie züchten möchten, suchen Sie sich einen alten Hasen, der bereit ist, Ihnen mit Rat und Tat zur Seite zu stehen, und einige Anfänger, die all das Neue, was auf Sie zu kommen wird, als genauso beglückend erleben, wie Sie selber.

Anfrage beim Züchter

Ob es sich um einen ordentlichen Züchter handelt, der in liebevoller Gemeinschaft mit seinen Tieren lebt und Zucht als wunderschönes Hobby betrachtet, können Sie feststellen, indem Sie zunächst in einem Telefonat die richtigen Fragen stellen. Durch ein gutes Gespräch ist es Ihnen möglich, zu prüfen, ob Ihre Vorstellungen mit denen des Züchters übereinstimmen.

Durch den späterer Besuch beim Züchter werden Sie sich davon überzeugen können, ob das, was der Züchter Ihnen im Vorgespräch versprochen hat, wirklich stimmt.

Überlegen Sie sich vor dem Gespräch, was Sie alles wissen wollen und erklären Sie dem Züchter Ihre Wünsche. Schildern Sie ihm, wie Sie leben, ob Sie zum Beispiel Kinder haben, schon über Erfahrung im Umgang mit Katzen verfügen, andere Haustieren besitzen, wie Sie wohnen, wie Sie sich das Zusammenleben mit einer Katze vorstellen und warum Sie gerne eine Katze haben möchten. Er kann sich dadurch ein Bild von Ihnen machen und für sich entscheiden, ob Sie für ihn als Käufer in Frage kommen und ob er das passende Tier für Sie hat.

Die persönliche Vorstellung erfolgt also im günstigen Falle vor der detaillierten Befragung des Züchters, die natürlich ebenso wichtig ist. Machen Sie sich deutlich, dass es nicht im Interesse eines seriösen Züchters liegt, seine liebevoll aufgezogenen Jungtiere schnellstmöglich gewinnbringend an den Erstbesten zu verkaufen, sondern, dass er grundsätzlich ein gutes, bleibendes Zuhause für seine Katzenkinder sucht. Begegnen Sie dem Verkäufer mit Freundlichkeit und Höflichkeit und er wird Ihre Fragen gerne ausführlich und unverbindlich beantworten.

Nach der Selbstdarstellung können Sie den Züchter dann fragen, wie alt die Jungtiere sind und zu welchem Zeitpunkt sie ihr Heim verlassen dürfen. Katzenkinder sollten nach Maßgabe der Vereine erst ab einem Alter von zwölf Wochen ihr Zuhause wechseln. Die Zeit zuvor ist enorm wichtig für die soziale Prägung der jungen Katzen. Innerhalb der vierbeinigen sowie zweibeinigen Gemeinschaft lernen die Miezen viele wichtige Dinge für ihr späteres Leben. Außerdem können sie erst mit zwölf Wochen entsprechend geimpft sein.

Erkundigen Sie sich, wenn dies für Sie relevant ist, welche Farbe die Tiere haben, ob der Züchter eher zum Kauf eines Männchens oder Weibchens rät, wie das Temperament und der Pflegebedarf seiner Tiere ist, welche Impfungen er als notwendig erachtet, womit er seine Katzen füttert, ob er Ihnen nach dem Kauf beratend zur Seite steht, wenn Sie Hilfe brauchen und wie er die Tiere hält. Informieren Sie sich darüber, ob die Katzen über einen Stammbaum verfügen. Nur dies garantiert Ihnen die Rasseeinheit.

Sollten Sie Kinder haben, erkundigen Sie sich, ob die Katzen an den doch manchmal lebhaften Umgang mit Kindern gewöhnt sind. Nehmen Sie bei einem späteren Besuch des Züchters Ihre Kinder mit.

Im Rahmen meiner Ratgebertätigkeit für das »Schweizer Katzenmagazin« bekam ich einen empörten Leserbrief einer Familie mit fünf Kindern zugesandt. Immer dann, so schrieben sie mir, wenn sie angaben, wie viele Kinder sie hätten, würden sie gefragt werden, ob sie denn nicht genug Arbeit hätten. Ich riet ihnen daraufhin, sich die Zeitungsinserate genau anzusehen und bei einem Züchter nachzufragen, der, wie es hin und wieder vorkommt, in der Annonce den Zusatz vermerkt: »Katzen sind an Kinder gewöhnt.«

Um sich ein Bild über die Haltungsbedingungen zu machen, lassen Sie sich Auskunft darüber geben, mit wie vielen zuchtfähigen Tieren und Kastraten der Züchter zusammenlebt. Wenn Sie feststellen, dass Ihr Gesprächspartner eine große Anzahl von diversen Zuchtkatzen/Katern gegebenenfalls unterschiedlichster Rassen hält und/oder eine separate Haltung bevorzugt, so können Sie sich erkundigen, wie er dies bewältigt und welche Gründe er dafür hat. Tun Sie dies bitte ohne kritischen Unterton. Es gibt durchaus einige seriöse Züchter, die die Zucht von mehreren Rassen erfolgreich bewältigen.

Bei potenten Katern ist das Separieren, unter anderem um unerwünschte Verpaarungen zu vermeiden, oftmals nötig. Zudem führt das häufige Spritzharnen mancher Kater zu einer derartig intensiven Geruchsbildung, dass das Trennen vom Restbestand, unter Zugabe eines oder mehrerer Artgenossen, manchmal unabdingbar ist. Hier kommt es dann darauf an, wie die Räumlichkeiten, in denen das Tier überwiegend lebt, aussehen und wie viel Zeit der Besitzer mit dem Kater verbringt. Einige Züchter lehnen das Separieren der Kater ab, weil nicht wenige Kater hierunter leiden und ziehen es vor, einen Kater so lange in der Gemeinschaft leben zu lassen, bis das Spritzharnen unerträglich für die menschliche Nase wird. Das Tier wird dann kastriert und an ein gutes, neues Zuhause weiter vermittelt.

Zwischen Kindern und Katzen entwickelt sich unter elterlicher Anleitung eine wunderschöne Freundschaft. Foto: S. Jansen-Nöllenburg

Als Faustregel gilt grundsätzlich, nur so viele Tiere zu halten, wie eine Familie Hände zum Streicheln hat. Es gibt jedoch Züchterhaushalte, in denen zum Beispiel nur ein Partner berufstätig ist und der andere sich begeistert fast ausschließlich um seine Vierbeiner kümmert oder die gesamte Familie diesem Hobby frönt.

Wenn Kater ihr Revier markieren, kommt es zu äußerst unangenehmer Geruchsbildung. Foto: S. Jansen-Nöllenburg

Die Antwort auf die Frage, wie viele Würfe der Züchter jährlich hat, kann Ihnen ebenfalls Auskunft darüber geben, ob es sich um ein Hobby oder um ein Gewerbe (meist nicht angemeldet) des Befragten handelt. Nach den Vereinsstatuten der meisten anerkannten Vereine ist nur eine Deckung pro Weibchen im Jahr (wovon es auch unter gewissen Umständen Ausnahmen gibt) erlaubt. Wenn ein Kater nicht markiert, so lebt er in der Regel mit seinen Menschen und seinem Harem ständig zusammen. Um zu häufige Verpaarungen zu vermeiden, erhalten die Katzen Hormonpräparate und/ oder werden in der Zeit ihrer Rolligkeit von dem Kater getrennt. Dennoch kann es zur unerwünschten Verpaarung kommen und das geht manchmal schneller als der Züchter denkt.

Möglich ist ebenso, dass eine Katze zu schnell nach kurzen Abständen immer wieder deckbereit ist und eine Verzögerung des Deckaktes gesundheitlich bedenklich sein könnte.

Auf speziellen Antrag mit entsprechender Begründung und wenn notwendig einem tierärztlichen Gutachten stellen die Verantwortlichen der Vereine in Ausnahmefällen dennoch Stammbäume mit gegebenenfalls diversen Auflagen aus.

Ab einer gewissen Anzahl von Katzen, ist es ihren Besitzern nicht mehr möglich, sich den individuellen Bedürfnissen der Katzen entsprechend mit ihnen zu beschäftigen. Es ist zudem nicht ausreichend, die Katzen ordnungsgemäß mit Futter zu versorgen und sie ansonsten sich selber zu überlassen. Katzen benötigen die liebevolle Aufmerksamkeit ihres Besitzers. Dies gilt insbesondere für Jungtiere. Sie müssen in der Familie aufgezogen werden. Denn, wenn die soziale Prägung auf den Menschen durch kontinuierliche Zuwendung fehlt, kann dies zu Verhaltensauffälligkeiten, wie z.B. Scheu und Aggressivität führen, die sogar mit viel Mühe und Einsatz schwer zu beheben sind.

Junge Katzen, die getrennt aufgezogen werden, kennen keinen Familienalltag. Ihnen sind Dinge wie Musik, der Lärm des Staubsaugers, das Klingeln des Telefons und Ähnliches absolut fremd. Dass solche Katzen meist eher scheu als zutraulich sind, liegt auf der Hand. Für den Züchter ist eine separate Aufzucht allerdings äußerst »praktisch«. Kleine Katzen machen im Spiel einiges kaputt, schmutzig und zugleich einen Haufen Unsinn.

Die Erziehung zur Reinlichkeit ist bei einem normalen Zusammenleben mit den Katzenbabys erheblich arbeitsintensiver als bei getrennter Haltung.

Wenn, wie es meist notwendig ist, neben den im Bad oder einem speziell dafür vorgesehenen Raum platzierten Katzentoiletten noch die Aufstellung einer zusätzlichen Toilette in unmittelbarer Nähe der

Wie werden wohl die neuen Menschen dieser Katzenkinder sein? Foto: S. Jansen-Nöllenburg

Jungtiere, zum Beispiel im Wohnzimmer, notwendig wird, kann der Züchter davon ausgehen, dass alle Katzen diese Toilette benutzen. Um Geruchsbelästigungen zu vermeiden, wird das Klo ständig gereinigt. Die Katzenstreu, welche in geringen Mengen immer unter den Pfoten der Tiere hängen bleibt, verteilt sich auf diesem Wege durchs ganze Haus. Ebenso muss man mit kleinen Kratzspuren an Tapeten oder Möbelstücken rechnen, so lange die Katzenkinder noch nicht erzogen sind. Stellen Sie bei einem Besuch des Züchters jedoch fest, dass die Wohnungseinrichtung extrem demoliert ist, so lässt dies den Schluss zu, dass sich der Züchter nicht ausreichend seinen Tieren widmet. Ins Auge fällt zudem, dass solche Jungtiere meist scheu sind.

Höflichkeit schadet nicht

Sogar der richtige Zeitpunkt für einen Anruf darf überlegt erfolgen. Anrufe vor neun Uhr morgens und nach neun Uhr abends empfinde ich als unangenehm. Diese Meinung teilen viele Züchter, denn auch ein Züchter hat das Recht auf seine Privatsphäre und seinen wohl verdienten Feierabend. Schließlich hat er, wenn er Katzenzucht nicht gewerblich betreibt, noch einige andere Verpflichtungen wahrzunehmen und braucht zudem neben den vielen Telefonaten, die er führt, wenn er eine Anzeige aufgegeben hat, noch Zeit, sich mit seinen Katzen zu beschäftigen.

Wer mich am Sonntagmorgen zum Beispiel um 8 Uhr oder abends um 11 Uhr anruft, der kann gewiss sein, dass ich ihm vermutlich keine Katze verkaufen würde. Woher soll ich wissen, dass jemand der sich keine Gedanken über den Umgang der Menschen miteinander macht, ein wirkliches Interesse am Wohlbefinden eines Vierbeiners hat? Selbst wenn Ihnen dies ein wenig weit her geholt erscheint, bedenken Sie bitte, dass zwischen Katzenkäufer und Verkäufer ein gewisses Maß an Sympathie vorhanden sein sollte und diese sich gar nicht entwickeln kann, wenn ein Gespräch gleich zu Beginn unharmonisch verläuft. Dass Käufer und Verkäufer sich mögen, ist nicht nur für das erste Gespräch oder den Besichtigungstermin wichtig, sondern insbesondere dann, wenn Sie sich für die Übernahme eines Tieres entschieden haben. Ein guter Züchter wird Ihnen nach dem Kauf mit Rat und Tat zur Seite stehen.

Gespräch vorbereiten

Ein schlechtes Gespräch

Hin und wieder sind Kaufinteressenten aus unterschiedlichen Gründen bei einem Vorgespräch sehr nervös und vergessen all das zu fragen, was ihnen wichtig erscheint. Um solche Fälle zu vermeiden, rate ich Ihnen, sich zuvor alles zu notieren, was Sie wissen möchten.

Hier ein Dialogbeispiel, wie ich es häufig erlebe.

Das Telefon schellt, der Züchter meldet sich:

Züchter: »Schmitz.«

Interessent: »Guten Tag! Hier ist Frau Müller. Bin ich bei Ihnen richtig, haben Sie Katzen?«

Züchter: »Ja.«

Interessent: »Haben Sie noch welche zu verkaufen?«

Züchter: »Ja«

Interessent: »Wie viele haben Sie denn?«

Züchter: »Wie viele hätten Sie denn gern?«

Interessent: »Eine.«

Züchter: »Aha.«

Interessent: »Kann man die auch raus lassen?«

Züchter: »Das kommt ganz darauf an, wie Sie wohnen. Wenn der Freigang für die Katze ungefährlich ist, ist nichts dagegen einzuwenden.«

Interessent: »Was sollen die Katzen denn kosten?«

Züchter: »Zwischen 900,- und 1200,- Mark.«

Interessent: »Das ist aber teuer für eine Katze. Wenn die dann raus geht und nicht mehr wiederkommt ... Ich suche eigentlich nur eine Katze zum lieb haben. Haben Sie so was auch?«

Züchter (mittlerweile leicht entnervt): »Wir geben unsere Katzen nur an Menschen ab, die die Katzen lieb haben.«

Interessent: »Ich brauche ja auch gar keinen Stammbaum. Wird es dann billiger?«

Züchter: »Der Stammbaum einer Rassekatze kostet den Züchter 30,- DM. Wenn Sie möchten, kann ich den Stammbaum gerne abheften und den Preis um 30,- DM reduzieren.«

Interessent: »Ja dann geben Sie mir mal Ihre Adresse!«

Züchter: »Möchten Sie denn einen Termin ausmachen, um bei uns vorbeizuschauen?«

Interessent: »Ja, da muss ich erst noch meinen Mann fragen.«

Züchter: »Ich auch!«

Ein solches Gespräch ist weder für den Züchter noch für den Interessenten erfreulich. Aus einem derartigen Dialog kann der Züchter kein wirkliches Kaufinteresse erkennen und wird sich somit nicht die Mühe machen, den Anrufer umfassend zu informieren, dieser jedoch erhält keine wirklich verwertbaren Informationen.

Stellen Sie sich vor, dass auf ein Inserat im Durchschnitt 20 bis 40 Anrufe pro Tag erfolgen und eine Menge von Unterhaltungen wie beschrieben erlebt werden. Das ist eine echte Strapaze für den Anbieter, der in der Regel in dem Gespräch die Spreu vom Weizen trennt.

Ein gutes Gespräch

Ein Gespräch, über das sich jeder Züchter wohl freuen würde, verläuft wie in folgendem Beispiel:

Das Telefon schellt. Der Züchter meldet sich:

Züchter: »Schmitz.«
Interessent: »Müller. Guten Tag. Ich rufe auf Ihre Anzeige im Stadtspiegel an. Meine Hauskatze ist letztes Jahr im Alter von 17 Jahren verstorben und ich kann einfach nicht ohne Katze leben. Da fehlt mit was. Auch mein Mann und meine Kinder wünschen sich wieder eine Katze. Mein Sohn ist zwölf Jahre und meine Tochter neun Jahre alt. Hätten Sie vielleicht ein entsprechendes Katzenkind für uns? Wir haben uns überlegt, dass wir nun gerne eine Rassekatze hätten.«
Züchter: »Ich glaube schon. Haben Sie denn eine bestimmte Vorstellung, wie ihre Katze sein sollte?
Interessent: »Die Farbe ist uns nicht so wichtig. Die Katze sollte nur lieb und hübsch sein. Wir kennen Norwegische Waldkatzen aus einem Katzenbuch und uns gefällt diese Rasse besonders gut.«
Züchter: »Ich habe noch einen kleinen roten Kater abzugeben und ein getigertes Kätzchen im Alter von zehn Wochen. Bis sie zwölf Wochen alt sind müssen sie aber noch bei uns bleiben. Wissen Sie, die kleinen Katze lernen in dieser Zeit noch viele wichtige Dinge von ihrer Mutter und den anderen Katzen.«
Interessent: »Das ist ja schön, da hätten wir ja noch ein bisschen Auswahl. Und außerdem ist es kein Problem, noch etwas zu warten. Da haben wir dann genügend Zeit, alles Wichtige zu besorgen. Was meinen Sie, was ist denn besser für uns, ein Kater oder eine Katze?«
Züchter: » Da beide Jungtiere sehr lieb und an Kinder gewöhnt sind, ist das eigentlich egal. Beim Kater ist jedoch die spätere Kastration einfacher.«
Interessent: »Wir haben ein kleines Haus mit Garten in einer verkehrsberuhigten Lage. Kann man die Katzen auch nach draußen lassen?«
Züchter: »Ja, das ist eigentlich dann kein Problem. Wenn Sie jedoch Gefahren, die es immer gibt, vermeiden wollen, könnten Sie Ihren Garten auch katzensicher einzäunen oder mit dem Tier an der Leine nach draußen gehen.«
Interessent: »Das ist eine gute Idee. Das muss ich mir mal überlegen. Ein Tier wird ja irgendwann zum Familienmitglied, da will man ja auch nicht, dass vielleicht doch irgend etwas passiert, wenn das Tier unbeobachtet draußen herum läuft.
Wie gesagt, kenne ich Norwegische Waldkatze schon aus einem Buch. Können Sie mir noch etwas über diese Rasse erzählen?«
Züchter: »...« (gibt umfassend Auskunft über die Rasse)
Interessent: »Das war ja eine ausführliche Information. Sie züchten bestimmt schon lange.«
Züchter (erfreut über die Anerkennung seiner Kompetenz): »Ja, ich züchte schon seit 15 Jahren ...« Er berichtet stolz von seinen Ausstellungserfolgen.
Interessent: »Die Babys, die Sie jetzt anbieten, haben bestimmt auch Stammbäume.«
Züchter: »Ja, selbstverständlich. Das ist bei einem seriösen Züchter obligatorisch.«
Interessent: »Darf ich Sie auch fragen, mit wie vielen Katzen Sie zusammenleben?«
Züchter: ... beschreibt bereitwillig seinen Zuchtbestand von der ältesten Mieze bis zur Jüngsten.
Interessent: »Meine alte Katze habe ich nur gegen Katzenschnupfen und Seuche impfen lassen, aber heute gibt es schon viel mehr Möglichkeiten, die Tiere vor Krankheiten zu schützen. Was meinen Sie als Experte denn, welche Impfungen notwendig sind?«
Züchter: ...gibt eine detaillierte Erklärung zur heutigen Impfsituation und seine Einstellung hierzu ab. Er wird darüber informieren, wie seine eigenen Tiere geimpft sind und welchen Impfschutz die Jungtiere erhalten.
Interessent: »Das hört sich alles ja ganz toll an. Dürften wir Sie denn vielleicht heute oder morgen besuchen?«
Züchter: ...vereinbart einen passenden Termin, nennt die Adresse und gibt eine Wegerklärung.
Interessent: »Wie teuer sind denn Ihre Kätzchen?«

Züchter: »Der übliche Preis einer Rassekatze liegt in der Regel so zwischen DM 900,- und 1400,-. So ist das auch bei uns. Man sollte jedoch den Kauf einer Rassekatze nicht von 100,- oder 200,- Mark abhängig machen. Wenn es Ihnen bei uns gefällt, lassen Sie am besten Ihr Herz sprechen. Beim Schmusen und beim Spielen mit den Katzen werden Sie ganz bestimmt schnell merken, welches der Tiere zu Ihnen passt. Bringen Sie ruhig auch Ihre Kinder mit.«
Interessent: »Ja dann bis Morgen. Ich freue mich schon.«
Züchter: »Ich mich auch. Ich wünsche Ihnen eine gute Fahrt.«

In diesem Gespräch wurden viele wichtige, hilfreiche Informationen ausgetauscht. Der Dialog verlief für beide Seiten aufschlussreich, freundlich und angenehm.

Checkliste für eine Züchteranfrage

Selbstdarstellung – erklären Sie:

- Warum Sie anrufen
- Auf welche Quelle Sie sich beziehen (Annonce, Jungtiervermittlung etc.)
- Warum Sie eine Katze möchten
- Wie Sie eine Katzen halten wollen
- Wie Sie wohnen
- Welche Erfahrung Sie in der Katzenhaltung haben
- Ob und wie viele Kinder Sie haben
- Ob und wie viele bzw. welche Haustiere Sie haben

Wichtige Fragen an den Züchter

- Fragen Sie nach der Rasse oder erklären Sie den Grund für Ihr Interesse an der Rasse
- Haben die angebotenen Katzen einen Stammbaum?
- Ist der Züchter Mitglied in einem Verein?
- Wie sind die charakterlichen Merkmale der Rasse?
- Wie sehen die Jungtiere aus, welche Farben haben sie?
- Wie unterscheiden sie sich vom Wesen?
- Ist ein männliches oder weibliches Tier besser für Sie?
- Welchen Charakter haben die Elterntiere?
- Vertragen sie sich mit Kindern oder anderen Haustieren?
- Wie viele Katzen und welche Katzen leben im Bestand?
- Wie werden sie gehalten?
- Gibt es separate Haltung?
- Wenn ja, warum?
- Werden die Jungtiere in der Familie oder getrennt aufgezogen?
- Welche Gesundheitsvorsorgen werden getroffen?
- Wie sind Jungtiere und erwachsene Tiere geimpft?
- Wie müssen die Katzen ernährt werden?
- Welche Pflege ist notwendig?
- Wird ein Kaufvertrag ausgestellt?
- Muss bei Kauf vor Abgabetermin eine Anzahlung geleistet werden?
- In welchem Alter werden die Jungtiere abgegeben?
- Würde der Züchter gegebenenfalls ein Jungtier noch einige Tage länger halten?
- Steht der Züchter auch nach dem Kauf noch bei Fragen beratend zur Seite?

Warum ein Züchter vorsichtig reagiert

Manchmal reagieren Züchter auf allzu viele Fragen vorsichtig und verhalten. Dies liegt vermutlich an einem weit verbreiteten Züchtersport, bei dem sich ein anderer Züchter, aus welchen Motiven auch immer, unter falschem Namen als Kaufinteressent darstellt und nach einem langen, langen Gespräch einen Besichtigungstermin ausmacht, zu dem er natürlich nicht erscheint. Der seriöse Züchter hat dann das Nachsehen, da er diesen Termin gegebenenfalls einem echten Katzenfreund hätte anbieten können. Ein erfahrener Züchter merkt meist jedoch schnell, mit wem er es zu tun hat und durchschaut derartige Praktiken. Eine Züchterkollegin bekam auf eine Anzeige zwölf solcher Anrufe und bestellte alle vermeintlichen Interessenten zur gleichen Uhrzeit. Nur ein Käufer kam und kaufte.

Negativ bewerten die meisten Züchter auch Anfragen von Menschen, die darum bitten, ihnen ein Tier nach Hause zu bringen, ohne dass sie es vorher gesehen haben. Eine 60-jährige Dame rief uns an und erklärte meinem Mann äußerst dominant, dass sie unsere Anzeige gelesen habe und wir sollten doch so freundlich sein, ihr das Tier zum Kölner Bahnhof zu bringen, sie würde es dann dort abholen. Da sie nur ca. eine Stunde von uns entfernt wohnte, fragte mein Mann sie, warum sie uns denn nicht besuchen kommen wollte, so könnte sie sehen, wie die Tiere gehalten werden usw. Sie meinte, dass es ihr unangenehm wäre, aus dem Haus zu gehen. Mein Mann erklärte daraufhin, dass wir keinen Versandhandel für Katzen betreiben und dass sie sich schon ein bisschen Mühe machen müsste, um ein gut aufgezogenes Tier zu erwerben. Damit beendete er die Unterhaltung.

Dringend abzuraten ist auch von Käufen, die ohne Züchterbesuch nur aufgrund eines Fotos getätigt werden. Bei diesen Interessenten hat man das Gefühl, dass sie den Kauf einer Katze mit einem Dienstleistungsunternehmen wie einem Restaurant verwechseln und ihnen die Katze möglichst ohne jeglichen Aufwand auf einem goldenen Tablett serviert wird. Dem Käufer ist von einer solchen Praktik abzuraten, weil er niemals eine Katze kaufen sollte, ohne den familiären Hintergrund zu kennen.

Sobald Sie spüren, dass Sie dem Züchter Ihr wirkliches Interesse vermittelt haben und die »Chemie« im Gespräch stimmt, können Sie noch weitere Fragen stellen. Wenn der Züchter Sie daraufhin fragt, ob Sie ebenfalls Züchter sind, weil Ihre Fragen so spezifisch sind, erklären Sie ihm ruhig, dass sie sich auf das Gespräch vorbereitet haben. Ihm wird gefallen, dass Sie sich so viel Mühe gemacht haben und bereitwillig auf all Ihre Fragen antworten. Entwickeln Sie selber ein Gefühl dafür, ob gegebenenfalls bestimmte Fragen den Rahmen für ein Erstgespräch sprengen könnten.

»Wenn du nett bist, dann komm ich hier raus!«
Foto: S. Jansen-Nöllenburg

Zusatzfragen an den Züchter bei »guter Chemie«

- Seit wann züchtet er?
- Was ist seine Züchterphilosophie?
- Wie häufig werden seine Katzen verpaart?
- Steht der Deckkater (wenn vorhanden) Fremddeckungen zur Verfügung und wenn ja, wie häufig?
- Welche Ausstellungserfolge kann der Züchter verbuchen?

- Wie viel Zeit widmet er seinen Katzen?
- Ist er berufstätig?
- Wie prägt er seine Katzenkinder auf den Menschen?
- Was und wie oft wird gefüttert?
- Welche Streu benutzt er?
- Wie oft wird entwurmt?
- Kann bei frühzeitigem Kauf die Katze besucht werden?
- Besondere Inhalte des Kaufvertrages
- Welche Anschaffungen sind obligatorisch?
- Gibt es gute, empfehlenswerte Literatur über die Rasse?
- Stellt der Züchter in nächster Zeit aus? Kann man ihn dort auch besuchen?
- Wie oft stellt er aus?
- Ist das Jungtier zuchttauglich?
- Hätte es Chancen auf Ausstellungen?

Wenn nach den ersten Fragen kein richtiges Gespräch in Gang kommt, sollten Sie sich gegebenenfalls an einen anderen Züchter wenden oder versuchen, Ihre Gesprächsführung zu ändern.

Egal wie Ihre Gespräche mit unterschiedlichen Züchtern verlaufen, Sie können herausfinden, ob es sich für Sie um die richtige Rasse handelt und ob Sie es mit einem Züchter zu tun haben, der zunächst einmal Ihren Vorstellungen entspricht. Achten Sie darauf, zwischen den Zeilen zu »hören« und Sie werden noch viel mehr erfahren, als Ihnen der Züchter direkt im Gespräch verrät. Bemüht er sich grundsätzlich, Sie in Sachen Katzenkauf zu beraten und gibt er Ihnen sogar einige kritische Denkanstöße (über das eigene Interesse hinaus), so sollten Sie ihm Pluspunkte geben. Denken Sie bei der Selbstdarstellung bitte daran, dass er Sie vielleicht genauso so prüft, wie Sie ihn.

Sollten Sie Ihren Termin beim Züchter aus irgendwelchen Gründen nicht einhalten können, so sagen Sie ihn bitte frühzeitig ab. Schließlich ist ein seriöser Züchterhaushalt kein Supermarkt. Der Züchter hat sich auf Ihren Besuch eingestellt und sollte nicht vergeblich auf Sie warten müssen.

Informationen vor dem Besuch

Wenn Sie, um sich ein breites Bild zu verschaffen oder weil Ihnen der erste Züchter, den Sie besucht haben, nicht gefällt, an einem Tag zu Gast bei unterschiedlichen Züchtern sein werden, so sollten Sie dies dem Züchter mitteilen. Manche Züchter bitten Sie dann, zuvor Ihre Kleidung zu wechseln oder sich vor Betreten des Hauses desinfizieren zu lassen. Damit soll eine Infektion, die eventuell von Haushalt zu Haushalt übertragen werden könnte, ausgeschlossen werden. Halten Sie das bitte nicht für übertrieben. Diese Maßnahmen richten sich weder gegen Sie, noch gegen andere Katzenhalter, sondern dienen lediglich der Prophylaxe. Katzenbabys, die aufgrund ihres Alters noch nicht über ausreichend Impfschutz verfügen sowie keine umfassende Immunität aufbauen konnten, können empfindlich sein. Dieses Vorgehen dient der Gesunderhaltung und dem Schutz der Katzen. Schließlich fühlt sich ein seriöser Züchter seinen Käufern gegenüber verantwortlich und hat die Pflicht, dem Käufer ein gesundes Jungtier zu übergeben. Zeigen Sie hierfür bitte Verständnis.

Dummes Gerede

Sollte Sie erleben, dass ein Züchter schlecht über einen anderen spricht, so lassen Sie sich nicht davon beeindrucken. In der Katzenszene gibt es wie überall ab und zu Neid, Missgunst und Streit. Bilden Sie sich Ihr eigenes Urteil. **Seriöse Züchter haben es nicht nötig, üble Nachrede zu**

Als Katze sollte man sich an bestimmten Tagen möglichst in der Nähe des Telefons aufhalten, damit man all das mitbekommt, was die Zweibeiner uns vielleicht nicht erzählen. Foto: S. Jansen-Nöllenburg

üben, weil ihr Zuchtbestand ohne derartige unschöne Praktiken positiv für sich selber spricht. Das Sprichwort »eine Krähe hackt der anderen kein Auge aus«, trifft gerade in vielen Bereichen der Katzenzucht überhaupt nicht zu. Da hier u.a. neben den Konflikten, die aus unnötigen, starken Konkurrenzkämpfen entstehen, Zweckfreundschaften mit wahren Freundschaften verwechselt werden, kommt es immer wieder zu Streitigkeiten und Missverständnissen, die dann leider in böse Feindschaften umschlagen.

Der Besuch beim Züchter

Nach einem positiv verlaufenen Telefonat, bei dem Sie sich natürlich auch Anschrift und Wegbeschreibung des Züchters notiert haben, kann es losgehen und Sie werden, sobald Sie sich auf den Weg machen vielleicht – und da sind Sie nicht die Einzigen – ein wenig aufgeregt sein. Nehmen Sie sich selber die Aufregung nicht übel. Ihre Gefühle sind völlig legitim. Schließlich sind Sie auf der Suche nach einem Wesen, das viele Jahre mit Ihnen zusammenleben soll. Beim Züchter angekommen, stürzen Sie sich bitte nicht gleich auf die ganze Katzenschar, es sei denn, sie werden von den Tieren, wie es bei uns zu Hause üblich ist, begeistert begrüßt. Manche Katzen brauchen eine Weile, bis sie sich Ihnen annähern. Die beste Möglichkeit des gegenseitigen Kennenlernens besteht in einer behutsamen Annäherung mittels Spiel und/oder späterem Schmusen, sobald die Tiere Vertrauen gefasst haben. Je nachdem, in welchem Alter die Katzenbabys sind, schmusen sie jedoch am liebsten nur dann, wenn sie müde sind. Durch ein interessantes Spiel können Sie die Jungtiere auf sich aufmerksam machen und so Kontakte knüpfen.

Die meisten Züchter nehmen sich ein bis zwei Stunden für Sie Zeit, wenn Sie Ihren Besuch vorher angekündigt haben.

Sie geben Ihnen die Chance, die erwachsenen Katzen sowie die Jungtiere kennen zu lernen, beantworten Ihre Fragen und versuchen, sich ebenso ein Bild über Sie als späterer Tierhalter zu machen. Besonders wichtig für Sie ist es, nicht nur die kleinen Katzen, sondern auch die Elterntiere in Augenschein zu nehmen. Diese geben Ihnen Aufschluss darüber, wie die Kätzchen, wenn sie einmal groß sind, aussehen werden und welche charakterlichen Vorzüge oder Nachteile sie haben könnten. Bei der Beobachtung der Jungtiere können Sie versuchen, deren charakterliche sowie gesundheitlichen Qualitäten zu beurteilen.

Eine wesensfeste Katze ist bei optimaler Haltung zutraulich und nicht scheu. Die meisten Züchter sind der Meinung, dass unsichere Katzen zwar, wenn sie mit einem lieben Menschen zusammenleben, durchaus nette Hausgenossen sein könnten, dennoch aber nicht in die Zucht gehören. Wie der Käufer das für sich entscheidet, ist sicherlich abhängig von seinen Wünschen. Trotz allem Respekt vor der Unabhängigkeit einer Katze, hat der Käufer doch selten Freude an einem Tier, das sich vor lauter Furcht vor der neuen Umgebung und den fremden Menschen wochenlang versteckt hält sowie bei Annäherung aggressiv reagiert.

Zucht hat das Ziel, durch Auslese, neben der Verbesserung der äußerlichen Merkmale, auch die Maximierung der positiven Charakterqualitäten zu fördern. Da jeder Rasse bestimmte charaktertypische Eigenschaften zuzuordnen sind und jede Rassekatze sich als Heimtier eignen sollte, teile ich diese Meinung. Meine Tierärztin meint: »Ein Heimtier ist für mich genau das, was der Name besagt: Ein Tier, welches im Haus leben kann sowie sich problemlos und harmonisch in eine menschliche Gemeinschaft einfügen lässt.« Gegner dieser Form der Selektion meinen, dass das ursprüngliche Wesen der Katze, wie es bei vielen Hauskatzen noch zu finden ist, verändert wird und somit ein nicht wünschenswerter Eingriff in die Natur stattfindet. Da unerwünschte Charaktermerkmale häufig eine Störung der Mensch-Tierbeziehung zur Folge haben, lassen seriöse Züchter der Natur besonders in diesem Punkt selten freien Lauf.

Neben Zutraulichkeit und Verspieltheit macht ein für den Kauf akzeptables Jungtier einen vitalen Eindruck. Gesunde Jungtiere sind vom Gesamterscheinungsbild her munter, zeigen ein sauberes Fell, einen ebensolchen After sowie eine saubere Nase und klare Augen, sind wohl genährt und strömen keinen unangenehmen Geruch aus. Ihre Haut ist frei von Schorf oder Krusten, was auf Pilz- oder Flohbefall hinweisen würde. Auch die Ohren sind sauber ohne schwarze oder braune Ablagerungen, die den Verdacht auf Milbenbefall zulassen würden. Genauso sollte es sich natürlich mit den erwachsenen Tieren verhalten.

Der Haushalt des Züchters muss einen sauberen, gepflegten Gesamteindruck machen, weil ein gewisses Maß an Hygiene für eine gesunde Katzenhaltung und Jungtieraufzucht obligatorisch ist. Das Zuhause eines Züchters ist dennoch ein wenig anders zu beurteilen, als das eines Menschen ohne Tiere. Natürlich lassen sich in einem Heim mit mehreren Samtpfoten hin und wieder auch ein paar Katzenhaarbüschelchen, einige Krümel Katzenstreu, welche die Vierbeiner mit ihren Pfoten durchs ganze Haus tragen, Tischtennisbälle, Fellmäuschen, Sektkorken und ähnliches Spielzeug finden. In einer ordentlichen Zuchtstätte ist herumliegendes Katzenspielzeug nicht nur zu akzeptieren, sondern sogar Pflicht. Interessantes Spielzeug fördert die Entwicklung der Katzenkinder. Genauso gehört zu einem vernünftigen Katzenhaushalt je nach Anzahl der Katzen mindestens ein guter Kratzbaum, dessen Funktionstüchtigkeit die Katzen mehr interessiert als ein hoch modisches Design.

Es ist auch durchaus möglich, dass Sie bei jedem Besuch Ihres Züchters einen Topf auf dem Herd stehen sehen und sich denken, er könnte ja nun auch einmal seine

Geschirrspülmaschine einräumen. Wenn Sie dann glauben, Ihr Züchter wäre unordentlich, kann ich Sie beruhigen. Meist ist es so, dass ein Züchter, der Jungtiere gehaltvoll ernähren möchte, oftmals auch für seine Katzen kocht (wer von uns Zweibeinern will schon immer nur aus der Dose essen?), weil dies der Gesunderhaltung und Entwicklung der Katzenkinder dienlich ist. Außerdem wartet vermutlich das schmutzige Geschirr nur auf die Bereitschaft des elektronischen Helfers, der, bei für die Jungtieraufzucht obligatorischen sechs Mahlzeiten am Tag, mit einer Unmenge an schmutzigen Tellern durchgängig aktiv ist.

Erwarten Sie bitte auch nicht, dass Ihnen der Züchter in seinem besten Outfit die Türe öffnet. Wenn Sie schon mit einer Katze zusammenleben, wissen Sie sicher, wie es nach einem Schmusestündchen mit Mienz und Maunz um Ihre Kleidung bestellt ist. Jungtieraufzucht bedeutet Arbeit über Arbeit. Wer will schon in seinem besten Pullover und seiner schicksten Hose kontinuierlich Fleischbreichen kochen, mit dem Toilettenschäufelchen dastehen, um die »Klos« der Kleinen sauber zu halten, fang die Maus spielen, die Waschmaschinen für die Laken der Wurfkiste bestücken und all das tun, was ein Züchter eben zum Glücklichsein seiner vierbeinigen großen und kleinen Lieblinge eben so zu erledigen hat.

Anders als in der Hundezucht, ist es bei der Katzenzucht unüblich, die Jungtiere sowie erwachsenen Katzen nach draußen zu lassen, obwohl wenige Züchter hin und wieder ihren Tieren diese Möglichkeit bieten. Der **geschützte** Freigang hat den Vorteil, die Immunität der Jungtiere zu stärken, jedoch den Nachteil, dass sie sich, sollte diese Möglichkeit im neuen Heim nicht bestehen, nach etwas sehnen, was sie später vielleicht nicht erhalten können.

Nun berichten mir hin und wieder Käufer von katastrophalen Zuständen bei anderen Züchtern. Diesen Erzählungen schenke ich zunächst einmal nur so viel Glauben, wie

Diese Norwegische Waldkatze durfte nur zum Fototermin in die für sie so gut duftende Wiese. Der unbeaufsichtigte Freigang wäre viel zu gefährlich! Foto: S. Jansen-Nöllenburg

dem Tratsch der Züchter untereinander. Die Vorstellungen von Ordnung und Sauberkeit sind nun mal individuell verschieden (siehe **»Dummes Gerede«**).

Was die Geruchsbildung in einem Tierhaushalt betrifft, ist es auch so, dass das Katzenfutter nicht unbedingt so gut wie ein Rinderbraten duftet. Wer ohne Katzen lebt, der wird, wenn er besonders empfindlich ist, vielleicht auch in einem sehr sauberen Katzenhaushalt einen ganz leichten Geruch wahrnehmen. Extreme, unangenehme Geruchsbildung kann jedoch auf schmutzige Katzentoiletten, verdorbenes altes Futter, Wurmbefall, Durchfall oder andere Krankheiten hinweisen.

Leider ist es aber im Gegensatz zur Hundezucht in der Katzenzucht immer noch so, dass es für die Vielzahl der Vereine noch keinen einheitlichen Dachverband gibt, dem alle Vereine angeschlossen sind und der eine entsprechende Zuchtkontrolle ausführt. (Entsprechende diesbezügliche Verhandlungen der Verantwortlichen der Dachverbände werden zurzeit allerdings geführt). So haben so genannte »Schmuddelzüchter« leider immer noch die Möglichkeit, sollten sie Zuchtverbot in einem Verein, mit der

Konsequenz des Ausstellungs- und Zuchtverbotes sowie der Stammbaumverweigerung erhalten, in einen anderen Verein zu wechseln. Die Vereinszugehörigkeit ist somit leider nicht unbedingt ein Garant für seriöse Zucht. Schwarze Schafe innerhalb der Vereine sind jedoch zum Glück selten.

Ein gesundes Jungtier ist munter, verspielt, nicht scheu und hat ein sauberes Fell sowie klare Augen. Beim Züchter darf es zwar ein klein wenig riechen, aber nicht stinken. Die Katzen leben in familiärer Gemeinschaft und sind entsprechend zutraulich. Der Haushalt macht einen katzengerechten aber nicht verwahrlosten Eindruck. Seien Sie nicht zu pingelig. Regen Sie sich nicht über drei Krümel Katzenstreu auf, die Sie auf dem ansonsten sauberen weißen Fliesenboden entdecken, kümmern Sie sich besser darum, ob die Katzen einen gesunden, zugänglichen und gepflegten Eindruck machen. Prüfen Sie gleichfalls die Atmosphäre im Züchterhaushalt. Überzeugen Sie sich davon, ob der Züchter seine Katzen liebt und beobachten Sie, wie er mit ihnen umgeht.

Beurteilung der Zuchtkatze

Die Bewertung der Queen, des Muttertieres eines Wurfes, gibt großen Aufschluss über die späteren Qualitäten der Jungtiere und über die Haltungsbedingungen, wie z.B. notwendige besondere Betreuung, hochwertige Ernährung etc. Sie können versuchen, die Queen nach verschiedenen Kriterien zu beurteilen.

Beobachtungen vor oder am Anfang der Trächtigkeit verschaffen Ihnen ein Bild über den Typ der Katze (entspricht sie den Maßgaben des Standards, ist sie rassetypisch?), ihre grundsätzliche Kondition und über ihr Wesen als solches.

Schon einige Zeit vor dem Wurftermin wird die Katze ihr übliches Verhalten ändern, sie frisst mehr, ist ruhiger und anschmiegsamer. Weibchen, die stark auf ihren Menschen geprägt sind, suchen mehr als sonst die Nähe ihres Zweibeiners. Kurz vor dem Wurftermin bewegen sich die Tiere oftmals nur noch, wenn es nötig ist. Aktivitäten sind jedoch auch abhängig vom jeweiligen Charakter einer Katze sowie von ihrem allgemeinen Temperament.

Nicoline, eine meiner Zuchtkatzen, fängt z.B. noch kurz vor dem Werfen Fliegen und tollt herum, ohne besonders auf ihre bald besondere Rolle aufmerksam zu machen, währenddessen meine Mimi sich lange Tage vor dem Werfen nur noch bewegt, wenn es gerade nötig ist und sich ansonsten erhaben sowie ihrer besonderen Stellung innerhalb der Katzenfamilie völlig bewusst, genüsslich den Bauch streicheln lässt, den Tag verschläft und von allen anderen vierbeinigen Mitgliedern der Familie Rücksichtnahme erwartet. Manche Katzen zeigen sich ihren Artgenossen gegenüber während der Tragzeit zickig und unfreundlich, andere leben ihre mütterlichen Instinkte aus und überschütten vier- wie zweibeinige Freunde mit einem Übermaß an Liebe und Zärtlichkeit.

Beobachtungen einige Tage nach der Geburt können ganz unterschiedlich sein. Meist sind es die jungen Mütter, die unruhig reagieren, wenn Fremde sich ihren Kindern nähern. Erfahrene Katzenmütter haben gelernt, dass von den Besuchern, die sich mit begeisterten »Oh, wie niedlich«-Rufen über die Wurfkiste beugen, keine Gefahr ausgeht, so lange ihr geliebter Mensch in der Nähe ist. Ein guter Züchter nimmt die Katzenbabys täglich für kurze Zeit aus der Kiste, nicht nur, um sie zu wiegen. Dadurch lernen die Kleinen von Anfang an den Geruch des Züchters kennen und erfahren zudem, die Berührung des Menschen zu schätzen. Auch gewinnen die Babys durch den frühen Kontakt das für ihr späteres Leben so wichtige Vertrauen zum Menschen. Darüber hinaus müssen junge Kat-

Diese Katzendame kümmert sich gut um ihre Jungen. Foto: Bauer

zenmütter akzeptieren lernen, dass sich ihr Mensch ihren Kindern nähern darf. Allzu viel Störung ist allerdings der Harmonie in der Wurfkiste wenig dienlich.

Durch die behutsame Annäherung des Züchters entwickelt sich im Laufe der Zeit zwischen Katzenmutter und Züchter eine Basis, die von entscheidender Bedeutung für die Entwicklung der Jungen ist und auch bezüglich des gegebenenfalls notwendigen Eingreifens unter der Geburt, z.B. zur Rettung eines Babys, unabdingbar sein kann. Je nach Alter der Jungtiere wird selbst eine wesensfeste Mutterkatze Unbekannte misstrauisch beäugen oder etwas nervös werden. Auf das natürliche Schutzverhalten des Tieres sollte immer Rücksicht genommen werden. Kätzchen, die erst wenige Tage alt sind, dürfen von Interessenten zwar in Augenschein genommen, sollten der Mutter jedoch nicht zu lange entzogen werden. Weibchen, die allerdings selbst ihrem Besitzer gegenüber aggressiv werden, wenn dieser sich den Katzenkindern nähern möchte, gehören nicht unbedingt in die Zucht.

Beobachten Sie bereits mehrere Wochen alte Katzenkinder mit ihren Müttern, so wird Ihnen auffallen, dass sich die Muttertiere nicht mehr so besorgt um die Kleinen kümmern. Die natürlichen Aufgaben der Ernährung, der Pflege, des Schutzes und der Behütung werden nach und nach durch andere wichtige Dinge, wie z.B. die der Erziehung und der Vorbereitung auf ein Leben in kätzischer wie menschlicher Gemeinschaft abgelöst. Ab ca. einem Alter von sechs Wochen ist zu beobachten, dass die Katze sich vermehrt dem Spiel mit den Jungen widmet. Besonders interessant ist in diesem Zusammenhang das Beobachten des Spielens mit einer vermeintlichen Beute. Rassekatzen verhalten sich bei diesem Schulungsprogramm ihrer Kinder nicht viel anders als Hauskatzen, denen durch den Freigang die Möglichkeit geboten wird, ein Mäuschen mit nach

Hause zu bringen, nur mit dem Unterschied, dass Rassekatzen keine lebende Beute machen können und nach Ersatz, z.B. einem Bröckchen Fleisch vom Teller ihres Menschen, Ausschau halten. Die Katzen rufen, haben sie Beute gemacht, ihre Kinder mit zärtlichen lockenden Lauten und zerkleinern das Fleisch vor den Augen der Kleinen. Die gleichen Laute gibt übrigens eine Katze ab, wenn sie von einem Freigang nach Hause kommt und ihren Menschen auf ihren Jagderfolg aufmerksam machen will. Weniger sichtbar für den Laien ist die Vermittlung des »Katzenknigges«, wenn Jungtiere lernen, wie sie sich in der Gemeinschaft von Artgenossen zu benehmen haben. Hilfreich bei der Erziehung sind dann auch andere Weibchen eines Zwingers, die auf eventuelle Verstöße gegen allgemein gültige Höflichkeitsregeln mehr oder weniger freundlich und nicht unbedingt so gelassen wie die Mutterkatzen reagieren. Das Erlernen des richtigen Miteinanders ist insbesondere für Katzenjunge wichtig, die später mit Artgenossen vergesellschaftet werden sollen.

Was das Leben wohl bringen mag? Foto: Göcke

Versuchen Sie, die Kondition der Mutterkatze zu beurteilen. Selbst bei bester Ernährung sieht eine säugende Katze meist nicht so gut aus, wie ein Weibchen, das keine Jungen versorgen muss. Hat die Katze jedoch ein sehr stumpfes oder gar verfilztes Fell, macht sie einen ausgemergelten, abgemagerten Eindruck, so sollte Ihnen das zu denken geben. Bei der Beurteilung des Gesamtzustandes der Queen ist allerdings immer auch die Wurfgröße zu berücksichtigen. Je größer die Anzahl der zu versorgenden Jungen ist, um so mehr wird die Katze durch Pflege und Säugen belastet. Auch die Zeitdauer des Säugens wirkt sich auf die Kondition des Tieres aus. Es gibt Weibchen, die ihre Kinder nicht mehr trinken lassen, sobald sie so alt sind (ab ca. der 12. Woche), dass sie sich ausschließlich von festem Futter ernähren können. Andere rufen zur »Stillstunde« selbst noch halbwüchsige Jungtiere zu sich.

Beobachten Sie, wie die Katze sich ihren Jungen gegenüber verhält. Eine kranke oder ausgelaugte Katzenmutter zeigt wenig Interesse an ihren Jungen. Das ist zumeist auch am Pflegezustand der Babys zu erkennen. Der Waschlappen eines Züchters ersetzt niemals die säubernde Zunge einer Katzenmutter. Erfahrene Katzenmütter wissen jedoch ihre notwendigen Ruhepausen zu nutzen. Kommen Zweibeiner zum Spielen, denen sie Vertrauen können, so ziehen sie sich gegebenenfalls auf einen Beobachtungsposten zurück und genießen sichtbar, dass ihnen die doch anstrengende Arbeit einmal abgenommen wird. Sollten Sie jedoch feststellen, dass sich die Zuchtkatze überhaupt nicht um ihre Kinder kümmert, so ist irgend etwas faul! Abgesehen davon, dass die Kätzin krank sein könnte, gibt es zudem Katzen, denen der so genannte Mutterinstinkt fehlt. Solche Katzen gehören keineswegs in die Zucht.

Leider pfuschen Züchter ihren Katzen immer wieder ins »Handwerk«, was zum Teil dazu führt, dass die Weibchen überhaupt keine natürlichen Instinkte entwickeln können. Als ich eines Tages einer jungen Züchterin erlaubte, einer Katzengeburt beizuwohnen, war sie völlig überrascht, als sie sah, dass ich die frisch geborenen Welpen nicht abnabelte und auch nicht sauber machte, sondern die Katze dies selber tun ließ. Sie hatte zuvor gehört, dass so etwas zu den Aufgaben eines Züchters, zum Schutz der Jungtiere sowie zur Entlastung des Weibchens, gehören würde.

Ein weiteres unnötiges Eingreifen ist z.B. eine frühe, übermäßige Flaschenfütterung bei einer Gewichtszunahme um die 8 - 10 Gramm täglich. Da sich die Milchproduktion nach Angebot und Nachfrage regelt, ist eine Zufütterung der Milchbildung keinesfalls dienlich, sondern führt nur dazu, dass sich die Milchproduktion reduziert.

Überbehütung ist ebenso kritisch zu bewerten, wie Vernachlässigung.

Beobachten Sie, wie sich die Mutterkatze den anderen Katzen gegenüber verhält. Sollte die Mieze jeden Artgenossen aus der unmittelbaren Nähe ihrer Jungen vertreiben, so deutet das nicht unbedingt auf ein gutes Sozialverhalten innerhalb der kätzischen Gemeinschaft hin, sondern eher auf eine übersteigerte Dominanz. Den Jungtieren solcher Mütter wird somit die Möglichkeit genommen, innerhalb der Katzenfamilie positive Lernerfahrungen zu sammeln. Außerdem ist es möglich, dass sie durch das schlechte Vorbild später ebenso unsozial gegenüber Artgenossen sind.

Für die Zucht sind Katzenmütter mit einem übersteigerten Dominanzverhalten ein echtes Problem, weil sie den Frieden innerhalb der Gemeinschaft stören und daher häufig während der Jungtieraufzucht separiert werden müssen. Je nachdem, welche phänotypischen wie genotypischen Qualitäten eine Zuchtkatze besitzt, wird dies jedoch gegebenenfalls in Kauf genommen, zudem sich ein solches Verhalten lediglich vererben kann, aber nicht muss. Durch ein entsprechendes Einwirken des Züchters kann zudem vermieden werden, dass die Jungen ein derartiges Verhalten adaptieren. Sie sehen, dass die Einflussnahme des Züchters, das Erziehungs- und Pflegeverhalten des Muttertieres sowie genetische Dispositionen von entscheidender Bedeutung für die Prägung sowie den Charakter der Jungtiere sind.

Beurteilung des Deckkaters

Da Deckkaterhaltung äußerst kosten- und zeitintensiv sowie zudem nur unter entsprechenden räumlichen Möglichkeiten machbar ist, verfügt längst nicht jeder Züchter über einen eigenen Zuchtkater. Auch zur Bestandsverbesserung nutzen Züchter den Weg der Fremddeckung, indem sie einen anderen Kater suchen, der vielleicht besser zu ihrer Katze passt als der eigene. Die Gelegenheit, einen fremden Kater zu frequentieren, wählt ein Züchter auch dann, wenn er ein Jungtier aus eigener Zucht behalten und spätere Inzucht vermeiden will.

Lebt der Vater der Jungen nicht im Hause des Züchters, so sollten Sie als Käufer sich zumindest dessen Stammbaum sowie Fotos zeigen lassen, um sich ein besseres Bild machen zu können. Ein seriöser Züchter wird Ihnen gerne berichten, warum er gerade diesen und nicht einen anderen Kater für seine Katze ausgewählt hat.

Die Suche nach dem optimalen Kater planen Züchter oft schon lange Zeit vor dem eigentlichen Decktermin. Katzenausstellungen werden besucht, Kataloge gewälzt, Gespräche mit dem Verein geführt, Empfehlungen von Richtern und Züchterkollegen gesucht, Stammbäume gelesen, Telefonate im In- und Ausland geführt und zahlreiche Vergleiche angestellt.

Die soziale Prägung ist entscheidend für ihre Zukunft. Foto: Bauer

Hat man endlich den vom Phänotyp und eventuell von der Farbe passenden und kleine Fehler regulierenden, gegebenenfalls die eigene Zucht verbessernden Kater gefunden, so sollte dieser zudem noch vom Genotyp, von seinen Vererbungsqualitäten, den Ahnen her und sogar zur Blutgruppe der Katze passen.

Da kein Mensch, der seine Katze gern hat, sie ohne weitere Bedenken in fremde Hände geben möchte, muss dann noch die Chemie zwischen Katzenbesitzer und Deckkaterhalter stimmen. Dies ist nicht nur von schlichter Sympathie abhängig, sondern auch von der beurteilten Kompetenz des anderen Züchters, seiner Züchterphilosophie, seinen Zuchterfolgen sowie seiner Deckkaterhaltung während der Paarungszeit.

Oftmals entwickeln sich hierüber Freundschaften, von denen auch der Käufer profitiert. Möchte auch er z.B. später einmal züchten, so steht ihm meist nicht nur der Jungtierverkäufer, sondern im günstigsten Falle auch der Katerhalter beratend zur Seite. Leider ist es manchmal auch so, dass Anfänger zu Beginn von allen möglichen Züchtern bestürmt werden. Nicht immer steckt der Wunsch zu helfen und zu informieren dahinter. Vielfach treibt sie die Hoffnung, dem, der schon eine Katze oder einen Kater hat, auch noch etwas verkaufen zu können oder den eigenen Kater für eine spätere Deckung anzupreisen. Manch einer scheut in diesem Zusammenhang nicht, den Züchter des Jungtieres zu kritisieren und die Qualität des Tieres zu beanstanden. Sollte Ihnen dergleichen widerfahren, so dürfen Sie sich keinesfalls verunsichern lassen. Stehen Sie zu Ihrem Züchter, verteidigen Sie ihn wenn nötig und nehmen Sie Abstand von jenen , die nur ihren eigenen Vorteil sehen.

Lebt der Kater in der Familie des Züchters, so sollten Sie Ihr Augenmerk nicht nur auf sein Äußeres richten, sondern sich über die Haltungsbedingungen des Katers infor-

Dieser imposante Kater steht nur selten fremden, gesunden, ausgesuchten Katzendamen zur Verfügung. Er hat das Glück, nicht separiert leben zu müssen. Foto: S. Jansen-Nöllenburg

mieren. Wie schon einmal erwähnt, gibt es Kater, die derart häufig spritzharnen, um ihr Umfeld zu markieren, dass es aufgrund der dadurch entstehenden Geruchsentwicklung kaum machbar ist, ihn ständig in der Gemeinschaft leben zu lassen. Bei einer separierten Haltung ist es jedoch besonders wichtig, dass der Kater in ordentlichen Räumlichkeiten sowie mit Artgenossen lebt. Der Züchter hat die Pflicht, zur seelischen Gesunderhaltung des Tieres sich viel mit diesem zu beschäftigen. Gerade potente Kater sind sehr anhänglich, verschmust und brauchen ein hohes Maß an Zuwendung.

Unabhängig davon, ob das Tier in der Gemeinschaft lebt oder getrennt gehalten wird, bedeutet das Zusammenleben mit einem potenten Kater extrem viel Arbeit für den Züchter. Hin und wieder haben Deckkaterhalter das besondere Glück, dass ihr Kater kaum oder gar nicht markiert. Unser Kater spritzt in der Regel nicht, es sei denn, eines seiner Weibchen aus dem Harem ist rollig und ihm ist der Zugang verwehrt, weil wir keine Deckung wünschen. Werden Jungtiere geboren, markiert er mit seinem Geruch die Wurfkiste samt Inhalt als sein Eigen. Ich nehme es in dieser kurzen Zeit in Kauf, ständig mit einem speziellen Reinigungsspray seine Duftmarken zu beseitigen und lebe damit, dass es kurzfristig auch bei uns einmal etwas würzig riechen kann, was durch eine gute Hygiene allerdings meist vermieden wird. Besonders angenehm ist mir das sicherlich nicht, ich nehme dies jedoch hin, da es mir unerträglich wäre, meinen Haremschef einzusperren.

Züchter, die mehr als einen potenten Kater besitzen, trennen zumindest diese häufig voneinander, weil sie ein verstärktes Markierungsverhalten sowie Rivalitäten befürchten. Eine meiner Freundinnen hält drei aktive Kater zusammen mit ihren Damen und das Zusammenleben funktioniert prima. Ungeplante Verpaarungen geschehen selten und sie nimmt sie zum Wohlbefinden ihrer Kater gelassen hin. In kleine Auseinandersetzungen hat sie sich nie eingemischt und den Tieren so die Chance gegeben, ihre Rangordnung unbeeinflusst untereinander zu klären. Diese Einstellung ist natürlich nicht jedermanns Sache. Das Befinden ihrer Tiere über den züchterischen Ehrgeiz zu stellen, muss nicht unbedingt schlecht sein.

Ob Sie lieber Ihr Jungtier bei einem Züchter kaufen, bei dem es hin und wieder ein wenig nach Kater riecht oder bei einem, der eine getrennte aber dennoch ordentliche Haltung bevorzugt, bleibt Ihrem eigenen Urteil und Gefühl überlassen. Fest steht, dass die Art und Weise, wie ein Züchter seine/n Kater hält, viel Aufschluss über seine Züchterphilosophie gibt.

Wie sehen die Kinder des Katers aus?
Besonders interessant dürfte für Sie auch die Beobachtung anderer Nachkommen des Katers sein. In der Zucht gilt grundsätzlich die Regel, dass ein Kater nahezu fehlerfrei sein muss, weil er im Vergleich zu den Weibchen der erheblich größere Vererber ist. In diesem Sinne sollte er als Multiplikator betrachtet werden. Außerdem prägt er das Bild, das Gesicht einer Zucht. Unser Kater ist im Alter von 8 Jahren in zahlreichen Stammbäumen als Vater, Großvater, Urgroßvater und sogar Ururgroßvater verewigt. Ich freue mich immer sehr, wenn auf Ausstellungen mir zuvor nicht bekannte Züchter begegnen, die mir in ihrem Stammbaum zeigen, dass mein Kater dort als z.B. Opa registriert ist. Oftmals ist es so, dass ich Katzen oder Kater entdecke, die den meinen – mit natürlich kleinen, individuellen Nuancen – wie »aus dem Gesicht geschnitten« sind. Beim Nachfragen zeigt sich dann, dass mein Kater oder eines meiner Weibchen ein Vorfahr dieses Tieres ist. Das ist natürlich nur dann der Fall, wenn das Erbgut stabil ist und wird selbstverständlich durch eine gewisse Linienzucht verstärkt.

Vielleicht sogar noch wichtiger als das äußere Erscheinungsbild eines Katers ist sein Charakter. Dieser wird von Umweltfaktoren genauso geprägt, wie von seinem Erbgut. Leider wird in der Katzenzucht auf die Vererbung charakterlicher Qualitäten noch nicht so viel Wert gelegt, wie in der Hundezucht. Einen guten Überblick über die Eigenschaften des Katers erhalten Sie, indem Sie ihn im Umgang mit seinen Jungen beobachten. Viele Kater, die mit ihren Kindern zusammenleben, behandeln sie zärtlich, putzen sie und spielen mit ihnen, je nach Temperament.

Ein wesensfester Kater muss stressunanfällig und freundlich sein. Aggressivität und Scheu vererben sich meist und die Qualität der Jungtiere lässt dann zu wünschen

Wird aus einem kleinen Katzenkind einmal ein so prächtiger Kater, kann der Züchter zu Recht stolz darauf sein. Foto: Kardach

übrig. Unsere geliebten Feld-Wald-und-Wiesen-Katzen dürfen so kapriziös und schwierig sein wie sie wollen, dafür lieben ihre Besitzer sie nicht weniger. An einen Deckkater als Rassetier werden jedoch ganz andere Ansprüche und Voraussetzungen gestellt. So wird sich z.B. ein aggressiver oder ängstlicher Kater auf Ausstellungen oder wenn Interessenten zu Besuch kommen, kaum wie gewünscht präsentieren lassen. Außerdem wird nie garantiert sein, dass er fremden Weibchen, die zum Decken kommen, mit der Freundlichkeit und dem Charme begegnet, die für eine erfolgreiche Verpaarung notwendig sind.

Sie sehen, dass die Beurteilungen der Eigenschaften eines Katers wichtiger sind, als man gemeinhin annimmt. Sollte die Haltung des Katers kritisch zu bewerten sein, so können Sie gewiss sein, dass der Züchter auch in anderen Dingen nicht unbedingt Ihren Vorstellungen entspricht.

Züchter sucht Zuchtkatze

Für Züchter wie für Liebhaber gelten alle zuvor genannten Kriterien gleichermaßen. Dennoch müssen Sie, wenn Sie zu den Katzenfreunden gehören, die einmal züchten möchten und auf der Suche nach einer den Anforderungen entsprechenden Katze sind, auf einiges mehr achten, als Sie sich vielleicht vorstellen können. Wenn Sie glauben, man nehme nur eine hübsche Katze und einen netten Kater, lasse diese Hochzeit feiern und schon erhalte man exzellente Jungtiere, dann können Sie in Ihre Überlegungen gleichzeitig das Lehrgeld, das sie zahlen werden müssen, mit einplanen.

Ulrich Klever definiert das Problem »von Trugschlüssen in der Zucht« noch weiter: *»Vererbung, das ist mehr als das Addieren der elterlichen Eigenschaften nach der Überlegung: Wenn man zwei gute Tiere miteinander paart, muss ihr Nachwuchs gut + gut = sehr gut sein. So einfach geht das in der Natur nicht. Das Unfeine am Siegerblut ist, dass es in der Zucht nicht so wirksam wird, wie wir es gerne hätten. Da denkt man schlicht, das Blut, ein besonderer Saft, sei der Träger von Erbanlagen (= Blutlinien) und mischt und addiert (ein Achtelchen Blut von da, ein Viertel aus den USA) auf dem Papier Blut- und Zuchtlinien, die in der Praxis überhaupt (so) nicht stimmen. Denn Erbanlagen mischen sich nicht wie Flüssigkeiten, sondern in etwas wie verschieden farbige Kugeln, die selbst immer sie selbst bleiben, wie man sie auch mischen mag. Nur ab und zu gibt es neue Kombinationen und Verknüpfungen.«*

Selbst der, der diese Beschreibung Klevers als etwas zu vereinfacht empfindet, wird zugeben, dass die Vorstellungen von Zucht oftmals zu simpel sind. Dennoch geht Klever in seinem Modell wenigstens davon aus, dass der, der Katzen züchten will, sich mindestens ein bisschen Gedanken über das Erbgut seiner Katzen macht. Das ist jedoch nicht genug!

»Eine der wichtigsten Grundregeln der Vererbungslehre lautet, dass sich das Erscheinungsbild (Phänotypus) eines Lebewesens aus seinem Erbbild (Genotypus) und den umweltbedingten Veränderungen (Modifikation) zusammensetzt. Das Erbbild ergibt sich aus der Summe aller von den Vorfahren übernommenen Anlagen (Gene), während unter Umweltbedingungen sowohl Nahrung und Klima als auch Lebensweise (Haltung) zu verstehen sind. Was daher bei Katzen während der ersten entscheidenden Monate der Entwicklung geschah oder versäumt wurde, lässt sich später kaum noch nachhaltig korrigieren. Bereits im Augenblick der Zeugung wird das keimende Leben durch bestimmte äußere Gegebenheiten beeinflusst. Selbst die momentane körperliche Verfassung der Eltern spielt dabei eine wesentliche Rolle. In den folgenden Wochen beeinflussen Ernährung, Pflege, und psychische Verfas-

sung der tragenden Kätzin die Entwicklung der Embryonen.« (Dagmar Thies, Rassekatzen züchten)

Typvolles British Shorthair-Kind. Foto: Jorzik/Ohlig

Was vor der Anschaffung eines Haustieres im Allgemeinen gilt, ist insbesondere beim Erwerb einer späteren Zuchtkatze von besonderer Bedeutung. Der gewissenhaften Prüfung der eigenen Motivation sollten Sie sich als gegebenenfalls zukünftiger Züchter nicht entziehen. Fragen Sie sich, warum und was Sie züchten wollen und prüfen Sie in diesem Zusammenhang genauso Ihre Wünsche, Vorstellungen sowie Möglichkeiten. Die Faktoren Raum, Zeit und Geld spielen bei der Beurteilung der eigenen Fähigkeiten, neben der Liebe zum Tier und der Freude am Hobby, eine spezielle Rolle.

In den letzten Jahren schießen Katzenvereine wie Pilze aus dem Boden. Im näheren Umkreis eines Katzenzüchters werden pro Wochenende oftmals gleich mehrere Ausstellungen angeboten. Die Anzahl der Rassekatzenhalter nimmt stetig zu. Gerade durch die breite Angebotspalette alter und neuer Rassen sowie zahlreicher Farbschläge, scheint es für den Katzenfreund immer leichter die Traummieze zu finden, die er sich wünscht. Wer erst einmal Besitzer einer wunderschönen kleinen Rassekatze ist, dem kommt schnell der Gedanke, es seinem Züchter gleichzutun und, wenn nicht gar kontinuierlich, mindestens ein einziges Mal mit seinem vierbeinigen Liebling einen Wurf zu machen.

Da Sie sicherlich nicht zu den Leuten gehören, die mit einer Katzenzucht die schnelle Mark machen wollen, sondern Katzenzucht als das Leben bereicherndes Hobby betrachten, lassen Sie uns doch mal einige Dinge überlegen, die auf Sie als Züchter zukommen würden.

Haben Sie ein Zuchtziel?

Nur die Zucht mit exzellenten, dem Standard so weit wie möglich entsprechenden Katzen bringt den Erfolg, der sich jeder seriöse Züchter wünscht. Bedenken Sie bitte, dass es eine Vielzahl von heimatlosen Katzen gibt. Zucht hat nur dann eine Berechtigung, wenn sie unter anderem ein entsprechendes Ziel verfolgt. Dies muss unter Berücksichtigung gesundheitlicher Faktoren zumindest die Verbesserung einer Rasse, im Sinne der Rasse, nach Maßgabe der durch die Vereine weltweit festgelegten Standards (Rassebeschreibung), sein.

Wenn Sie sich erst seit kurzem mit dem Thema Zucht beschäftigen, so haben Sie sicherlich noch keine konkreten Vorstellungen davon, was Sie wirklich wollen. Das geht fast jedem Anfänger so. Indem Sie sich qualifizierte Literatur beschaffen, Ausstellungen, andere Züchter sowie Seminare besuchen, können Sie Ihren Blick für das Wesentliche schärfen, Varianten entdecken, unterscheiden lernen, Fehler und Vorteile einer Katze erkennen und das für jede Zucht notwendige »Handwerkszeug« erlernen.

Meine erste Vereinsvorsitzende Elfriede Hombach, die mich in den Anfängen meiner Zucht unter ihre »Fittiche« nahm und mir Grundlagenwissen vermittelte, sagte des öfteren schmunzelnd bei den vielen Fragen und Problemen, mit denen sie bestürmt wurde: *»Züchter werden, das ist leicht. Züchter sein dagegen schwer.«* Je länger ich züchte, um so mehr weiß ich, wie sehr sie recht hatte. Wenn Sie erst ein oder zwei Jahre züchten, so haben Sie, wenn Sie am Zuchtgeschehen wirklich interessiert sind, schon meist erheblich mehr Wissen gesammelt als Liebhaber. Hüten Sie sich jedoch vor allzu viel Arroganz, denen Anfänger (ich spreche aus Erfahrung, schließlich war ich selber mal Anfänger) leicht anheim fallen. Zum einen sind Sie dann für weitere Erfahrungen und Erkenntnisse nicht mehr offen genug, zum anderen fallen Sie damit den Leuten, die schon viele Jahre züchten und mittlerweile erkennen mussten, dass sie trotz einer gehörigen Portion Wissens täglich immer noch dazu gewinnen, gehörig auf die Nerven. Was dazu führen wird, dass diese keine Motivation mehr haben, Ihnen weiterzuhelfen.

Auch wenn sich Ihr Zuchtziel und Ihre Vorstellung von Zucht im Laufe der Jahre vermutlich ändern wird, müssen Sie genau überlegen, wie die Jungtiere aussehen sollen, denen Sie Ihren Zwingernamen geben. Lassen Sie sich von Ihrem Züchter beraten und diskutieren Sie offen über Vor- und Nachteile. Seien Sie bei Ihrer Zielsetzung realistisch, Sie schützen sich so vor Enttäuschungen.

Glauben Sie, dass Katzenzucht ein lukratives Hobby ist?

Sie ist es nicht! In einer ordentlich geführten Kleinzucht kann der Züchter hin und wieder durch den Verkauf seiner Jungtiere die Ausgaben seines Hobbys decken. Dies gelingt jedoch meist nur langjährigen, erfolgreichen Züchtern, die über einen festen Kundenstamm verfügen. Wenn ich den Begriff »Geschäft« für dieses exklusive Hobby einmal benutzen darf, so ist es keinesfalls ein Gewinn bringendes, sondern durchgängig ein »Zusatzgeschäft«. Kosten über Kosten entstehen dem Züchter, wenn er seine Zucht seriös betreibt. Nicht umsonst lag die Zucht von Katzen und Hunden in früheren Zeiten in den Händen des wohlhabenden Bürgertums und insbesondere des Adels. Doch wer will schon die Kosten aufrechnen und eine Gewinn- oder Verlustrechnung machen, bei einem Hobby, das einem so viel Freude schenkt.

Die Züchterin Dagmar Thies stellte die Frage: »Lässt sich mit Katzenzucht Geld verdienen?« und beantwortete sie so: *«Unter Geld verdienen ist zu verstehen, dass einem Züchter nach dem Verkauf seines Katzennachwuchses zu einem angemessenen, zugleich als Lebensversicherung für die Jungkatzen gedachten Preis ein genügend großer Überschuss verbleibt, der geeignet ist, zum eigenen Lebensunterhalt beizutragen. Diese Rechnung geht aber nicht auf. Mit finanziellen Gewinnen lässt sich die Katzenzucht auf tierschützerisch-legalem Wege niemals realisieren.«*

Haben Sie genug Zeit?

Dass ein Tierhalter grundsätzlich mit seinem Tier ausreichend Zeit verbringen sollte und es nicht vernachlässigen darf, steht außer Frage. Doch wie sieht es mit dem Zeitaufwand aus, den ein Züchter betreiben muss? Anders als bei zahlreichen anderen Freizeitvergnügen, wird ein guter Katzenzüchter sich seinem Hobby fast rund um die Uhr widmen. Sollten Sie berufstätig sein und mehr als acht Stunden täglich außer Haus sein, so ist eine Betätigung als Züchter für Sie keinesfalls sinnvoll. Dies liegt nicht daran, dass Ihre Katzen, insbesondere dann wenn sie mit Artgenossen zusammenleben, darunter leiden werden, wenn Sie für einige Stunden das Haus verlassen möchten oder müssen. Doch an einen Züchter werden ganz andere Ansprüche als an einen einfachen Tierhalter gestellt. Diese ergeben sich aus der entstehenden zusätzlichen Arbeit sowie aus der besonderen Verantwortung heraus. So hat z.B. in einer guten Mensch-Tierbeziehung die Katze eine besonders starke emotionale Beziehung zu ihrem Zweibeiner aufgebaut. Dies führt dazu, dass die Katze kurz vor und genauso während der Geburt ihrer Jungen die kontinuierliche Zuwendung ihres Menschen wünscht. Zwar ist der Geburtstermin bei notierten Deckdaten leicht zu errechnen (ca. 63 bis 67 Tage nach der Deckung innerhalb eines Zeitraumes der Rolligkeit von ca. 3 bis 5 Tagen, wobei der Tag der Aufnahme nicht immer sicher feststeht), dennoch variiert er meist mindestens um 5, wenn nicht sogar 10 Tage bzw. Nächte. Das hat für den seriösen Züchter zur Folge, dass er das Haus kaum verlassen darf und sich bei Bedarf sogar nachts der Katze fachkompetent und zärtlich widmen muss, mit dem Ziel, Gefahren, die unter einer Geburt für Mutterkatze und Jungen entstehen könnten, zu mindern, wenn nicht gar zu verhindern. Züchter, die ihre Katzen in dieser Zeit unbeaufsichtigt lassen, sind verantwortungslos!

Sind die Jungen erst geboren, werden die zweibeinigen Katzeneltern durch vielfältige Aufgaben, je nach Alter der Welpen, auf Trab gehalten. Tägliches Wiegen, Reinigen der Wurfkiste und der Toiletten, Waschen der Babyausstattung (Laken etc.), die Fütterung von sechs hochwertigen Mahlzeiten pro Tag, gegebenenfalls Flaschenfütterung und Darmmotivation alle zwei bis drei Stunden, Entwurmungen, Spielen, Schmuseeinheiten verteilen, Tierarztbesuche, Stammbaumbeantragungen, Aufgabe von Zeitungsinseraten, Gespräche mit Kaufinteressenten, Besuche der Interessenten und vieles mehr gehören zu den Arbeiten eines Züchters, der Jungtiere zu betreuen hat.

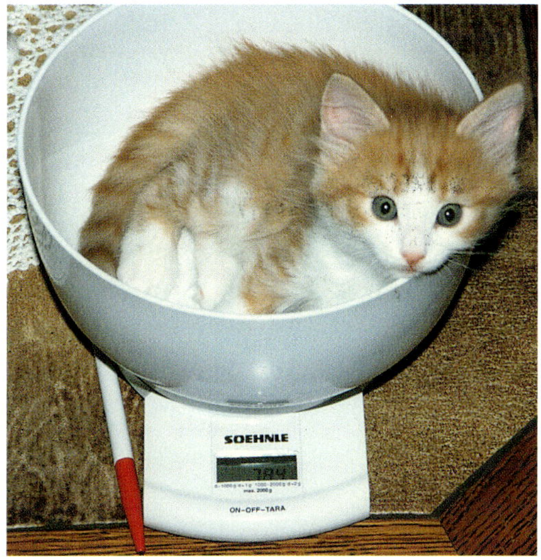

Regelmäßiges Wiegen der Jungtiere gehört zu den obligatorischen Aufgaben eines Züchters.
Foto: Bauer

Recherchieren Sie, wie viel Freizeit Sie bereit sind, in eine Zucht zu investieren. Wenn Sie berufstätig sind, sollten Sie prüfen, ob es Ihnen möglich ist, einen guten Teil Ihres Urlaubs für Geburt, Geburtsvorbereitungen, Jungtieraufzucht und all die Arbeiten die sonst noch auf Sie zukommen können, zu »opfern«.

Haben Sie starke Nerven?

Einerseits macht die Aufzucht junger Katzen enorm viel Spaß, andererseits ist sie hin und wieder auch nicht wenig stressig. Jungtiere brauchen zur positiven Entwicklung den kontinuierlichen Kontakt zu Menschen. Durch das Spielen und Schmusen mit dem Menschen werden sie sozialisiert und geprägt. Bei einer Isolationsaufzucht, die zunächst weniger kosten- und arbeitsintensiv scheint, fehlen den jungen Katzen die nötigen Erfahrungen, die die Tiere in einer Familienaufzucht zwangsläufig machen. Getrennt aufgezogene Jungtiere reagieren zumeist ängstlich auf Geräusche, haben mangels Kontakten mit anderen adulten Samtpfoten keine Interaktionsmöglichkeiten und somit zu wenig Kenntnisse im Umgang mit Artgenossen sammeln können, was sich auf spätere Sozialisierungen häufig negativ auswirkt. Sie sind aufgrund der Reizarmut meist nicht besonders intelligent, weniger selbstbewusst und meist scheuer als liebevoll in der Familie aufgezogene Katzenkinder.

Wer eine separate Haltung ablehnt und mit seinen Jungtieren zusammenleben möchte, der muss allerdings schon einige Abstriche machen, was seine Wohnqualität angeht. Zum Schutz der Jungen, die alles daran setzen, ihre Umwelt zu erforschen, gehören sämtliche zerbrechlichen dekorativen Gegenstände in den Schrank gestellt oder aus der erreichbaren Nähe der Kleinen weggeräumt. Zusätzlich muss der Züchter in Kauf nehmen, dass das Wohnumfeld, seien es Möbel, Tapeten und Ähnliches, durchaus ein wenig belastet wird, mit der Konsequenz, dass, wenn er nicht im Chaos leben möchte, »einfach« die Zeit und Mühe aufbringen muss, die Kleinen zu erziehen sowie lädierte Möbel hin und wieder durch neue, hochwertige, unempfindliche und pflegeleichte zu ersetzen.

In diesem Zusammenhang ist noch eine weitere Frage zu klären. Stellen Sie die Überlegung an, ob Ihre Familie (wenn Sie nicht alleine leben) Sie in Ihrem Hobby unterstützen wird oder es zumindest akzeptieren kann. Sollte Ihr Partner Katzenzucht als Hobby ablehnen, so werden Sie irgendwann zwangsläufig Konflikte in Ihrer Partnerschaft durchzustehen haben.

Wenn Sie ein sehr ruhebedürftiger Mensch sind, so könnten Sie vielleicht zu der Überzeugung kommen, dass das Leben mit einigen jungen Katzen nicht das Richtige für Sie ist. Verzichten Sie dann besser auf den Trubel und genießen Sie das Leben mit Ihren Samtpfoten so, wie es jetzt ist.

Können Sie mit Schicksalsschlägen umgehen?

Nicht nur der tägliche Umgang mit den unternehmungslustigen Katzenkindern fordert ein starkes Nervenkostüm. Auch züchterische Fehlschläge wie der Verlust einer Katze oder eines Jungtieres unter der Geburt oder später durch Krankheit, Fehlkäufe, Auseinandersetzungen mit Käufern, vermeintliche »Ungerechtigkeiten« auf Ausstellungen, die Abgabe von geliebten Katzen, die für den Gesamtbestand z.B. aufgrund erhöhten Dominanzverhaltens, Unsauberkeit oder Aggression u.Ä. unabdingbar sein könnten, und vieles mehr, sind nicht immer so leicht zu verkraften.

Wenn Sie züchten wollen, müssen Sie sich darüber im Klaren sein, dass Sie Ihre Tiere ständig Gefahren aussetzen. Obwohl die meisten Geburten problemlos verlaufen, sind Komplikationen mit lebensbedrohlichen Risikofaktoren niemals ganz auszuschließen. Auch auf Katzenausstellungen, beim Zukauf eines Jungtieres oder durch den Deckakt bei Fremdverpaarung kann es durch Infektionen zu Krankheiten innerhalb eines Bestandes kommen, die nicht so leicht zu beheben sind und vor denen auch eine Impfung nicht grundsätzlich schützen kann.

Fragen Sie sich bitte in Ruhe, ob Sie in der Lage sind, solche Belastungen hinzunehmen. Fast jeder Züchter muss sich irgendwann, wie natürlich auch andere Katzenhalter, mit dem Gedanken auseinandersetzen, dass die geliebte Mieze einmal sterben wird. Der Züchter wird sich jedoch diesem Problem eher stellen müssen, als der reine Liebhaber, dessen Katze ohne Fremdkontakte ihr Leben geschützt auf dem heimischen Sofa verbringt. Der Tod eines geliebten Tieres ist immer ein schmerzliches Erlebnis. Eine geliebte vierbeinige Gefährtin ist jedoch weder nach sachlichen, züchterischen noch nach emotional subjektiven Erwägungen so schnell durch eine andere zu ersetzen. Auch der Tod eines Welpen, zu dem man längst nicht so eine enge Beziehung wie zu einem erwachsenen Tier aufgebaut hat, ist dennoch ein schwerer Schock. Besonders traurig ist der Tod eines Jungtieres dann, wenn der Züchter Tage und Nächte um so ein kleines Leben gekämpft und dann verloren hat. Weist ein Katzenbaby Defekte auf, so ist ein seriöser Züchter je nach Art und Weise der Missbildung gezwungen, seine Zuchtpaare wie Ziele zu überprüfen. Häufen sich Defekte in ähnlichen oder gleichen Verpaarungen, kann er in der Regel umweltbedingte Einflüsse mit pathologischen Auswirkungen ausschließen. Nicht alle Züchter werden Ihnen jedoch ehrlich Auskunft darüber geben, ob es in ihrer Zucht gehäuft Probleme gab, weil sie sich selbst, wenn sie ihre Konsequenzen gezogen und entsprechend selektiert haben, vor übler Nachrede fürchten. Bekannte Zuchtkatzen und Kater, die in vielen Stammbäumen vertreten sind, bieten allerdings meist einen Garant für gesunde Nachkommen.

Bevor Sie sich in das Abenteuer Zucht stürzen, überdenken Sie bitte gut, ob Sie gewillt sind, mit eventuellen Schicksalsschlägen zu leben und ob Sie diese verkraften können. Auch wenn Ihnen andere Züchter noch so ein leuchtendes Beispiel von perfekter harmonischer Zucht bieten, glauben Sie mir, es ist nicht alles Gold, was glänzt. Und nicht jeder Züchter, der Ihnen eine Zuchtkatze verkaufen möchte, ist so seriös, Sie auf die gegebenenfalls entstehenden Probleme hinzuweisen. Halten Sie jedoch mit Ihrem Wunsch, vielleicht züchten zu wollen, nicht hinter dem Berg. Nur wenn Sie alle Fragen und Ihren Willen, in die Züchterszene eintreten zu wollen, offen darlegen, können Sie auf eine ehrliche Auskunft und entsprechende Beratung hoffen.

Haben Sie genug Platz?

Wenn Sie nur eine Katze haben und mit dieser »just for fun« einen Wurf machen wollen, so reichen die Voraussetzungen aus (unabhängig von den züchterischen Bedenken, die nicht unbedingt grundlos in solchen Fällen erhoben werden), die für eine ordentliche Katzenhaltung grundsätzlich zu erfüllen sind. Ein kleines Apartment, in dem eine einzelne Katze, die sich auf mehreren Ebenen (Schränken, Regalen, Kratzbäumen) bewegen kann, durchaus glücklich ist, bietet dennoch zu wenig Raum für eine Katzenkinderschar.

Grundsätzlich sollte die Anzahl der Zuchttiere sowie Kastraten im angemessenen Verhältnis zur Umgebung stehen. Die Tiere müssen im Umgang miteinander die Chance haben, sich aus dem Weg gehen zu können. Verschiedene Situationen können die Trennung eines Tieres vom Restbestand erforderlich machen, z.B. bei Krankheit oder Geburt. Ein zusätzlicher Raum zum Separieren sollte somit immer vorhanden sein. Kinderzimmer, dunkle Kellerräume oder Badezimmer mangels sonstigem Platz zu Deckräumen oder Jungtieraufzuchtstationen umzufunktionieren, ist nicht empfehlenswert und wird von den meisten Vereinen untersagt.

Wollen Sie einen eigenen Deckkater?

Wie schon erwähnt, verspritzt ein potenter Kater mit Beginn der Geschlechtsreife seinen Harn, um sein Revier abzugrenzen und Weibchen zur Deckung zu motivieren. Daher muss das räumliche Umfeld so gestaltet werden, dass das Leben für den markierenden Kater sowie für den Menschen und eventuelle Nachbarn lebenswert ist. Unangenehme Geruchsbelästigungen sind jedoch niemals ganz auszuschließen, es sei denn, der Katerbesitzer hält sein Tier kontinuierlich isoliert. Absolute Einzelhaltung ohne Kontakte des Katers zu Menschen und Artgenossen ist Tierquälerei. Wenn Sie einen eigenen Kater zur Zucht wünschen, so sollten Sie über großzügige räumliche Möglichkeiten verfügen. Optimal zur Katerhaltung eignet sich ein Holzhaus im Garten, dem ein großes begrüntes Freigehege angeschlossen ist. Gleichfalls muss, insbesondere bei kälteempfindlichen Rassen, ein heller Raum im Haus zur Verfügung stehen. Dieser Raum sollte aus hygienischen Gründen mit pflegeleichtem, aber gemütlichem Mobiliar ausgestattet sowie gut zu reinigen und zu lüften sein. Wenn ein markierender Kater weitgehendst vom Familienalltag getrennt lebt, so muss sein Besitzer sich täglich mehrere Stunden dem Tier widmen. Ist dies der Fall, so ist gegen eine Separierung nicht unbedingt etwas einzuwenden, obwohl zu bedenken ist, dass die Lebensqualität eines solchen Katers dennoch eingeschränkt ist.

Manche Züchter haben das Glück, dass ihre Kater nicht spritzen. Dies ist von vielen Faktoren abhängig und es ist nicht unbedingt gesagt, dass ein Kater diesen Vorteil an seine Söhne weitergibt.

Grundsätzlich hat ein Deckkater besonders viele gute Eigenschaften auf sich zu vereinen. An seine Qualitäten werden noch erheblich höhere Ansprüche gestellt, als an die eines Zuchtweibchens. Außerdem muss er von seinen genetischen Voraussetzungen her zur Kätzin passen.

Hinzu kommt, dass das Zusammenleben mit Kater und Katze nicht immer ein reines Vergnügen ist. Während ich diese Zeilen schreibe, ist eines meiner Weibchen hoch rollig, darf jedoch nicht mit dem Kater zusammen sein, weil wir in nächster Zeit keine Jungtiere wünschen. Im mehrstündigen Wechsel tausche ich die Tiere aus, so dass immer eines von beiden eine Weile mit uns verbringen kann. Dies hat zur Folge, dass sich die Zwei ca. eine Woche lang Tag und Nacht die Seele aus dem Leib schreien, um so Kontakt miteinander aufzunehmen. Eine solche Woche ist eine echte Strapaze für alle Zwei- wie Vierbeiner unserer Familie.

Ordentliche Deckkaterhaltung ist ein besonders kostspieliges Unterfangen. Leider lässt sich hin und wieder feststellen, dass es Züchter gibt, die Deckstationen betreiben und ihre Kater unentwegt zum Decken freigeben, mit dem Hintergedanken, so ihre Zucht finanzieren zu können. Diese Züchter setzen ständig die Gesundheit der Kater und der Weibchen auf Spiel.

Sollten Sie sich zunächst noch nicht für den Kauf eines Katers entschieden haben und einen fremden Kater für die Verpaarung suchen, so rate ich Ihnen nachzufragen, welche Gesundheitsvorsorgen die Katerhalter für notwendig erachten und wie häufig der Kater Damenbesuch empfängt.

Bevor Sie sich für die Haltung eines potenten Katers entscheiden, fragen Sie sich bitte, ob Ihnen die optimalen Möglichkeiten zur Katerhaltung zur Verfügung stehen; überlegen Sie, ob Sie den zusätzlich entstehenden Belastungen gewachsen sind oder ob Sie es nicht eher bevorzugen, Ihre Katze mit einem fremden, guten Kater zu verpaaren.

Wie viele Katzen wollen Sie für die Zucht kaufen?

Wenn Sie nur vorhaben, mit einer Mieze hin und wieder einen Wurf zu machen, so glauben Sie wahrscheinlich, dass diese Frage für Sie nicht relevant ist. Die Erfahrung zeigt jedoch, dass auf eine Zuchtkatze bald eine zweite folgt. Entweder behalten die Katzenfreunde aus einem Wurf ein Jungtier, von dem sie sich nicht trennen wollen oder sie entdecken bei einem befreundeten Züchter oder auf einer Ausstellung eine Mieze, die sie so bezaubert, dass sie sich zum Kauf entschließen. Vielleicht ist es auch so, dass die zuvor gekaufte Zuchtkatze nicht unbedingt die Erwartungen erfüllte. Manche Züchter scheinen in diesem Zusammen-

Im Dutzend billiger? Foto: S. Jansen-Nöllenburg

hang mehr Spaß am An- und Weiterverkauf ihrer Katzen zu haben als an der Zucht als solche. Das sind in der Regel »Züchter«, denen der richtige Blick zum Kauf fehlt, die zu schnell zum Erfolg gelangen wollen und jene, die nicht in der Lage sind zu warten. Ein guter Katzenzüchter braucht jedoch nicht nur das richtige Gespür zum Kauf, sondern auch eine gehörige Portion Geduld und Vernunft. Er sollte seinen Katzen die Möglichkeit geben, sich zu entwickeln und diese Entwicklung über mindestens drei Jahre genau beobachten. Wenn eine bestimmte Verpaarung zum Beispiel nicht so erfolgreich war, wie er es sich gewünscht hat, so nutzt es ihm gar nichts , wenn er die Tiere verkauft und neue, vermeintlich bessere ankauft. Sinnvoller ist es, andere Verpaarungen vorzunehmen und zu beobachten, wie sich der Nachwuchs bestimmter Tiere mit unterschiedlichem Genmaterial entwickelt. Nur so kann man wirklich langfristig erfolgreich sein und vermeiden, durch ständige Voreiligkeit und Unentschlossenheit eine Verkaufsbörse für »zuchtuntaugliche« Katzen zu eröffnen, die jeder seriöse Züchter nur kritisch bewerten wird.

Nun wird es auch bei Ihnen vermutlich so sein, dass sich mit einer Zunahme an Erfahrung der Blick schärft und die Ansprüche an die eigenen Zuchttiere wächst. Jedoch kann nur der, der über die Fehler seiner eigenen Katze Bescheid weiß – und dazu gehört viel Objektivität – Mängel durch entsprechende Verpaarung ausgleichen. Das allein reicht jedoch meist nicht aus. Es ist schon ein absoluter Glückstreffer, wenn ein Züchter aus mittelmäßigen Tieren Super-Starmiezen züchtet. Deren Nachkommen werden dann vielleicht weniger gut sein, als sich der Züchter gewünscht hat, weil die Qualitäten der Eltern und Großeltern für die Vererbung natürlich ebenso eine Rolle spielen, wie die der Eltern. Sollten Sie sich z.B. eine Norwegische Waldkatze für die Zucht kaufen wollen, deren Vater kein gerades Profil hat (eine gerade Nasenlinie ist z. B. in der Rassebeschreibung für Norwegische Waldkatzen festgelegt), dessen Kinder jedoch eine gute Nase haben und man Ihnen die Jungtiere mit der Bemerkung: »Ja, sein Profil ist nicht das Beste, er vererbt das aber nicht weiter« anpreist, so lassen Sie sich, wenn Sie selber gute Katzenkinder züchten möchten, diesen Bären nicht aufbinden. Die Wege der Vererbung laufen nicht so einfach, wie Ihnen manch einer vielleicht glaubhaft machen möchte. Um Ihren Zuchtzielen so nahe wie möglich zu kommen, müssen Sie sich auf die Suche nach nahezu perfekten Zuchtkatzen und Katern machen. Manchmal gibt es solche direkt um die Ecke, manchmal aber auch nicht!

Katzen, die von der Maßgabe des Rassestandards weit abweichen, Vitalitäts- oder Charaktermängel zeigen und/oder genetische Defekte nachweislich vererben, gehören nicht in die Zucht. Wenn Sie wohl überlegt kaufen, die ersten Ziele nicht zu hoch stecken und dennoch kritisch sind, vermeiden Sie Fehlkäufe.

Eine Zuchtkartei erstellen

Wenn Sie nach sorgfältiger Überlegung zum Schluss gekommen sind, dass Sie sich dem schönen und freudebringenden Hobby der Zucht widmen möchten, und schon wissen, welche Rassekatze für Sie die richtige ist, sind Sie nun wie jeder andere, der eine Katze sein Eigen nennen möchte, an der Stelle, sich »nur« noch den richtigen Züchter suchen zu müssen. Sie können wie zuvor beschrieben verfahren. Hilfreich ist es zudem, wenn Sie sich eine kleine Kartei zulegen, in der Sie die Ihnen wichtig erscheinenden Auskünfte der befragten Züchter notieren. Hier ein Beispiel:

Auf die Rückseite Ihrer Kartei können Sie zudem noch Fotokopien von Stammbäumen und Richterbeurteilungen sowie Fotos heften.

Züchtername:	Zwingername:	
Anschrift:	Telefon:	
Name des Jungtieres:	Farbe:	Alter:
Name des Vaters:	Farbe:	
Name der Mutter:	Farbe:	
Prämierung:	Anzahl der Zuchtkatzen:	
Impfungen:	Anzahl der Kastraten:	
Wurfstärke:		
Besonderheiten:		
Welchen Eindruck macht der Züchter (Kompetenz, Hilfsbereitschaft, Nachbetreuung, Beratung):		
Welche Zuchtziele hat er:		
Wie schätzt er die Zucht-Ausstellungsqualität des Jungtieres ein:		
Wie beurteile ich die Qualität des Jungtieres:		
Beurteilung der Zuchtstätte und der Haltungsbedingungen:		
Beurteilung der charakterlichen Eigenschaften der Katze/n:		

Auf den Bauch hören

Bei der Auswahl des richtigen Züchters bzw. der passenden Katze brauchen Sie, ob für die Zucht oder nur zum Kuscheln und Schmusen (wobei das eine das andere nicht ausschließen sollte), nicht nur einen guten »Riecher«, sondern ebenso den richtigen Blick. Hilfreich ist es sicherlich, wenn Sie nach dem Vorbild der geliebten Samtpfoten neben dem Verstand und Gefühl Ihrem Instinkt Folge leisten. Wenn Sie sich nur irgendwie unwohl fühlen, hören Sie auf das, was Ihr »Bauch« Ihnen sagt und lassen Sie sich bloß nicht zu einem Kauf überreden. Ein ordentlicher Züchter wird Sie niemals zum Kauf drängen und Ihnen sicherlich etwas Bedenkzeit geben.

Haben Sie aber bitte dafür Verständnis, dass er nicht ewig auf Ihre Entscheidung warten kann. Zum einen ist es oftmals schwierig, ältere Jungtiere zu vermitteln (obwohl auch der Kauf eines solchen Tieres seine Vorteile haben kann), zum anderen hat der Züchter gegebenenfalls schon Interessenten, die sich ebenfalls ein Jungtier von ihm wünschen, sich aber nach Ihnen bei ihm vorgestellt haben und auf seine Antwort gespannt warten.

Soll es dieses Kätzchen sein?
Foto: S. Jansen-Nöllenburg

Züchter werden

Sobald Sie Ihr Heim mit einem zukünftigen Zuchtkätzchen teilen, werden Sie sich zwangsläufig Gedanken über die Auswahl eines entsprechenden Katers machen und sich überlegen, wann denn für Ihre Katze der richtige Zeitpunkt gekommen ist, um Hochzeit zu feiern. Aber auch dann, wenn Sie nicht züchten möchten, interessiert es Sie vielleicht, was ein Züchter alles tun muss, bis sein Leben von einer Katzenkinderschar bereichert wird.

Je nach Rasse werden Kätzinnen etwa zwischen 6 und 15 Monaten rollig und sind somit deckbereit. Erst jedoch ab einem Alter von einem Jahr sind die Weibchen physisch und psychisch so weit entwickelt, dass eine Verpaarung ratsam ist. Besitzen Sie einen eigenen Deckkater, der zum richtigen Zeitpunkt mit der Katzendame Hochzeit feiern soll, wird es Ihre Aufgabe sein, zu frühe Verpaarungen zu vermeiden. Die Verabreichung von Hormonpräparaten (der »Pille«) zur Verschiebung der Brunst ist bei Katzen, die noch keine Jungen hatten, keinesfalls ratsam, da gesundheitliche Schwierigkeiten sowie Sterilität die Folgen sein können.

Sie sind somit gefordert, Ihre Kätzin genau zu beobachten, um bei einer entstehenden Rolligkeit Kater und Katze frühzeitig voneinander zu trennen.

Woran merken sie, dass Ihr Katzenmädchen deckbereit ist?

Je nach Temperament wird Ihre Katze ihr Wesen auffällig verändern. Die meisten Weibchen werden äußerst anhänglich und brauchen mehr Streicheleinheiten als sonst. Sie rufen laut nach einem Partner, jammern, stellen ihr Hinterteil hoch, wobei die Vorderbeine niedrig gehalten werden, rollen sich über den Boden und putzen häufig ihren Genitalbereich. Manche Katzen versprühen, sehr zum Leidwesen ihrer Besitzer, sogar

Die Katze rollt sich über den Boden. Foto: S. Jansen-Nöllenburg

ihren Urin, ähnlich wie eine Kater es tut. Berührt der Besitzer das Hinterteil, legt die Katze den Schwanz zur Seite, um ihre Paarungsbereitschaft zu demonstrieren. Die Rolligkeit dauert in der Regel 7 bis 10 Tage, kann sich jedoch nach erfolgreicher Deckung verkürzen.

Verpaarung

Wenn Katze und Kater sich gut kennen (und der Kater über eine gewisse Erfahrung verfügt), erfolgt die Verpaarung meist schnell. Bei Fremddeckungen dauert die Annäherung der Tiere bis zum vollzogenen Deckakt bis zu drei, vier Tagen, wobei zu beachten ist, dass die Rolligkeit durch die neue Umgebung und die Unsicherheit der Kätzin unterdrückt werden kann. Der beste Zeitpunkt zur Zusammenführung ist der zweite Tag der Brunst. Die Katze wird üblicherweise zum Heim des Katers gebracht, weil dieser in einem gewohnten Umfeld eher deckt als in einem unbekannten. Die Sicherheit, die einem Kater in seinem eigenen Zuhause gegeben ist, ist auch bei unfreundlichem Damenbesuch für ihn vonnöten. Er ist sich über seine Rückzugsmöglichkeiten im Klaren und hat hier eigene »Strategien« für seine Werbung entwickelt.

Jeder Katerhalter hat durch genaue Beobachtungen seines Katers sowie durch gesammelte Erfahrungen seine eigene Methode für das erste Kennenlernen der Tiere entwickelt. Auf dieses Wissen des Züchters sollten Sie sich als Neuling verlassen. Dennoch ist es sinnvoll, im Vorfeld zu fragen, wie der Züchter diese Angelegenheit »handelt«.

Genauso sollten Sie sich frühzeitig darüber informieren, welche Bedingungen zur Deckannahme wie, z.B. Gesundheitsbescheinigung, Impfungen usw. zu erfüllen sind. Die Höhe der Deckgebühr variiert zurzeit bei den Züchtern erheblich. Decktaxen um die DM 500,- bis 1000,- liegen jedoch im Bereich des Üblichen. Die Höhe der Gebühr ist von vielen Kriterien, wie z.B. Ausstellungserfolgen, Besonderheiten in Typ und Farbe, seltenen Ahnen und noch vielem anderen abhängig. Die Deckgebühr wird meist bei Abholung der Katze, nach circa einer Woche, beglichen. Sollte die Katze nicht aufgenommen haben, bietet der Deckkaterhalter meist eine kostenlose Nachdeckung an. Ist die Katze auch nach dem zweiten Deckbesuch nicht tragend, so sollte der Katzenbesitzer sein Weibchen tierärztlich untersuchen lassen. Kulante Züchter bieten darüber hinaus an, dass die Katze noch einmal kostenlos zum Decken gebracht werden kann, wenn sie nur ein Junges gebärt. Solche Absprachen werden in der Regel mündlich getätigt. Da so gut wie jeder Züchter die Regeln kennt, gibt es diesbezüglich kaum Schwierigkeiten. Dennoch ist es ratsam, die Konditionen genau abzusprechen und als Deckkaterhalter unerfahrenen Katzenhaltern das Hochzeitsritual genau zu erklären.

Vor einigen Jahren brachte ein zuchtunerfahrenes Paar eine Katze aus meiner Zucht zu unserem Kater zum Decken. Ein, zwei Stunden später schon riefen sie an und fragten nach, ob der Deckakt schon vollzogen wäre. Ich versuchte zu verdeutlichen, dass insbesondere bei vielen jungen Bräuten die Rolligkeit erst einmal zurückgeht und die Tiere sich zunächst aneinander gewöhnen müssen. Außerdem versuchte ich darzustellen, dass die Katze, auch wenn sie zunächst nicht deckwillig ist sowie ängstlich wirkt, hierunter besonders bei dem Besuch eines erfahrenen und geduldigen Deckkaters nicht leidet. Obwohl ich mich bemühte, klar zu machen, dass der Rückgang der Rolligkeit völlig normal und absolut unbedenklich sei und dass es bis zu einer Verpaarung oftmals drei Tage dauert, riefen die jungen Leute unentwegt an, weil sie befürchteten, dass ihre Katze »unglücklich« sei. Die Unsicherheit des Paares und ihre Befürchtungen konnte ich leider nicht zerstreuen, so dass sie am Morgen des dritten Tages vehement die Katze »zurückverlangten«. Wieder hielt ich einer Vortrag über das »Hochzeitsritual« und bat darum, Katze und Kater beisammen zu lassen, da sie sich gerade einander annäherten; erklärte, dass es schon zu einer Paarung gekommen sein könnte, weil die Katzen vertrauter miteinander umgehen würden, nicht jede Katze

Wenn Kater und Kätzin sich gut kennen, ist der Deckakt meist schnell vollzogen.
Foto: S. Jansen-Nöllenburg

einen lauten Deckschrei ausstoßen würde und es für keines der beiden Tiere gut wäre, sie nun auseinanderzureißen. Ich hoffte vergeblich auf Einsicht. Die Katzendame musste wieder nach Hause und die Deckgebühr wollte man sofort wieder zurück. Ergebnis dieser Auseinandersetzung waren vier niedliche Katzenbabys. Den Tieren jedoch war die nötige Zeit des Beisammenseins verweigert worden, weil die Besitzer der Katzendame leider zu wenig Vertrauen, Einsicht, Wissen und Geduld hatten.

Genauso wie über Tage dauernde Annäherungsrituale, gibt es schnelle Deckungen, bei denen auch sich unbekannte Tiere flugs einig sind. Mein Kater hatte schon Katzendamen zu Besuch, die sofort nach der Ankunft fröhlich aus dem Transportkorb stiegen, dem Kater ein freundliches »Nasenküsschen« gaben und nach wenigen Minuten schon einen Deckschrei ausstießen sowie sich eifrig über den Boden wälzten, noch während die Katzenbesitzer mit uns gemütlich einen Kaffee tranken. Aber auch welche, bei denen er sich Zentimeter für Zentimeter, über ein bis zwei Tage, mit einem entsprechenden »Singsang« behutsam heranpirschte, seinen Charme spielen ließ, bis er die Damen überzeugt hatte.

Ob der Deckakt schnell vollzogen wird oder es bis zur ersten Verpaarung einige Zeit dauert, ist von vielen Kriterien abhängig. Möglichst sollte eine »Jungfrau« nicht zu einem Kater gebracht werden, der noch nie fremden Damenbesuch empfangen oder überhaupt noch nie gedeckt hat. Ein unwissender Kater sollte zunächst die vertrauten Katzen seines eigenen Harems umwerben dürfen, um so Erfahrungen sammeln zu können. Unser Kater deckt im Alter von sieben Jahren erfolgreich alle möglichen Weibchen unterschiedlichsten Charakters, anhängliche, vertrauensvolle, ängstliche sowie aggressive mit viel Geschick.

Von so genannten Deckstationen, die »Züchter« besitzen hier keine eigenen Weibchen und stellen eine Vielzahl von Katern zum Fremdecken frei, sollte man – nicht nur aus diesem Grunde – Abstand nehmen. Die meisten Vereine verbieten im übrigen über ihre Statuten derartige Praktiken und erlauben zudem Fremddeckungen nur bei prämiierten Katern. Nach Maßgabe vieler Vereine dürfen Katerbesitzer fremde Katzen auch nur dann zum Decken annehmen, wenn sie über entsprechende Räumlichkeiten verfügen. Wie schon an anderer Stelle erwähnt, sollte ein entsprechender Deckraum oder ein Freigehege zur Verfügung stehen.

Je entspannter das Weibchen ist, um so erfolgreicher ist eine Deckung. Sehr ängstliche Weibchen oder solche, die eine lange Autofahrt hinter sich haben und diese als enormen Stress empfinden, lassen sich zwar irgendwann decken, nehmen aber sehr zum Leidwesen ihrer Besitzer manchmal nicht auf. Hier können homöopathische Mittel oder Bachblüten für Entspannung sorgen. Zum Abholtermin der Katze erhält der Katzenbesitzer eine Deckbescheinigung, die er bei der Stammbaumbeantragung mit einreichen muss.

Probleme bei der Freigabe eines Katers an fremde Weibchen werden vermieden, wenn zuvor klare Absprachen getroffen wurden. Sinnvoll ist zusätzlich der Abschluss eines Deckvertrages.

Trächtigkeit

Einige Zeit nach der Deckung verändern die meisten Weibchen ihr Wesen, werden ruhiger, schlafen viel und fressen mehr. Die Trächtigkeit dauert circa 63 bis 70 Tage, wobei die meisten Katzen bis zum 65. Tag geworfen haben.

Nach circa vier Wochen röten sich die Zitzen der Katze und vergrößern sich. Beim genauen Abtasten der Katze sind die Föten walnussgroß zu spüren. Unerfahrene Katzenfreunde sollten diese Untersuchung jedoch nur durch ihren Tierarzt vornehmen lassen. Wenn Sie sicher sind, dass Ihre Kätzin tragend ist, rufen Sie den Katerbesitzer an und teilen Sie ihm die gute Nachricht mit.

Während der Trag- und Stillzeit braucht die Katze besonders hochwertiges Futter (s. Ernährung) sowie die liebevolle Aufmerksamkeit ihres Menschen. Sollte Ihre Katze innerhalb der ersten drei bis vier Wochen der Tragzeit hin und wieder erbrechen, ist dies völlig normal und kein Grund zur Sorge. Ab etwa der siebten Woche können Sie beim Auflegen der Hand auf den Bauch der Katze Welpenbewegungen spüren und eine Weile danach auch beobachten. Erstgebärende verfügen über eine stabile Bauchmuskulatur. Ihr Bauchumfang ist somit meist geringer, als der von Kätzinnen, die schon mehrere Würfe großgezogen haben. Am Ende der Tragzeit senkt sich der Bauch und der Körper der Katzen wirkt vor den Flanken eingefallen. Dies ist der Zeitpunkt, zu dem Sie Ihren Tierarzt informieren sollten. Die meisten Geburten verlaufen ohne Schwierigkeiten, dennoch ist es angenehm, wenn man den Tierarzt seines Vertrauens und auch Züchter, mit denen man befreundet ist, bei Unsicherheiten erreichen kann.

Geburt

Etwa acht Tage vor dem errechneten Termin können Sie die Wurfkiste an einen ruhigen Ort, z.B. neben Ihrem Sofa oder neben dem Bett, aufstellen. Die Kiste muss so gestaltet sein, dass die Katze darin gut stehen und sich optimal strecken kann. Ihnen sollte es möglich sein, hineinzusehen und hineinzugreifen, für den Fall, dass Geburtshilfe nötig wird. Die Kiste wird von oben abgedunkelt. Körbchen eignen sich nicht. Wer nicht selber eine entsprechende, immer wieder zu verwendende Holzkiste bauen möchte, der kann einen stabilen Karton verwenden. Immer wieder die gleiche Kiste anzubieten, hat jedoch den Vorteil, dass die Katze sich an diese als »Wochenbett« erinnert.

Wenn meine Katzen laut miauend hinter mir herlaufen und ich sie frage: »Bekommst du heute deine Babys?«, so laufen sie schnurstracks und demonstrativ zu ihrem gewohnten Wurflager und warten dort auf meine Betreuung.

Das »Wochenbett« wird mit mehreren Lagen hygienisch sauberer Laken ausgelegt. Ist alles für die Geburt bereit, werden Sie feststellen, dass die Katze in der Kiste »Probe liegt« und die sorgfältig zurechtge-

Sind erst mal alle Babys geboren, ist der vorherige Stress schnell vergessen, doch nun beginnt die eigentliche Arbeit des Züchters. Foto: S. Jansen-Nöllenburg

machte »Bettwäsche« zerwühlt. Dies tut sie nicht nur in der dafür vorgesehenen Wurfstätte, sondern auch an anderen, ihr beliebigen Orten. Plätze wie zum Beispiel Kratzbaumhöhlen, an denen sich die tragende Katze verkriechen und sich Ihrem Einfluss entziehen könnte, sollten für sie unzugänglich gemacht werden.

Stunden und manchmal auch ein bis zwei Tage vor der Geburt zeigen sich die meisten werdenden Mütter sehr anhänglich und begleiten ihren Menschen auf Schritt und Tritt. Dann ist Ruhe die erste Bürgerpflicht. Die Katze sollte ab dem 63. Tag rund um die Uhr betreut werden. Viele Katzenfreunde lassen sich von ihren Lieblingen so stressen, dass sie, ist die Stunde der Geburt gekommen, kaum noch die Augen offen halten können und nicht selten die Ankunft des ersten Babys verschlafen. Sinnvoll ist es, sich bei der Betreuung des Weibchens mit seinem Partner, Familienmitgliedern oder Freunden abzuwechseln, um Übermüdungen zu vermeiden. Die nervliche Belastung, denen Katzenfreunde während der Geburt ausgesetzt sind, dürfen nicht unterschätzt werden.

Einige Tage vor der Geburt führt die hormonell bedingte Erschlaffung der Beckenbänder zu einem Absinken des Bauches. Der Körper der Katze wirkt hinter den Flanken eingefallen. Schleimabsonderungen aus der Scheide sind festzustellen, indem Sie etwas Papier auf die Scheide tupfen. Ist der Schleim geruchlos, so besteht kein Grund zur Sorge. Bei übelriechenden Absonderungen sollten Sie Ihren Tierarzt informieren.

Wenn Ihre Katze die Wurfkiste zunächst nicht akzeptieren möchte, so legen Sie Ihre Katze behutsam hinein und machen es sich davor gemütlich. Durch kontinuierliches Streicheln sowie Zuspruch wird das Weibchen die Kiste zwangsläufig als den angenehmsten Ort zum »Kinder bekommen« empfinden. Die Beigabe eines befreundeten Weibchens ist für die Katze meist recht beruhigend. Die Katzen putzen sich gegenseitig liebevoll und es scheint auf den Betrachter so, als würde die nicht tragende Katze der anderen Mut »zusprechen«. Alle anderen Katzen sollten, um eventuelle Störungen zu vermeiden, im »Wochenzimmer« nicht zugelassen sein. Jungtiere aus einem anderen Wurf der Familie behandelt die Kätzin als »Adoptivkinder«, die sie innig und intensiv putzt. Diese sollten allerdings bei fortschreitender Geburt ausquartiert werden.

Die Geburt dauert im Durchschnitt 4 bis 8 Stunden und beginnt mit den Eröffnungswehen. Die Katze putzt oft ihren Unterleib, schnurrt laut und rhythmisch und besucht häufig die Toilette, die nicht zu weit vom Wochenbett entfernt stehen sollte.

Austreibungswehen/Presswehen verlaufen für den Züchter gut sichtbar wellenartig über den Körper. Durch das Platzen der äußeren Fruchthülle geht farbloses Fruchtwasser ab. Ist die Katze zu dick, um sich problemlos zu säubern, ist es sinnvoll, sie mit der Hand am Rücken zu stützen. Sobald sich die Katze mit angehobenem Schwanz in die Kiste stellt, ist die Geburt des ersten Katzenkindes zu erwarten. Manche Katzen knurren oder schreien, andere verhalten sich vollkommen ruhig. Mit dem Kopf zuerst wird das Baby, meist noch von der Fruchthülle umgeben, geboren. Im günstigsten Falle direkt mit der Nachgeburt, die wie ein Stück Leber aussieht. Eine instinktsichere und erfahrene Katze zerreißt durch eifriges Belecken die Amnion, wäscht das Gesicht des Babys, befreit es hierdurch von Schleim und verhilft ihm so zur Atmung. Unerfahrene Katzenmütter können je nach Temperament nervös oder auch unsicher auf ihren ersten Nachwuchs reagieren. Wenn die Katze lieber sich als das Junge putzt, bleibt dem Züchter nicht viel Zeit, abzuwarten, ob sich der Instinkt regt. Er muss dann die Hülle mit den Nägeln aufreißen und das Gesicht des Kleinen mit einem Küchenpapier reinigen. Sobald die Jungen einen Laut abgeben, erledigen aber meist selbst die unwissendsten Katzendamen die weitere Arbeit.

Die Mutter befreit ihr frisch geborenes Junges durch Lecken von der Fruchthülle. Foto: S. Jansen-Nöllenburg

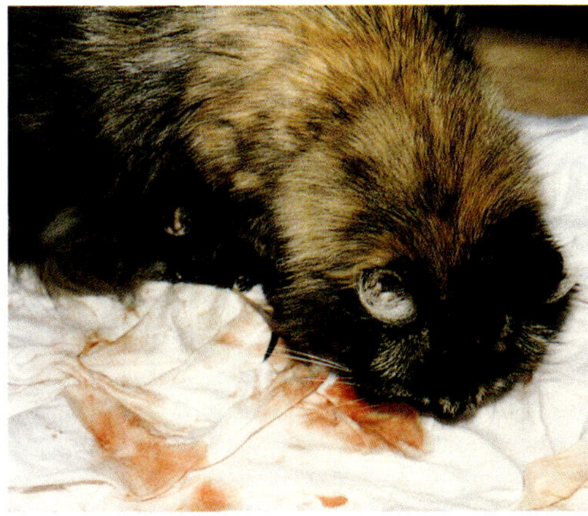

Die Katze frisst die Nachgeburt und nabelt somit das Junge ab. Foto: S. Jansen-Nöllenburg

Nach dem Belecken des Neugeborenen frisst die Katze die Plazenta und nabelt somit das Kätzchen ab. Sollte die Katze dies nach einigen Minuten nicht tun, so ist auch dies Aufgabe des Züchters. Bei dem ersten Neugeborenen, bei dem ich eine derartige Hebammenhilfe leisten musste, war ich schweißgebadet. Äußerst hilfreich war in dieser für mich völlig neuen Situation, in der ich Angst hatte etwas falsch zu machen, mein Mann, der von Kind an bei vielen Fohlengeburten geholfen hatte und somit über entsprechende Erfahrung verfügt. Heute erledige ich das Abnabeln mit »Links«, obwohl es immer wieder ein aufregendes Erlebnis ist, so ein kleines, schreiendes Wesen in der Hand zu haben.

Es gibt Züchter, die grundsätzlich ihrer Katze diese Aufgabe abnehmen. Ob man nur beobachtet und eingreift, wenn es wirklich notwendig ist oder generell eingreift, ist eine Sache der persönlichen Einstellung. Für die meisten Katzen ist es jedoch eine zusätzliche Belastung und oftmals unnötige Aufregung, wenn ihnen ihr frisch geborenes Kind kurzfristig weggenommen wird.

Wenn Sie in die Situation kommen, abnabeln zu müssen, so massieren Sie mit desinfizierten Händen die Nabelschnur durch behutsames Streichen vom Körper des Jungen in Richtung der Plazenta ca. 2 bis 3 Zentimeter blutleer. Entweder knipsen Sie die Schnur mit den Fingernägeln ab oder Sie schneiden sie mit einer kleinen Schere durch. Ich bevorzuge das Trennen mittels desinfizierter Schere und binde dann mit Zwirn, den ich zuvor schon auf ca. 7 Zentimeter Größe geschnitten habe, ab. Danach drücke ich ein Stück blutstillende Watte auf das Ende der Nabelschnur, um völlig sicher sein zu können, dass es zu keiner Blutung mehr kommen kann. Ist die Nabelschnur an der Trennstelle weiß, also blutleer, ist dies aber nicht unbedingt nötig.

Schwierig kann das Trennen dann werden, wenn die Nachgeburt nicht sofort ausgetrieben wird und die Katze unruhig wird. Nach etwa 10 bis 15 Minuten sollten Sie als Züchter eingreifen. Sie können vorsichtig versuchen, die Plazenta herauszuziehen, müssen jedoch darauf achten, dass die Nabelschnur nicht reisst. Durch diesen Druck wird oftmals eine weitere Wehe ausgelöst, die dann die Nachgeburt herausdrückt. Ist dies nicht der Fall, wird es Ihre Aufgabe sein, die Katze einerseits zu beruhigen und andererseits eine Trennung vorzunehmen.

Stellen Sie bei dem Kleinen eine ungewöhnliche Atmung, verbunden mit knackenden, rasselnden Geräuschen fest, so können Sie davon ausgehen, dass es Fruchtwasser geschluckt hat. Von diesem müssen sie es schnellstmöglich befreien. Umschließen Sie das Baby fest mit der Hand, so dass auch der Kopf stabilisiert ist und schlagen Sie es durch die Bewegung Ihres Handgelenkes mehrfach schnell nach unten, bis die Atmung sich normalisiert hat.

Sind alle Jungen geboren, so macht es sich die Katze – erschöpft aber sichtbar stolz – in ihrer Kiste gemütlich. Stunden später sollten die Laken in der Wurfkiste gewechselt werden. Die Jungtiere sind zu wiegen (das Geburtsgewicht variiert je nach Rasse zwischen 80 bis 140 Gramm) und das Geschlecht kann bestimmt werden.

Bis der Züchter jedoch sagen kann, »a star is born« und ein Katzenkäufer sein niedliches Katzenkind mit nach Hause nimmt, vergehen noch mindestens 12 Wochen, die dem Züchter viel Arbeit abverlangen.

Ich wollte Ihnen, unabhängig davon, ob Sie lediglich Katzenliebhaber sind oder Züchter werden möchten, einen kleinen Überblick darüber geben, welchen Weg ein Züchter zu gehen hat, bevor sich überhaupt ein Wurf junger Samtpfoten in seinem Heim tummelt.

Norwegische Waldkatze mit fünf Babys. Foto: S. Jansen-Nöllenburg

8. Katzen abgeben

Katzen abgeben

Den richtigen Käufer finden

»Anschmiegsamer, verschmuster, verspielter, pflegeleichter, zuverlässiger, verantwortungsbewusster, intelligenter, solventer, ehrlicher, freundlicher Käufer für anspruchsvolles Katzenkind gesucht!«

Das Wichtigste für den Züchter scheint zunächst zu sein, wie er am besten auf seine Zucht aufmerksam machen kann, mit dem Ziel, den richtigen Käufer für seine Jungtiere zu finden. Sicherlich ist die Entwicklung einer guten Werbestrategie von Bedeutung, dennoch scheint es mir zunächst notwendiger, sich Gedanken darüber zu machen, an wen man seine Katzenkinder überhaupt abgeben möchte.

Für den Züchter und sicherlich auch für den Katzenhalter, der Hauskätzchen liebevoll aufgezogen hat und nun geeignete Menschen für die Babys finden will, ist die Abgabe immer ein zweischneidiges Schwert. Einerseits liebt man die Jungen, die man von Geburt an betreut hat, andererseits ist es unmöglich, alle Katzen zu behalten und man ist somit gezwungen, Interessenten zu finden. Da stellt sich dann die Frage, wie der Käufer beschaffen sein soll, damit man ihm mit ruhigem Gewissen ein Tier übereignen kann. Wenn ich weiß, wie nach meinen Vorstellungen der optimale Käufer »aussehen« soll, ist jedoch noch nicht unbedingt klar, wie ich herausfinden kann, ob derjenige, der sich um ein Kätzchen bewirbt, auch wirklich das hält, was er verspricht. *»Ein Züchter betreibt im Grunde eine zwischenartige Partnervermittlung; von den Aufgaben eines Eheanbahninstitutes ist er gar nicht so weit entfernt!«* (Müller Rüschlikon, S. Kerl, »Hunde kaufen mit Verstand«, S. 130). Ich würde, was die Arbeit der Zusammenführung zwischen Mensch und Tier betrifft, sogar noch ein wenig weiter gehen. Wenn zwei Menschen zusammengefunden haben, hört die Arbeit eines Eheinstitutes auf, da die Zweibeiner aus vollem Willen zueinander finden oder sich wenn nötig auch trennen können. Die Verantwortung für den Züchter geht jedoch erheblich weiter. Das Tier, das er übergibt,

Ein echter Katzenfreund lernt, mit einer Katze richtig umzugehen. Foto: S. Jansen-Nöllenburg

ist völlig auf seinen neuen Besitzer angewiesen. Aufgabe des Züchters ist es somit, die zukünftigen »Eltern« des Kätzchens auf »Herz und Nieren« zu prüfen. Um diese, sich hieraus ergebende Verantwortung und um das »gewußt wie«, geht es in diesem zweiten Teil des Buches.

Was macht den richtigen Käufer aus?

Der richtige Käufer sollte, wie der richtige Verkäufer grundsätzlich seriös sein. Folglich kann man an den Käufer ähnliche Ansprüche stellen, wie an sich selbst. Der Duden beschreibt »seriös« mit Bezeichnungen wie anständig, ernsthaft, gediegen und vertrauenswürdig. Wir haben uns im Kapitel »Einen seriösen Züchter finden« schon mit diesem Begriff auseinandergesetzt. Wenn Sie Züchter sind, so waren Sie zuvor oder sind es hin und wieder immer noch ebenso Käufer. Überlegen Sie sich einmal, wie Sie sich als Käufer verhalten haben und durch welche Eigenschaften Sie einen anderen Züchter davon überzeugt haben, dass Sie vertrauenswürdig sind. Gab es vielleicht Züchter, bei denen Sie auf Ablehnung gestoßen sind oder wurde Ihnen das gewünschte Jungtier mit Kusshand übergeben? Wurde Ihnen »auf den Zahn gefühlt«oder ging Ihr Verhandlungspartner von vornherein davon aus, dass Sie sich als geeignet erweisen. Vielleicht war dem Züchter Ihre Züchterphilosophie auch unwichtig oder er kannte Sie so gut, dass er Ihnen aufgrund vorhergegangener positiver Erfahrungen im Umgang mit Ihnen schlicht vertraute. Haben Sie sich, wenn Sie nun darüber nachdenken, richtig verhalten oder würden Sie sich anders benehmen, wenn Sie heute eine Katze kaufen wollten?

Nun stellen sich Züchter beim Kauf meist ganz anders da, als Laien. Interessierte Liebhaber sind, obwohl das eigentlich verwunderlich ist, oftmals erheblich angenehmere Käufer, als manche Züchter, die glauben, die »Weisheit mit Löffeln gefressen zu haben«. Wenn Sie an dieser Stelle schmunzeln müssen, dann haben Sie so etwas sicherlich beim Verkauf schon erlebt und sich bestimmt ein bisschen geärgert, oder Sie erkennen sich selber als ehemaligen Besserwisser wieder. Das ist kein Grund zur Scham und schon fast jedem Züchter mal passiert. Und zwar meist in den ersten Jahren der Zucht, als man besonders stolz auf sein neu erworbenes Wissen gewesen ist. Je mehr man dann lernt, umso mehr erkennt man, dass man immer noch zu wenig weiß. Wenn man sich erst einmal darüber im Klaren ist, dass ein verständnisvoller Umgang miteinander angenehmer ist, als z.B. mit der eigenen Erfahrung zu protzen, erledigen sich vorherige kleine »Fauxpas« wie von selbst.

Um sich eine Vorstellung von einem würdigen Käufer machen zu können, rate ich Ihnen zu einem kleinen »Brainstorming«. Die Gedanken, die Sie sich dabei machen, können Sie sich z.B. in Ihr Züchtertagebuch notieren. Gerade dann, wenn man noch nicht sehr häufig seine Katzenkinder verkauft hat, ist man zunächst unsicher, ob man das Richtige tut. Aber das ist ja gerade das, was man will. Alles richtig machen und Fehler beim Verkauf vermeiden, die einem ansonsten viel Ärger, Kummer und schlaflose Nächte bereiten können. Neben sorgfältiger Überlegung ist es natürlich genauso wichtig, sich auf seinen Instinkt, seine Menschenkenntnis und auch auf sein Gefühl zu verlassen. Denn Emotionen sind es, die uns an die Katzenkinder binden.

Erstellen einer Kartei

In der Regel ist es so, dass erste Anfragen von Interessenten über Telefonate geschehen. Wenn man dieses »Spiel« – eine Anzeige in der Tageszeitung geschaltet zu haben und daraufhin an einem Tag ca. 30 bis 50 Anrufe zu erhalten, von denen kaum welche als Gespräch angenehm verlaufen – noch nicht so oft erlebt hat, zweifelt man am Ende eines solchen Tages doch schon ein bisschen an sich selber. Lassen Sie sich trösten, es liegt nicht unbedingt an Ihnen. Sie werden sich im Laufe der Zeit daran gewöhnen.

Ob gewohnt oder ungewohnt, nach solch einem Tag brummt ganz kräftig der Kopf. Die Spreu vom Weizen zu trennen, ist zudem im telefonischen Gespräch schwieriger, als wenn man einem Menschen von Angesicht zu Angesicht gegenübersitzt. Bei Gesprächen, die jedoch gleich zu Beginn über das Übliche »Sagen Sie mal, was sollen die denn kosten« hinausgehen, kann man sich dann aber hilfreich auf seinen zuvor gefertigten Fragenkatalog beziehen. Bevor Sie jedoch eigene Fragen stellen, hören Sie am besten in Ruhe zu, was der Anrufer Ihnen mitzuteilen hat und versuchen zwischen den Zeilen bzw. zwischen den Worten zu lesen. Machen Sie sich während des Gesprächs Notizen über das, was Ihnen von der Selbstdarstellung des Interessenten wichtig erscheint. Wenn Sie sich diesbezüglich zuvor eine Liste inkl. Werteskala erstellt haben, können Sie problemlos an der entsprechenden Stelle Plus- oder Minuspunkte verteilen.

Eine solche Karteikarte könnte wie folgt aussehen:

Selbstdarstellung des Interessenten **Name:**________________	**Telefon:**________________
	Geeignet:
	Sehr/gut/mittel/schlecht/ja/nein
☐ **Erfahrung in der Haltung von Katzen**	
☐ Liebt/e sein/e Tiere	
☐ Legt Wert auf Charakterfestigkeit	
☐ Legt Wert auf besonderes Aussehen (Typ________________	/ Farbe:________________
☐ Möchte eine junge oder ältere Katze	
☐ Möchte ein Männchen oder Weibchen	
☐ Verfügt über ausreichend finanzielle Mittel zur richtigen Haltung	
☐ Verfügt über ausreichend Zeit	
☐ Verfügt über ausreichend räumliche Möglichkeiten	
☐ Sieht Tiere als Familienmitglieder	
☐ Hat Kinder	
☐ Ist sympathisch	
☐ Besonderheiten:	
☐ Ist berufstätig	

In einer solchen Tabelle können Sie noch die Punkte hinzufügen, die Ihnen wichtig erscheinen. Ihre Notizen werden Ihnen ein erstes Bild über den Interessenten vermitteln und haben zudem den Nutzen, dass Sie bei späteren Anfragen durch die gleiche Person wissen, mit wem Sie es zu tun haben. Denn bei der Vielzahl der Anfragen kommt es doch manchmal vor, dass, wenn Sie nicht über ein enorm gutes Gedächtnis verfügen, Sie sich vielleicht nur ungenau erinnern können. Das kann dann zu einer Verunsicherung führen, die für beide Seiten unangenehm ist. Praktisch ist eine Interessentenübersicht auch dann, wenn man mit anderen Züchtern bezüglich der Käufer Erfahrungen austauschen möchte, weil diese gegebenenfalls auch Kontakt mit dem Interessenten hatten oder aller Wahrscheinlichkeit nach haben werden. Manchmal wird sich dann die Meinung, die man sich gebildet hat, verändern oder sie wird bestätigt. Beides kann zur Entscheidungsfindung hilfreich sein.

Nun wird der Bewerber nicht unbedingt in seiner Selbstdarstellung all die Dinge benennen, die Ihnen wichtig sind. Wenn Sie geduldig seine Fragen beantwortet haben, sollten auch Sie sich Ihrerseits nicht scheuen, sich umfassend über den Bewerber zu informieren. Erklären Sie ihm, wenn Sie merken, dass er Ihre vielen Fragen mit Verwunderung aufnimmt, warum es für Sie von Bedeutung ist, derartig auf den Busch zu klopfen und er wird Ihnen genau so Rede und Antwort stehen, wie Sie es zuvor getan haben. Wenn Sie nicht alle Dinge, die für Sie relevant sind, im Kopf haben, ist es auch hier ratsam im Vorfeld einen Fragenkatalog zu erstellen. Nicht alle Fragen müssen gleich beim ersten Telefonat gestellt und beantwortet werden. Einige Dinge sind leichter beim Besuch des Interessenten zu prüfen. Am besten überlässt man die Entscheidung, wie viele »Löcher« man wem wann »in den Bauch« fragen möchte, seiner Intuition und wählt den Zeitpunkt aus, bei dem man erwarten kann, dass ausführliche Informationen wie von selbst fließen.

Fragenkatalog

- Auf welche Quelle (Annonce, Jungtiervermittlung usw.) beziehen Sie sich?
- Was sind Ihre Gründe für einen Katzenkauf?
- Woher kennen Sie die Rasse?
- Kennen Sie die Charaktereigenschaften der Rasse?
- Ist Ihnen der Pflegebedarf bekannt?
- Wie leben Sie? Welche räumlichen Gegebenheiten sind vorhanden? Ist in einer Mietwohnung die Tierhaltung gestattet? Ist beim Leben in einem Haus mit Garten der Freigang der Katze vorgesehen? Ist der Freigang sicher oder gibt es Gefahren? Sind Sie bereit, eventuelle Gefahren in Kauf zu nehmen?
- Sind die finanziellen Mittel soweit ausreichend, dass Sie die Katze optimal versorgen können? Ist es möglich, das Tier kontinuierlich medizinisch zu versorgen, auch wenn erhöhte Kosten auftreten, z.B. bei Operationen? Sind Sie bereit, das Futter zu füttern und die Einstreu zu wählen, die die Katze von Haus aus gewohnt ist? Sind Sie bereit, einen Kratzbaum zu kaufen?
- Haben Sie schon Erfahrungen mit Katzen? Haben Sie Hauskatzen oder Rassekatzen? Welche Rassekatzen? Von welchem Züchter?
- Sind diese Tiere gesund, geimpft, getestet?
- Wie viel Zeit haben Sie, sich mit dem Tier zu beschäftigen? Sind Sie berufstätig? Wieviel Stunden am Tag sind Sie außer Haus? Kann sich wenn nötig jemand anderer um die Katze kümmern?
- Wie ist der Familienstand? (Single, Kinder im Alter von...., ?)
- Wird die Katze als Familienmitglied betrachtet?
- Sind Sie sich darüber im Klaren, dass eine Katze eine Lebenserwartung von ca. 16-18 Jahren hat?
- Was geschieht mit der Katze, wenn Sie verreisen?

- Ist es möglich, Sie einige Zeit nach Übergabe der Katze zu besuchen?
- Haben Sie Interesse daran, mit der Katze eine Katzenausstellung zu besuchen?
- Wollen Sie züchten? Wenn »JA«, warum?
- Können Sie akzeptieren, dass junge Katzen hin und wieder einige »Dummheiten« machen? Sind Sie bereit, das Tier geduldig, behutsam zu erziehen? Sind Sie tolerant und bereit, in gewisser Weise Ihr Leben auf das Tier einzustellen?

Wie schon erwähnt, sollte man für die Vielzahl solcher Fragen den richtigen Moment auswählen. Das beste Gefühl entwickelt man hierfür, wenn man sich in die Rolle des Käufers versetzt. Wenn Sie zum Beispiel wissen möchten, ob die finanziellen Mittel der Käufers mehr als ausreichend für eine optimale Katzenhaltung sind und/oder welcher Beruf der Bewerber hat, so ist es doch etwas unhöflich, ganz direkt danach zu fragen. Mein Mann macht das immer so, dass er nach einer Zeit des Beisammenseins, während des Besuchs eine kleine Anekdote aus seinem beruflichen Alltag erzählt. Unser Gegenüber reagiert in der Regel entsprechend darauf und berichtet ebenfalls aus seinem Arbeitsleben. Genauso kann man es auch mit all den anderen Dingen machen, die man gerne erfahren möchte. Stellt sich der Bewerber stur und hält, aus welchen Gründen auch immer, mit Informationen hinter dem Berg, so ist man zum Wohle des Tieres gezwungen, direkte Fragen zu stellen. Auch diese kann man mit einer freundlichen Umschreibung so stellen, dass der Interessent sich nicht wie ein Angeklagter vor Gericht fühlt. Verschlossenen Menschen kann man erklären, warum bestimmte Informationen für die eigene Urteilsfindung wichtig sind und dass diese Auskünfte nicht weitergereicht werden. In diesem Zusammenhang muss man sich natürlich überlegen, ob man selber mit der notwendigen Offenheit Rede und Antwort gestanden hat. Klappt dann der Austausch immer noch nicht, können Sie sicher sein, auf den falschen Bewerber gestoßen zu sein. Eine gewisse Transparenz ist für ein vertrauensvolles Miteinander vonnöten. Wer dazu nicht bereit ist, dem würde ich keines unserer Katzenkinder verkaufen.

Wenn Sie einen Bewerber als Käufer eines Ihrer Jungtiere für ungeeignet halten, sollten Sie auch die Courage haben, ihm dies mitzuteilen. Auch hier macht der Ton die Musik. Selbst dann, wenn man verärgert ist, weil der andere einen Ton anschlägt, den man als unhöflich empfindet oder sich über die Vorstellungen des anderen von Tierhaltung aufregt, sollte man als souveräner Züchter sich nicht provozieren lassen. Erklären Sie Ihrem Gesprächspartner ruhig, aber bestimmt, warum Sie ihm kein Tier geben möchten. Vielleicht tun Sie damit sogar noch etwas Gutes und bewirken, dass der so Angesprochene in sich geht und seine Vorstellungen überprüft. Vielleicht wird so auch dem einen oder anderen Bewerber klar, dass seriöse Züchter es nicht nötig haben, ihre Jungtiere an den Erstbesten zu »verscherbeln«, sondern ein ehrliches Interesse am Käufer als Mensch und potentieller Tierhalter, aber nicht als »Geldgeber« haben. Gegebenenfalls kommen Sie zu dem Schluss, dass die Person nur nach Ihren Vorstellungen und Prinzipien ungeeignet als Katzenhalter ist, ein anderer Züchter die Situation jedoch anders beurteilen würde. In solchen Fällen können Sie Ihren Anrufer getrost weiter vermitteln.

Beurteilung des Bewerbers mittels Plus- und Minuspunkten

Ob Ihnen ein Anrufer oder Besucher suspekt oder sympathisch erscheint, ist sicherlich von vielen Dingen abhängig. Ich habe in dieser Hinsicht Erfreuliches, aber ebenso Unangenehmes erlebt. Diese Dinge notierte ich in der o.a. Liste. Selbstverständlich hätte ich bestimmte Begebenheiten schon aufgrund ihrer Kuriosität nicht vergessen, jedoch nicht mehr unbedingt mit einem bestimmten Namen in Verbindung gebracht, hinter dem ich ein klares ungeeignet geschrieben hatte:

»Ich hätte gerne einen roten Kater. Ich trage immer sandfarbene Kleidung. Das passt dann besser.«

»Wenn ich mir eine Katze kaufe, muss ich dann täglich saugen?«

»Könnten Sie mir eine Katze zum Kölner Bahnhof bringen? Ich gehe so ungern aus dem Haus. Ich muss das Tier nicht vorher gesehen haben. Ich weiß, wie Norwegische Waldkatzen ausschauen!«

»So eine Norwegische Waldkatze ist aber ganz schön teuer. Wenn die nun genauso überfahren wird, wie unsere Hauskatzen....?«

»Haben Sie auch was mit Farbfehlern? Ich will eine billige Katze, aber echt soll Sie sein. Hat mein Nachbar auch!«

»Die Katze ist ein Geburtstagsgeschenk für meine Frau, kann ich die nicht eher haben? Stellen Sie sich doch nicht so an, ob 8 Wochen oder 12 Wochen alt bei der Übergabe, da ist doch keine Unterschied.... Okay, überredet, ich biete Ihnen mehr Geld. Was wollen Sie haben, damit ich das Tier sofort mitnehmen kann?«

»Die sind aber alle groß, haben Sie keine kleineren Katzen. Ich habe auf Ausstellungen und in Büchern schon viel kleinere gesehen.«

»Warum kosten die denn so viel? Woanders gibt es die viel billiger!«

»Ich suche eine Katze nur für draußen. Müssen die denn unbedingt ins Haus?«

»Meine Hauskatze habe ich nachts immer rausgeschmissen. Da kann man doch wohl auch so eine Norwegische dran gewöhnen.«

»Also ich suche eine ganz ruhige Katze. Mein alter Kater hat nämlich einen Herzfehler. Deshalb sollte er sich nicht aufregen über so ein junges Tier. Außerdem wohne ich im 8. Stock. Ich habe eine große Terrasse (ungesichert), da gibt es auch Mäuse. Aber über das Geländer sollte die Katze nicht springen. Das müssen Sie mir garantieren. Also richtig ruhig, das würde gut passen.«

»Ich möchte mit der Katze züchten. Haben Sie ein Tier zu verkaufen, von dem Sie mir garantieren können, dass es alle Ausstellungen gewinnt?«

»Ich bin beruflich oft unterwegs, deshalb sind meine Kinder viel alleine. Ich hätte für die Kinder gerne eine Katze, damit sie sich nicht einsam fühlen.«

»Ich möchte die Katze gerne mit in den Urlaub nehmen. Wir verreisen immer im Sommer in den Süden mit dem Wohnmobil.«

»Wir wohnen am Waldrand und schon zwei Katzen sind von Jägern erschossen worden. Meine Frau ist ganz traurig. Wir hätten jetzt gerne wieder eine Katze und die Norwegischen Waldkatzen sollen ja ziemlich robust sein. Da wird ihr draußen vielleicht nicht so schnell was passieren.«

Eine Freundin, die einmal miterlebte, wie ich »Minus-Punkte« verteilte, fragte mich, mit der Bemerkung: »Sabine, es sind doch nur Tiere«, ob ich das Ganze nicht zu kritisch beurteilen würde. Wer jedoch vielleicht schon trotz gewissenhafter Prüfung erfahren musste, sein Tier in falsche Hände gegeben zu haben, der kann meine Vorsicht verstehen. Ich könnte die Erlebnisse, in der zuvor als Beispiel dargestellten Liste

Wer seine geliebten Jungtiere in falsche Hände gibt, der wird schlaflose Nächte haben.
Foto: S. Jansen-Nöllenburg

endlos weiterführen. Von befreundeten Züchtern höre ich zudem immer wieder Geschichten, die mich nur den Kopf schütteln lassen. Vermutlich geht es Ihnen ähnlich.

Ich bemühe mich, selbst auf ungeeignete Bewerber freundlich zu reagieren. Eine gewisse Reserviertheit darf jedoch auch hin und wieder gestattet sein, und ist dann vonnöten, wenn man sich vor allzu viel Unverschämtheit schützen will. Dennoch versuche ich in der Regel, möglichst Verständnis für den Anrufer zu entwickeln. So gelingt es mir z.B. hin und wieder Interessenten, die eine Katze zu einem Discountpreis erwerben möchten, davon zu überzeugen, dass ein wirklich gut aufgezogenes Jungtier eben seinen Preis hat und dass das Geld, das ein seriöser Züchter durch den Verkauf erhält, noch nicht einmal annähernd die entstandenen Kosten deckt.

Eine solche Überzeugungsarbeit zieht, wenn sie Erfolg hat, breite Kreise. Denn der Käufer wird, wenn er mit dem erworbenen Jungtier zufrieden ist, die Argumente, die man ihm für seine vernünftige »Investition« unterbreitet hat, im Familien-, Freundes- und Bekanntenkreis weiter vertreten. Dies dient dann auch anderen seriösen Züchtern.

Nun gibt es hin und wieder auch Interessenten, die zwar für eine Katze optimal sorgen würden, sich jedoch den Kauf einer Rassekatze aus finanziellen Gründen zurzeit nicht leisten können, jedoch kein Hauskätzchen haben möchten. Ich bemühe mich dann, den Anrufer davon zu überzeugen, dass man auf etwas, das man sich sehr wünscht, auch warten können sollte und empfehle, Sparmaßnahmen zu ergreifen, bevor er – nur um schnell zum Ziel zu kommen – auf ein Billigangebot zurückgreift, was vermutlich nur Enttäuschungen zur Folge hat. Die Mühe, die ein seriöser Züchter in derartige Gespräche investiert, dient nicht zuletzt auch den Tieren, die in Massenzuchthaushalten ihr Dasein fristen müssen. Denn, je weniger Käufer ein Massenzüchter findet, umso schneller wird er sich einem anderen, lukrativeren Gewerbe zuwenden.

Wer unbedingt jetzt und sofort ein Rassekätzchen möchte, den Preis für ein gut aufgezogenes Tier jedoch nicht erbringen kann oder will, den versuche ich zu motivieren, ein Tier aus dem Tierheim oder vom Katzenschutzbund zu adoptieren. Da seriösen Züchtern nicht nur das Wohl ihrer eigenen Tiere, sondern auch das der vielen anderen am Herzen liegt, sind derartige Diskussionen als Beitrag zum Tierschutz zu werten und dürfen nicht gescheut werden.

Wer für Sie bzw. für eines Ihrer Jungtiere der richtige Käufer ist, wissen Sie sicherlich nach sorgfältiger Überlegung. Einige Notizen können Ihnen jedoch die Auswahl des optimalen Bewerbers erleichtern. Diese lassen sich problemlos in der zuvor beschriebenen Karteikarte stichpunktartig vermerken.

Heike Müller, Rentnerin, ruft aufgrund unseres Inserates in der Tageszeitung an. Sie hat zeit ihres Lebens Hauskatzen, will sich nun endlich den Luxus einer Rassekatze gönnen. Sie hat jedoch Bedenken, dass die Katze überfahren werden könnte. Lebenserwartung ihrer anderen Katzen war durchschnittlich 4-5 Jahre.
Erste Beurteilung: ungeeignet

Franz Schulz, Lehrer, ruft über die Vermittlung von Freunden an, erklärt, dass seine Frau sich eine Norwegische Waldkatze zum Geburtstag wünscht. Das Tier möchte er mit seiner Frau, die nicht berufstätig ist, gemeinsam aussuchen, aber erst abholen, wenn der Geburtstagstrubel vorbei ist, damit man genug Zeit hat, sich dem Tier zu widmen. Hauskatze ist vor zwei Monaten im Alter von 18 Jahren verstorben. Grund Herzversagen. Hat sich über die Rasse durch Ausstellungen und Literatur sachkundig gemacht. Will den Garten entsprechend sichern (fragt nach den besten Möglichkeiten), damit die Katze im Sommer ohne Gefahren mit nach draußen kann.
Erste Beurteilung: sehr gut geeignet

Ursula Eggermann, ganztags berufstätig, allein erziehende Mutter von zwei Töchtern (9 J., 16 J.) sucht eine Katze, die unkompliziert ist und sich, bis die Kinder kommen, selber beschäftigen kann. Möchte den Kindern gerne die Möglichkeit geben, gemeinsam Ausstellungen zu besuchen. Will nicht züchten. Fellfarbe der Katze egal, schmusig soll sie aber sein. Ältere Tochter hat sich mit der Rasse beschäftigt.
Erste Beurteilung: mittelgut geeignet – weitere Prüfung nötig

Cordula Brückmann, alleinstehend, Züchterin, voll berufstätig, sucht für die Zucht Kater, der garantiert Ausstellungserfolge bringt. Hält Kater grundsätzlich getrennt vom Bestand.
Beurteilung: völlig ungeeignet

Andrea Görzen, Züchterin, verheiratet drei Kinder (8 J., 10 J. ,16. J.), halbtags berufstätig, kann sich wenn nötig Urlaub nehmen, z.B. wenn eine Geburt ansteht. Möchte einen Kater, der die kleinen Fehler ihrer Katzen ausgleicht und vom Stammbaum her passt. Will eine Zuchtverbesserung ihres Bestandes. Sucht ein charakterstarkes Tier. Hat auf Katzenausstellungen im Gespräch den Eindruck auf uns gemacht, dass sie ihre Tiere liebt und Katzenzucht als freudebringendes Hobby betrachtet. Hält den Kater im Familienverband und nur stundenweise, wenn er ohne Kontrolle ist, mit Kastraten zusammen im Gehege. Zieht ihre Babys im Wohnzimmer auf. Ganze Familie beteiligt sich an der Zucht. Zwinger hat ein gutes Renommee.
Erste Beurteilung: sehr gut geeignet, Stammbäume sollten gemeinsam geprüft werden, Fotos der Katzen sollten zum Besuch mitgebracht werden.

Marlies Albrecht, Hausfrau, sucht schnellstmöglich einen Ersatz für die zuvor an FIP (Bauchwassersucht) verstorbene Somali Katze. Emotional durch den Tod des Tiers noch sehr belastet, sieht jedoch ein, dass eine gewisse Wartezeit zum

Schutz der neuen Katze sowie Desinfektion des Haushaltes ratsam ist.
Erste Beurteilung: gut geeignet, recht unerfahren, aber lernwillig.

Hans Meier, Besitzer eines Zoofachgeschäftes in Düsseldorf, sucht Katzen zum Weiterverkauf.
Erste und letzte Beurteilung: Händler und kommt somit nicht in Frage.

Denken Sie bitte bei der Prüfung der »Kandidaten« nicht nur daran, dass diese sich unter anderem durch Transparenz als würdig erweisen sollen, sondern seien Sie selbst ebenso für Fragen offen und beantworten Sie diese gewissenhaft. Nur so können auch Sie sich als seriös erweisen. Provokanten Fragen, aus denen Sie ersehen können, dass der Anrufer entweder kein wirkliches Interesse hat und Ihnen nur aus unlauteren Motiven auf den Zahn fühlen möchte, können Sie durch Gegenfragen so ausweichen, dass deutlich wird, dass Sie an Ihre Kunden hohe Ansprüche stellen und diese sorgfältig aussuchen.

Ein Gespräch, das gleich mit Fragen wie: *»Was sollen die denn kosten und wie viel haben Sie denn noch?«,* beginnt, können Sie mit einer Gegenfrage weiterführen, indem Sie sich erkundigen: *»Wie viel hätten Sie denn gern......? Ist Ihnen die Rasse überhaupt bekannt oder interessieren Sie sich nur für den Preis?«*

Selbstverständlich sollten Sie auch bei dieser Gesprächsführung freundlich bleiben. Nicht jeder Interessent, der sich auf diese ungeschickte Art äußert, muss sofort mit einem Minus bewertet werden. Manchen Menschen fehlt einfach das »Gewusst wie«. Versuchen Sie dafür Verständnis zu entwickeln, auch wenn es bei der Vielzahl solcher Anrufe schwer fällt.

Dem bekannten »Züchtersport«, einen Mitinserenten unter falschem Namen anzurufen und auszufragen, sollten Sie gelassen gegenüberstehen. Wer so etwas nötig hat, stellt sich selber ins Aus. Geben Sie ruhig Auskunft, schließlich haben Sie nichts zu verbergen. Übel wird das »Spiel« jedoch dann, wenn sich derartige Züchter unter falschem Namen noch zu einem Besuchstermin anmelden. Es darf die Frage gestattet sein, worum es diesen Menschen eigentlich überhaupt geht. Sicherlich nicht um die seriöse Zucht hochwertiger Rassekatzen.

Notieren Sie sich grundsätzlich die Telefonnummer von den Interessenten, mit denen Sie einen Termin vereinbart haben. Ein kurzer Rückruf kann Ihnen dann zeigen, wer wirklich hinter dem Anruf steckt. Außerdem kann es möglich sein, dass Sie den Besuch aus irgendeinem Grund verschieben müssen. Sollte Ihr Gast dann vor der geschlossenen Tür stehen, wäre das für alle Beteiligten sehr unangenehm. Häufen sich bei Ihnen »getürkte« Anrufe, so rate ich Ihnen, eine Fangschaltung einzurichten. Wenn Sie hierdurch den Übeltäter ausfindig machen konnten, wenden Sie sich an den Rechtsausschuss des Vereines, in dem dieser Mitglied ist. Im Laufe der Jahre werden derartige Aktionen von neidischen Züchterkollegen eher Ihr Mitleid als Ihre Aggression wecken.

Mit all den Anrufern, die Sie als mindestens geeignet beurteilt haben, können Sie dann einen ersten Besuchstermin vereinbaren, doch dazu später.

Notieren Sie sich all das, was Ihnen wichtig erscheint, z.B. in Ihrer Karteikarte. Vermerken Sie hier nicht nur geeignete, sondern auch völlig ungeeignete Bewerber. Nutzen Sie Ihre gesammelten Informationen im Austausch mit anderen seriösen Züchtern.

Benjamin prüft Besucher mit wachem Blick. Foto: Bauer

Inserate – wie und wo?

Annoncen schalten können Sie in Katzenfachzeitschriften, Tierzeitschriften, Vereinszeitungen, regionalen Tages- und Wochenzeitungen und Stadtanzeigern.

Bevor Sie sich überlegen, ein Inserat aufzugeben, sollte Sie sich Gedanken darüber machen, an welchen Kundenkreis Sie sich wenden möchten und mit welchen Mitteln Sie die Leser von Annoncen auf sich aufmerksam machen wollen.

Sollten Ihre Jungtiere so hervorragende Qualitäten aufweisen, dass sie in der Zucht eingesetzt eine Bereicherung für die Rasse als solche wären, ist es sicherlich in Ihrem Sinne, wenn die Katzen Aufnahme in einen Züchterhaushalt finden würden. Spätere Zucht- und Ausstellungserfolge im Zwinger des neuen Besitzers würden dann zudem Ihrem guten Namen als erfolgreichen, seriösen Züchter dienlich sein. Nun ist vielleicht nicht jedes Katzenkind von exzellenter Zuchtqualität. In solchen Fällen bietet es sich an, das Kätzchen an einen Liebhaber zu verkaufen. Die objektive Beurteilung der niedlichen Kleinen ist sicherlich nicht immer ganz einfach. Schönfärberei ist allerdings weder Ihnen noch dem Käufer dienlich. Wenn Sie bei der Einschätzung der Jungen nicht ganz sicher sind, so ist es sinnvoll, einen erfahrenen Züchter zu Rate zu ziehen. Ich kenne einige Vereinsvorsitzende, die neben Ihrer Zucht- und Vereinstätigkeit und der damit verbundenen Erfahrung auch über eine Richterausbildung verfügen. Nicht nur in meinem Verein ist es daher möglich, diese Experten zu Rate zu ziehen. Eine andere Möglichkeit ist die, Jungtiere auf einer Katzenausstellung ab einem Alter von 10 Wochen einem Richtergremium vorzustellen und eine Einzelbewertung zu beantragen. Bei all diesen Benotungen kann jedoch nur festgestellt werden, wie das Tier zum jeweiligen Zeitpunkt der Vorstellung wirkt. Zukunftsprognosen sind spekulativ. Eine Garantie für spätere Qualitäten zu geben, ist nicht möglich. Züchter und Richter greifen hier lediglich auf ihre Erfahrungen zurück.

Denken Sie auch darüber nach, ob Sie überhaupt bereit sind, an einen Züchter zu verkaufen; welche Einstellung dieser als Tierhalter haben muss und ob seine Züchterphilosophie mit der Ihren zu vereinbaren ist. Die Problematik der Deckkaterhaltung habe ich schon an mehreren Stellen angesprochen. Etliche Züchter gehen daher mittlerweile dazu über, so gut wie keine Kater in die Zucht zu verkaufen oder tun dies nur, wenn ihnen der Züchterhaushalt gut bekannt ist.

Die Art und Weise, für den eigenen Zwinger Werbung zu machen, ist somit nicht nur abhängig davon, wie niedlich Ihre Jungen sind, sondern auch stark von Ihrer Persönlichkeit. Von dem, was Sie sich als zukünftiges Zuhause für Ihr Kätzchen wünschen, wie Sie seine Zuchttauglichkeit und Rassequalität einschätzen und sogar auch davon, welche Kosten eine Anzeige je nach Umfang verursacht. Wer auf sich aufmerksam machen möchte, muss jedoch investieren. Diese Investitionen sollten allerdings auch effektiv sein.

Je nach Art der Zeitung, in der Sie Werbung machen wollen, sind die Inserate schriftlich oder mündlich aufzugeben. Anschriften und Telefonnummern finden Sie im Impressum oder im Anzeigenteil der jeweiligen Zeitung. Bevor Sie eine Anzeige schalten, sollten Sie sich nach den Kosten der Anzeige und nach der Auflagenhöhe der Zeitschrift erkundigen. Setzen Sie sich dann in Ruhe hin und überlegen Sie, welchen Text Sie aufgeben möchten. Somit verhindern Sie Fehler, die in Inseraten in jeder Form immer wieder einmal vorkommen. Sollte der Fehler von Seiten der Anzeigenannahme zu verantworten sein, ist es vom Verlag üblich, zum nächstmöglichen Termin eine weitere, richtige kostenlose Anzeige zu schalten. Bei mündlich abgegebenen Inseraten wird der aufgegebene Text meist nochmals kurz abgesprochen. Bei schriftlichen Inseraten ist das nicht üblich. Um eigene Fehler zu vermeiden, ist es ratsam, den Text vor der Abgabe nochmals Korrektur zu lesen. Die Gebühren für telefonisch aufgegebene Inserate werden in der Regel vom Konto abgebucht.

Fachzeitschriften

In Fachzeitungen wie auch in Stadtanzeigern ist es in der Regel eher möglich, einen Text über mehrere Zeilen zu formulieren, als in Tageszeitungen.

Manche Züchter bevorzugen Inserate mit rein sachlichen Informationen. Dort, werden dann zum Beispiel Auskünfte erteilt über:

- den Zwingernamen / Züchteranschrift und/oder Telefonnummer,
- die zu verkaufenden Jungtiere,
- ihr Geschlecht,
- ihre Farben,
- Qualitäten und Namensangabe der Elterntiere,
- Ausstellungserfolge,
- Impfungen,
- Art der Haltung (z.B. an Kinder / Hunde gewöhnt),
- eigener Deckkater vorhanden,
- genetische Anlagen (z.B. Verdünnungsträger).

Anderen Züchtern ist es wichtiger, durch Originalität und/oder Witz Käufer neugierig zu machen. In solchen Anzeigen ist dann zu lesen:

- »Kleine Kobolde suchen Dosenöffner...«
- »Lieben Sie zerfetzte Gardinen, kaputte Tapeten, zerrupfte Pflanzen, Kratzspuren auf Möbeln? Ja? Dann rufen Sie uns an!...«
- »Kleine Herzdiebe sind wieder auf der Jagd nach Beute...«
- »Wollen Sie Ihr Leben mit Ästhetik krönen...? dann teilen Sie es mit einer einzigartigen... Persönlichkeit!«
- »Einmal Rex, immer Rex!«

Wieder andere Züchter versuchen auf die Qualität Ihrer Zucht aufmerksam zu machen, indem sie versuchen, auf ihren besonderen Anspruch und große Erfolge hinzuweisen:

- »Vom Schloss Prinzenhöhe« – exquisite Katzenkinder aus hochprämierter Zucht.«

- »Unsere Katzen sind die Besten, diese Qualität müssen Sie suchen.«
- »Hobbyzucht vom Isagrund – ein weltweit bekannter Name für exzellente Siamkatzen«.
- »Die etwas andere Zucht – wenn Sie wirklich gute Van-Katzen suchen, rufen Sie uns an. Mehrfache Sieger von ... und in ...«

Es gibt auch Züchter, die in ihrer Anzeige darauf hinweisen möchten, dass sie Ansprüche an ihre Käufer stellen. Dies wird dann zum Beispiel so formuliert:

- »Liebevolle Adoptiveltern für vierbeinige Rasselbande gesucht.«
- »Katzenkinder, nur in gute, liebevolle Hände abzugeben.«
- »Unsere besonderen Kätzchen brauchen besondere Menschen. Sind Sie geeignet?«
- »Durch Liebe und Geborgenheit werden Orientalen zur Besonderheit«

Oftmals ist es Züchtern auch wichtig, auf die positiven Charaktereigenschaften ihrer gut aufgezogenen Katzenkinder hinzuweisen. Das liest sich dann z.B. so:

- »Suchen Sie eine Katze, die zu Ihnen passt, bei uns werden Sie treue Tiere finden.«
- »Verspielte und verschmuste Katzenbabys suchen neuen Wirkungskreis.«
- »Charakterstark in jeder Situation – Norwegische Waldkatzenbabys vom Klostermarkt.«
- »Ach wäre ich doch eine Mieze vom..... mit dem tollen Charakter, dann würden mich alle Menschen lieben.«
- »Putzmuntere und süße Tigerchen suchen lebenslange Freundschaft.«

Häufig versuchen Züchter, zuvor genannte Kriterien miteinander zu kombinieren. Fast immer finden sich in ausführlicheren Anzeigen jedoch Hinweise auf die *Gesundheitsvorsorge,* wie sie folgenden Beispielen zu entnehmen ist:

- »Aus kontrollierter Zucht...«
- »Alle Impfungen...«
- »Mehrfach getestet und entwurmt...«
- »Mit tierärztlichem Gesundheitszeugnis.«

Ob es wirklich nötig ist, auf Dinge aufmerksam zu machen, die in jeder seriösen Zucht obligatorisch sind, muss jeder Züchter für sich selber entscheiden. Fest steht, dass Interessenten häufig danach fragen, wie und womit Jungtiere geimpft werden und ob sie entwurmt worden sind.

Zuvor genannte Beispiele habe ich **Fachzeitschriften** entnommen, in denen es den Züchtern möglich ist, ausführlich zu inserieren.

Es gibt jedoch auch Minimalisten, die mit wenig Text auf sich aufmerksam machen können, und dies nicht aus Kostengründen, sondern ebenfalls um die Neugierde der Leser zu wecken. Ich habe einmal mit einer ganz kurzen Anzeige in einer Katzenfachzeitschrift, mit dem Text: »Mimi hat Babys. Tel: .....« geworben und unendlich viele gute Interessenten gewonnen. Zum einen ist »Mimi« in Züchterkreisen bekannt und der Hinweis, dass sie Jungtiere hatte, weckte das Interesse der Züchter, die von ihrem Typ begeistert waren und ihre Ausstellungserfolge kannten, zum anderen verkaufte ich über diese Anzeige auch an Liebhaber, die gespannt waren, was sich hinter diesem kurzen Inserat verbarg.

Wenn Sie in einer Fachzeitschrift inserieren, können Sie davon ausgehen, dass andere Züchter Sie, zum Beispiel durch Katzenausstellungen oder andere Kontaktaufnahmen, kennen und mit Aufmerksamkeit verfolgen, dass Sie Jungtiere zu verkaufen haben. Erfahrene Züchter richten ihr Augenmerk beim Kauf weniger auf die von Ihnen angepriesenen Ausstellungserfolge, sondern eher auf die definitiv feststellbaren Vererbungsqualitäten der Elterntiere sowie dem Phäno- und Genotyp der Jungtiere. Ebenso verlassen sie sich bei der Beurteilung der Aufzucht- und Haltungsbedingungen auf ihren Instinkt und das langjährig erworbene Wissen. Laien sind Ausstellungserfolge, das konnte ich im Laufe der Jahre feststellen, meist völlig egal. Sie wünschen sich ein freundliches und anhängliches Kätzchen, mit dem es Freude macht zusammenzuleben. Dass sie die Annonce einer Fachzeitschrift entnommen haben, zeigt jedoch, dass sie gezielt auf der Suche nach einem Katzenkind sind.

Ob typvoll oder witzig, ansprechend sollte ein Werbefoto sein. Foto: S. Jansen-Nöllenburg

Aussagekräftige Fotos

Die meisten Inserate in Fachzeitschriften werden mittels entsprechender Fotos belebt. Der Annonce ein Foto beizufügen, weckt nicht nur das Interesse von Züchtern, sondern auch das von Laien. Bei der Auswahl der Bilder ist ebenso wie bei der Gestaltung des Textes zu überlegen, welche Zielgruppe man ansprechen möchte. Grundsätzlich sollte die Aufnahme von guter Qualität sein. Wer selber nicht in der Lage ist, ordentliche Fotos zu machen, der kann einen Profi beauftragen, darf dann aber die Kosten für eine derartige Investition nicht scheuen. Ratsam ist hier, zuvor einen Kostenvoranschlag erstellen zu lassen und sich zu erkundigen, ob der beauftragte Fotograf über Erfahrungen mit Tierfotografie verfügt. Vielleicht haben Sie auch Freunde, Bekannte oder Verwandte, die gut fotografieren können und denen es Spaß machen würde, Ihnen diesbezüglich zu helfen.

Die beste Antiwerbung ist eine Annonce, die von einer Ablichtung begleitet wird, auf der das Tier nur undeutlich zu erkennen ist oder der Mensch im Mittelpunkt steht!

Ob Sie ein Foto wählen, das die rassetypischen Merkmale des Jungtieres oder der Elterntiere besonders gut demonstriert oder eher eins, was ans Herz geht und dadurch wirkt, dass es zum Beispiel niedlich ist, ist eine individuelle Entscheidung, die von vielen Kriterien abhängig ist. Fest steht, dass Anzeigen mit Fotos eher gelesen werden als andere und zudem beweisen, wie stolz der Züchter auf seine Katzen ist. Farbige Fotos sind im Abdruck meist teurer als Schwarzweißablichtungen, wobei Farbaufnahmen oftmals aussagekräftiger sind.

In einer Fachzeitschrift zu inserieren, hat einige Vorteile:

- Der Kundenkreis wird eingeschränkt.
- Die Leser sind entweder Züchter oder katzenbegeisterte Liebhaber.
- Beide verfügen in der Regel über Erfahrungen im Umgang mit Katzen und sind bereit, sich über Fachliteratur weiteres Wissen anzueignen.
- Dies gilt auch für Laien, die diese Zeitschriften kaufen, mit dem Ziel sich zu informieren, weiterzubilden.

- Die Anzeigen sind meist nach Rassen aufgeteilt.
- Mittels ausführlicher Texte können Sie die Leser auf sich aufmerksam machen, die für Sie als Käufer in Frage kommen.
- Durch Fotos ist Ihnen die Möglichkeit gegeben, die Qualität der zu verkaufenden Jungtiere oder Elterntiere zu unterstreichen.

Überdenken Sie, bevor Sie in einer Fachzeitschrift inserieren, ob es sich wirklich um eine solche handelt und wie viele Leser diese Zeitung hat. Fragen Sie sich, ob sich diese Ausgabe unter Berücksichtigung des Leserkreises wirklich lohnt. Achten Sie auch darauf, zu welchem Erscheinungsdatum die von Ihnen aufgegebene Kleinanzeige abgedruckt wird. Für Textanzeigen verlangen die meisten Katzenzeitungen eine Vorkasse! Anzeigen mit Rahmen und Fotos sind auffälliger als andere!

Auf Raritäten wie dieses British Shorthair-Kätzchen in golden-tabby sollte man aufmerksam machen. Foto: Jorzik / Ohlig

Tageszeitungen

In der Regel ist es so, dass Sie bis Mittwoch, spätestens Donnerstag, je nach Anzeigenschluss, Ihre Annonce telefonisch an eine Tageszeitung aufgegeben haben müssen. Da diese Anzeigen meist recht teuer sind, beschränken sich die meisten Züchter auf einzeilige oder zweizeilige Werbung. Nur wenige Zeitungen haben ihren Tiermarkt nach Rubriken zum Beispiel Hunde, Katzen oder andere Kleintiere unterteilt. In der Regel ist es so, dass die Annoncen nach dem Alphabet sortiert aufgeführt werden oder dass nach dem Motto »wer zuerst anruft, mahlt zuerst« der an oberster Stelle in der Tierrubrik zu finden ist, der als erster sein Inserat aufgegeben hat. Je nachdem, welche Rasse Sie züchten, werden Sie bei einem Inserat in einer Tageszeitung viele Anrufe uninformierter Katzenfreunde erhalten, die sich vielleicht einfach nur erst einmal erkundigen möchten, um was für eine Rasse es sich überhaupt handelt. Diese Interessenten haben oftmals auch überhaupt keine Vorstellung davon, was eine Katzenzucht kostet und reagieren nicht selten empört, wenn man ihnen den Kaufpreis nennt. Von Vorteil sind Inserate in der Tagespresse für denjenigen, der – aus welchen Gründen auch immer – nicht an einen Züchter verkaufen möchte, ein älteres Tier abgeben muss oder eine Katze nur in die nähere Umgebung verkaufen will.

Hin und wieder findet man in der Tagespresse auch Anzeigen, bei denen neben der Rasse der Preis genannt ist, wie z.B.: »Norwegische Waldkatzen, billig, Tel.:..« oder »Maine Coon-Kätzchen für DM 400,-«. Ob derartige Anzeigen seriös wirken, muss jeder für sich selber entscheiden. Fest steht, dass der Inserent Anrufe von Menschen erhält, die gegebenenfalls möglichst billig eine Rassekatze erstehen möchte. Da es um das Leben und Wohlbefinden von Tieren und nicht um den Verkauf eines Gebrauchtwagens geht, ist gut zu überlegen, ob der Verkaufspreis überhaupt in der Anzeige Erwähnung finden muss! Schließlich sucht ein seriöser Züchter nicht um jeden Preis Käufer für seine liebevoll aufgezogenen Jungen, sondern einen Menschen, dem er sein Katzenkind ruhigen Gewissens anvertrauen kann.

Abkürzungen, wie sie aus Kostengründen in der Tageszeitung häufig zu lesen sind, wie z.B.: »MC Wurf; Eltern Int. Ch., DE-Pap:, blue-t., black-t, mehrf. geimpft, entw., aus liebev. Hobbyz., Tel.: O208/...«, sagen dem Laien wenig. Ausdrücken möchte der Inserent, dass er Katzenkinder aus einem Maine Coon Wurf abzugeben hat, die von prämierten Elterntieren mit dem Titel Internationaler Champion, in den Farben blau-getigert und schwarz-getigert mit Stammbaum eines anerkannten Vereines, hier der Deutschen Edelkatze, abzugeben hat. Weiterhin versucht der Züchter darüber zu informieren, dass die Katzenkinder, wie es in jeder seriösen Zucht obligatorisch ist, mehrfach geimpft und entwurmt sind und dass er eine nicht kommerzielle Zucht betreibt. Bevor Sie einen Interessent durch eine Vielzahl unbekannter Begriffe abschrecken, sollten Sie sich in Ihrer Information vielleicht eher auf das beschränken, was auf den ersten Blick wichtig ist.

Vereinszeitschriften

Viele Vereine verfügen über eine Vereinsorgan, durch das sie ihre Mitglieder auf dem Laufenden halten. Diese Zeitungen sind in der Regel nicht im Geschäft oder am Kiosk, sondern nur im Abonnement oder auf Katzenausstellungen zu erhalten. Vereinsmitgliedern werden sie automatisch zugestellt. Nichtmitglieder können sie auf Antrag erhalten oder auf Katzenausstellungen kaufen. Zu lesen sind dort Anekdoten rund um die Katze und das Vereinsgeschehen, Neues aus der Medizin, Ernährung und Pflege, Ausstellungstermine und Erfolge sowie das Deckkaterverzeichnis. Inserate werden von den Vereinen über die allgemeine Jungtiervermittlung hinaus gerne abgedruckt. Da der jeweilige Redaktionsschluss oft schon Wochen vor dem

Wo finden Katzenfreunde ein so niedliches Kätzchen? Foto: Bauer

Erscheinungsdatum festgelegt ist, lohnen sich solche Anzeigen meist nur dann, wenn man über einen längeren Zeitraum Katzenkinder erwartet, frühstmöglich inseriert oder plant, die Weibchen erst dann belegen zu lassen, wenn man genug feste Vorbestellungen hat. Meist ist es so, dass sich die meisten Vereinsmitglieder kennen und über den kontinuierlichen Austausch miteinander in der Regel wissen, an wen sie sich zu wenden haben, wenn sie auf der Suche nach einem bestimmten Zuchtkater- oder einer Zuchtkatze sind. Sollten Sie noch neu im Verein sein, so ist eine Annonce in einer Vereinszeitschrift ein Hilfsmittel, Kontakte mit anderen Züchtern zu knüpfen.

Inserate in der ausländischen Presse

Annoncen im benachbarten, deutschsprachigen Ausland wie z.B. der Schweiz, Österreich und Luxemburg oder in Regionen, wo neben der Landessprache oft deutsch gesprochen wird, wie in Südtirol, den Niederlanden oder im Elsass aufzugeben, lohnt sich immer dann, wenn Sie Katzen von hoher Qualität und interessantem Stammbaum anzubieten haben. Da häufig nur Züchter bereit sind, zur Bestandsverbesserung weite Wege in Kauf zu nehmen, rät sich hier lediglich, in Katzenzeitungen auf den eigenen Zwinger aufmerksam zu machen. Anzeigen in der ausländischen Tagespresse werden kaum Erfolg versprechend sein.

Der Verkauf über die Grenzen hinaus ist nicht immer ganz einfach und mit vielen unsicheren Faktoren verbunden. In der eigenen Katzenszene, wie viele Züchter es auch geben mag, ist die Welt doch recht klein und der Ruf den ein Züchter hat, sei es im Bereich der Tierhaltung oder in Bezug auf seine Zucht- und Ausstellungserfolge, eilt ihm oftmals voraus. Die Überprüfung dessen und ob er hält, was er verspricht, ist relativ einfach. Der Kontakt mit einem ausländischen Züchter beschränkt sich über eine gewisse Zeit zunächst einmal auf Telefonate und Schriftverkehr. Stammbäume und Fotos werden ausgetauscht und man versucht, sich vorsichtig ein Bild voneinander zu machen. Häufig ist es dann so, dass ein Kaufvertrag geschlossen wird, ohne dass man sich von Angesicht zu Angesicht kennen lernen konnte. Ein solcher Kauf und Verkauf birgt einige Gefahren. Ein Mensch, der einem durch mehrere Telefonate als sympathisch und geeignet erscheint, kann sich bei näherem Kennenlernen, z.B. wenn man ihn im Umgang mit den Katzen beobachtet, als ungeeignet erweisen. Der Käufer kennt zunächst den eigenen Haushalt nicht und man selber verlässt sich nur auf seinen ersten Eindruck und »Hörensagen«. Eine Kontrolle des Käufers bzw. seines Zwingers ist nicht nur aufgrund der Entfernung schwierig. Wer schon öfter in ein bestimmtes Land verkauft hat, sollte die Möglichkeit in Erwägung ziehen, sich bei den dortigen, bekannten Züchtern über die Bewerber zu erkundigen. Einige Züchter wählen aus diesem Grunde die Möglichkeit, nach Vertragsabschluss die Katze in das neue Heim zu bringen, um sich vor Ort davon zu überzeugen, ob es dem Tier dort auch gut gehen wird. Doch was tut man dann, wenn man das Gefühl hat, an den falschen Züchter verkauft zu haben? Sie sagen jetzt sicherlich, dass Sie Ihr Jungtier schnell wieder nach Hause bringen würden. Das ist zwar sehr löblich, doch einfacher gesagt als getan! Schließlich haben Sie durch Ihre Unterschrift auf dem Kaufvertrag Ihre Zusage zum Verkauf gegeben. Bedenken Sie hierbei bitte auch den gegebenenfalls durch die Anstrengung einer weiten Fahrt entstandenen Stressfaktor wie Überreizung, Übermüdung und Ähnliches. In solchen Situationen, bekannt und vergleichbar mit dem Gefühl der Beurteilung eines Urlaubsortes nach anstrengender Anreise, fehlt es oftmals an der nötigen Objektivität. Einen einmal geschlossenen Vertrag rückgängig zu machen, ist mit zahlreichen rechtlichen Schwierigkeiten verbunden. Auch in emotionaler Hinsicht ist die Auflösung des Verkaufsversprechens recht schwierig.

Natürlich freut sich bestimmt jeder Züchter darüber, wenn er durch die Präsentation seiner exzellenten Tiere nicht nur im Inland, sondern auch im Ausland bekannt wird. Ob es das wirklich wert ist und ob Sie die besondere Verantwortung, die entsteht, wenn Sie an einen völlig unbekannten Züchter ins Ausland verkaufen, übernehmen wollen, sollten Sie sorgfältig prüfen, bevor Sie einen Anzeige aufgeben.

Egal wie und wo Sie inserieren, denken Sie immer daran, dass Ihre Annonce auch das halten muss, was sie verspricht. Neben der notwendigen Ehrlichkeit sollten Sie genau den Anzeigetext wählen, der zu Ihnen und Ihrer Züchterphilosophie passt. Haben Sie keine Hemmungen, die Qualitäten Ihrer Katzen zu beschreiben und stellen Sie Ihr Licht nicht unter den Scheffel, aber hüten Sie sich vor Übertreibungen. Ahmen Sie möglichst nicht andere Züchter nach, deren Annoncen Ihnen gefallen, sondern bemühen Sie sich, ein eigenes Anzeigenprofil zu entwickeln. Überlegen Sie sich, welcher Text Sie beeindrucken und zum Telefonhörer greifen lassen würde!

Jungtiervermittlung durch den Verein

Je nach dem, wie viel Werbung ein Verein für sich macht, wie häufig er Ausstellungen durchführt und wie gut er organisiert ist, um so erfolgreicher wird seine Jungtiervermittlung sein. In den meisten Vereinen wird die Vermittlung ehrenamtlich von einem oder mehreren Züchtern ausgeübt. Je nach Größe des Vereins werden diese Aufgaben nach Regionen verteilt, so dass Züchter und Ansprechpartner nicht zu weit entfernt wohnen. Um in die Jungtiervermittlungslisten aufgenommen zu werden, ist in der Regel ein schriftlicher Antrag nötig. Die Elterntiere, ihre Fellfarben und Prämierungen werden notiert und die zu verkaufenden Jungtiere beschrieben. Je nach Verein wird für die Antragsaufnahme eine Gebühr gefordert. Bei erfolgreichem Verkauf ist eine weitere Gebühr fällig. Auf Anfrage gibt der Beauftragte des Vereins die entsprechenden Anschriften sowie Telefonnummern weiter.

Die ehrenamtlich tätigen Mitglieder eines Vereins verfügen in den seltensten Fällen über Erfahrungen bei allen Rassen. Daher bekommt der Anrufer hier oftmals nur eingeschränkt Informationen. Wie effektiv eine Vermittlungsstelle arbeitet, hängt somit auch vom Wissen des Vermittlers sowie seinem persönlichen Engagement ab. Leider kann durch die Vereine bzw. deren gewählten Beauftragten selten eine Auslese getroffen werden und jedes Vereinsmitglied, das sich nicht offensichtlich etwas zu Schulden hat kommen lassen und seine Beiträge pünktlich bezahlt, kann die Jungtiervermittlung in Anspruch nehmen. Wenn Verkäufer und Vermittler sich sympathisch sind und schon des öfteren gut zusammengearbeitet haben, ist das sicherlich von Vorteil. Über ein Lob für die ehrenamtliche Tätigkeit oder eine kleine Anerkennung wie z.B. ein Strauß Blumen oder eine Packung Pralinen wird sich bestimmt jeder fleißige Bevollmächtigte freuen.

Eher als vielleicht der Vermittlungsbeauftragte kann der Vereinsvorsitzende je nach Größe des Vereines, nach Bekanntheitsgrad des Züchters, seiner Mitarbeit im Verein sowie die hierdurch entstandenen langjährigen Kontakte diesen und dessen Zwinger beurteilen. Daher ist es nie von Nachteil, wenn Sie einen guten Kontakt mit den jeweiligen Funktionären pflegen und beizeiten vom zu verkaufenden Wurf berichten. Ein Vereinsbüro, in dem alle Fäden zusammenlaufen, ist die beste Kontaktbörse.

Für einen großen Wurf geeignete Menschen zu finden ist nicht immer einfach. Foto: Bauer

Ausstellungen nutzen

Dass es aufgrund des erhöhten Infektionsdrucks auf Ausstellungen nicht ganz unproblematisch ist, hier Jungtiere zum Verkauf anzubieten, habe ich schon an anderer Stelle erwähnt. Natürlich möchte gern jeder, der Jungtiere mit hervorragenden Qualitäten hat, diese auch anderen Züchtern sowie Liebhabern zeigen und im Wettbewerb eine Auszeichnung gewinnen. Häufig scharen sich nicht nur Züchter, sondern insbesondere die Besucher vor den Käfigen mit Jungtieren. Oftmals wird dann ein Kauf abgeschlossen. Es ist jedoch denkbar schwierig, im hektischen Ausstellungsgeschehen den Käufer auf seine Seriosität zu überprüfen. Gegen den Abschluss von Vorverträgen ist allerdings nicht einzuwenden. Der Käufer kann dann einige Tage nach der Ausstellung zu Besuch kommen und nach entsprechender Prüfung gegebenenfalls das Katzenkind mit nach Hause nehmen. Die Praxis, Jungtiere oben auf dem Käfig z.B. in einem Körbchen anzupreisen und von jedem streicheln zu lassen, sollte meiner Meinung nach von den Vereinen verboten werden. In der Regel ist es so, dass weder Aussteller noch Besucher sich aus böser Absicht so verhalten, sondern eher aus Unkenntnis der Möglichkeit, dass auf diesem Wege vermehrt Krankheiten übertragen werden können. Jeder jedoch, der so handelt, muss sich darüber im Klaren sein, dass er äußerst unseriös wirkt.

Auf den eigenen Zwinger und darauf, dass Sie Jungtiere zu verkaufen haben, können Sie auf eine andere, meines Erachtens bessere Art aufmerksam machen: indem Sie Ihren Käfig mit entsprechendem Informationsmaterial versehen, wie:

- *Visitenkarten*

Interessierte Besucher/Züchter erhalten durch die Mitnahme einer Visitenkarte die Möglichkeit, sich auch zu einem späteren Zeitpunkt in Ruhe telefonisch zu informieren. Ich habe schon Jungtiere an Katzenfreunde verkauft, die meine Karte über Jahre aufbewahrt hatten und sich erst in

Die Richterin beurteilt genau die Farbe der Katze.
Foto: S. Jansen-Nöllenburg

dem Moment an mich wandten, als die häusliche Situation eine Tierhaltung erlaubte.

- *Fotoalben*

Das Aufstellen von Alben auf dem Käfig bietet die Möglichkeit, den Besuchern/Züchtern auch einen Überblick über die Katzen zu geben, die man nicht auf der Ausstellung präsentiert. Hierbei sind nicht nur die Fotos von Bedeutung, die demonstrieren, wie typvoll ein Katze ist, sondern auch welche, die die Katzen im Umgang mit ihrem Menschen, Kindern und anderen Tieren z.B. Hunden zeigen sowie einen Eindruck vom häuslichen Umfeld vermitteln.

- *Rasseinformation/ Eigendarstellung*

Selbst erstelltes Informationsmaterial über die eigenen Katzen, Ausstellungserfolge, ihre Rasse und Charaktereigenschaften, zur Entstehungsgeschichte, ihren Pflege- und Ernährungsbedarf mit Fotos oder guten kopierten Ablichtungen wird jeden interessierten Jungtiersuchenden begeistern und ist eine seriöse Werbemaßnahmc.

- *Stammbäume*

Fotokopien von Stammbäumen sollten Sie grundsätzlich bei jedem Ausstellungsbesuch dabei haben. Die Einsicht in Ahnentafel zu nehmen, ist für Züchter ganz besonders interessant. Gemeinsam mit anderen Züchtern, die man vielleicht zuvor noch nicht kannte, nachzulesen, wie die ausgestellten Tiere mit den eigenen Katzen verwandt sind, ist nicht nur spannend und unterhaltsam, sondern gibt zudem einigen Aufschluss über die Vererbungsqualitäten der eigenen Katzen. Ich habe auf einer Ausstellung erlebt, dass 70% der präsentierten Katzen indirekte Nachkommen meines Katers waren. Es war eine große Freude für mich und meinen Mann, die Enkel, Urenkel und Ururenkel unseres geliebten Tyrannus Saurus Rex ansehen zu können. Vorbestellungen oder Verkäufe ergeben sich aus solchen Situationen heraus wie von selbst!

- *Dekoration*

Die Verschönerung des Käfigs ist stark abhängig vom persönlichen Geschmack. Werbeträchtig ist die Dekoration des Käfigs immer dann, wenn er die Vorzüge der ausgestellten Katzen unterstreicht.

- *Verkaufsschilder*

Anstatt Ihre Katzenkinder mit auf eine Ausstellung zu nehmen und sie dort Gefahren auszusetzen, können Sie auch ein Schild, wie z.B. »Jungtiere zu verkaufen« an den Käfig hängen und die Neugierde der Besucher zusätzlich mittels eines hübschen Fotos wecken.

Auf Ausstellungen Werbung für die zu verkaufenden Katzenkinder zu machen, hat den Vorteil, dass insbesondere bei Prämierungen Züchter wie auch Besucher direkt auf die Qualität der Katzen des Zwingers aufmerksam werden. Die Art und Weise wie ein Züchter sich hier im Umgang mit Gleichgesinnten verhält, gibt einigen Aufschluss über seine eigenen sozialen Kompetenzen. Da Sie Interessenten von Angesicht zu Angesicht gegenüberstehen, haben Sie hier eher die Möglichkeit der Selektion der Bewerber als am Telefon. Bedenken Sie bitte jedoch, dass Sie gegebenenfalls nicht die nötige Zeit haben, den Jungtiersuchenden wirklich gewissenhaft zu prüfen, wenn Sie z.B. von Richter zu Richter und dann noch auf die Bühne hetzen. Die Mittagspause, die ca. zwei Stunden dauert, kann gut für gemütliche und informative Gespräche genutzt werden. Handelt es sich bei dem zukünftigen Käufer um einen Züchter, der selber ausstellt, ist es aufschlussreich zu beobachten, wie er sich auf der Show verhält, in welcher Art und Weise er mit Züchterkollegen sowie mit Erfolg und Misserfolg umgeht, in welchem Gesundheits/Pflegezustand seine Tiere sind, ob diese gestresst oder eher relaxt wirken und wie sie nach Maßgabe des Rassestandard zu beurteilen sind. Da manche Aussteller etwas nervös und aufgeregt sind, sollte man bei seinem Urteil jedoch nicht allzu kritisch sein. Je mehr Züchter hier allerdings Ruhe behalten, um so angenehmer gestaltet sich der Kontakt miteinander.

Sonderschauen besuchen

Auf Sonderveranstaltungen, bei denen in der Regel einer bestimmte Rasse besonders viel Aufmerksamkeit – unter anderem durch die Informationsstände der Interessenverbände sowie durch spezielle Bühnenschauen – geschenkt wird, können Sie für die eigene Rasse viel Werbung machen. Zum einen ist hier die Möglichkeit gegeben, mit einer Vielzahl Gleichgesinnter sich austauschen zu können und unter massivem Konkurrenzdruck eine Prämie-

Ein Foto von der Prämierung auf der Bühne ist ein guter Werbeträger. Foto: S. Jansen-Nöllenburg

rung zu erhalten, zum anderen machen die Vereine durch die Tagespresse auf derartige Veranstaltungen aufmerksam, was oftmals zu einem regen Besucherandrang interessierter Katzenfreunde führt, bei denen ein differenziertes, gezieltes Kaufinteresse nicht auszuschließen ist.

Kontakte mit Züchtern pflegen

Auch gut befreundete oder bekannte Züchter sollte man bei der Jungtiervermittlung um Hilfe bitten. Zwischen den alteingesessenen Züchtern, die sich seit vielen Jahren kennen, ähnliche oder gleiche Vorstellungen von Haltung und Zucht haben und sich nicht nur hierdurch vertrauen, ist eine solche Hilfe gang und gäbe. Jedoch führt nur der faire und offene Umgang miteinander letztendlich zur wahren Freundschaft, die nicht mit Zweckfreundschaften, wie sie in der Züchterszene häufig für oftmals nur kurze Zeit bestehen, zu verwechseln sind. Leider gibt es äußerst wenige wirkliche Freundschaften unter Züchtern. Bestehen solche, so sind sie auch durch Zwietracht nicht zu zerstören. Neid, Missgunst, das Ausnutzen des Wissens anderer für eigene, nicht immer rühmliche Zwecke und falsch verstandenes Konkurrenzverhalten stehen der ehrlichen Auseinandersetzung und dem vertrauensvollen Miteinander, ohne die gute Züchterzusammenarbeit unmöglich sind, häufig im Wege. Um wirklich erfolgreich züchten zu können, braucht jedoch jeder seriöse Katzenfreund mindestens einen ebensolchen Partner, um sich über Probleme zu unterhalten, Rat zu finden und Zuchtziele kritisch auszutauschen. Manchmal ist auch ein verständnisvoller Mensch vonnöten, der dem Kummer, den man immer mal haben kann, lauscht. Im Laufe der Jahre können sich über diesen Kontakt hinaus Beziehungen zu Menschen ergeben, auf die man sogar im Privatleben zählen kann. Zu viele Erwartungen darf man diesbezüglich allerdings nicht haben. Enttäuschungen sind zwangsläufig die Folge. Ich habe über Jahre Züchter kennen gelernt, zu denen ich mal mehr oder weniger Kontakt habe, auf die ich jedoch unabhängig davon immer rechnen kann und andere, bei denen ich nach kurzer Zeit feststellen musste, dass sie weder im menschlichen Bereich noch in ihrer Art als Tierhalter meinen Vorstellungen entsprachen. Distanz zu wahren, ist in solchen Fällen immer ratsam. Wenn dann der eine oder andere aus verletzter Eitelkeit zum Beispiel versucht, den Zwinger schlecht zu machen und zu intrigieren, so zeigt dies lediglich, dass man zu Recht den Rückzug angetreten hat. Unabhängig davon, ob Sie durch Züchterkontakte Ihre Jungtiere vielleicht besser verkaufen können, gilt daher hier: »Drum prüfe, wer sich ewig bindet, damit er auch den Richtigen findet!«, womit ich zum Ausdruck bringen möchte, dass Sie, so schade es auch manchmal ist, nicht unbedingt allzu vertrauensvoll mit jedermann umgehen sollten.

Wer selber seriös ist, kann auch nur mit wirklich seriösen Züchtern befreundet sein. Eine Vermittlung von diesen ist immer hilfreich und macht Freude, weil man spürt, dass der andere einen unterstützt und es gut mit einem meint. Verkaufen Sie allerdings ein Jungtier durch die Hilfe eines Menschen, der Ihren Vorstellungen als seriöser Züchter nicht entspricht, so begeben Sie sich in Abhängigkeit, die besser zu vermeiden wäre. Freundschaft bedeutet gegenseitiges Geben und Nehmen. Stellen Sie sich die Frage, wie Sie sich verhalten möchten, wenn jemand, der Ihnen zuvor zum Verkauf eines Jungtieres verholfen hat, Sie bittet, dass Sie ihm den gleichen Gefallen tun, obwohl Sie dies reinen Herzens nicht verantworten können.

Gute Kontakte muss man allerdings pflegen. Die Erwartungen, die man an andere stellt, sollte man selber auch erfüllen können. Entsteht ein Ungleichgewicht, ist es ratsam, darüber zu reden, bevor Missstimmungen entstehen. Klatsch und Tratsch erweisen sich letztendlich als Antiwerbung.

Besonders hilfreich können Freundschaften über die Landesgrenzen hinaus sein. Wo kontinuierlicher Informationsaustausch ehemals über Briefe zu aufwendig sowie langsam und Telefonate zu teuer waren, ist heute das »Gespräch« z.B. über das Internet schnell und kostengünstig möglich. Die Nutzung des Internets bietet zahlreiche Möglichkeiten, andere Züchter kennen zu lernen, Erfahrungen auszutauschen und für sich selber Werbung zu machen. Beziehungen zu Züchtern z.B. in Australien oder der USA zu pflegen, ist aufgrund des völlig anderen Umfeldes äußerst spannend und lehrreich. E-mail-Adressen erhalten Sie über diverse Vereine und insbesondere bei jenen, die selber »online« gehen. Selbst dann, wenn Sie daheim keinen eigenen Computer mit Internetanschluss haben, können Sie die moderne Kommunikationstechnik nutzen, indem Sie nachfragen, ob Ihr Verein Ihnen seinen PC zur diesbezüglichen Benutzung gegen entsprechende Gebühr zeitweilig zur Verfügung stellt oder, indem Sie ein Internetcafe besuchen, welche es mittlerweile in jeder größeren Stadt gibt.

Mittlerweile gibt es zahlreiche Unternehmen, die Telefonnummern von Züchtern aus den Anzeigen der Tagespresse entnehmen und so versuchen, Kunden für Internetinserate zu gewinnen. Hier lohnt es sich, Preisvergleiche anzustellen und sich nicht durch die aggressive Werbestrategien der Anzeigenverkäufer zu einer kostspieligen, aber nutzlosen Anzeige überreden zu lassen. Manche Inserate haben zum Beispiel eine Laufdauer von einem Jahr. Dort zu inserieren ist meist nur für Züchter sinnvoll, die kontinuierlich Jungtiere zu verkaufen haben.

Nur die Ruhe bewahren

»Die beste Prophylaxe ist, bei der Kontaktaufnahme auf der Hut zu sein und sich nicht mit Leuten einzulassen, mit denen man eigentlich nichts zu tun haben will.«
(S. Kerl, Hunde kaufen mit Verstand)

Das ist ein ganz wichtiger Ratschlag, den zu befolgen jedoch nicht ganz einfach ist, denn die Einschätzung des Gesprächspartners per Telefon wird immer eine Gratwanderung zwischen Offenheit und Vorsicht sein. Dennoch fällt eine Absage am Telefon leichter, als wenn der ungeeignete Besucher einem erst mit freundlichem Gesicht gegenüber sitzt. Wenn Sie beim Telefonat das Gefühl haben, dass Sie diesem Interessenten niemals ein Katze geben würden, so können Sie, wie ich das hin und wieder tue, schnell und schmerzlos sagen: »Ich denke, ich kann Ihre Erwartungen nicht erfüllen. Wenden Sie sich doch bitte an einen anderen Züchter«, oder »Ich bin der Meinung, meine Katzen passen nicht zu Ihnen und Ihren Vorstellungen. Hören Sie sich doch bitte woanders um.« Auf Diskussionen müssen Sie sich nicht einlassen, Sie können das Gespräch höflich beenden.

Aber ein souveräner, aufgeschlossener und redegewandter Mensch hat oftmals eine ganz andere Wirkung auf den Zuhörer als einer, der vielleicht aufgeregt oder gehemmt und unsicher ist. Über seine Fähigkeiten als Tierhalter sagt seine Geschicklichkeit im Umgang mit Ihnen zunächst einmal nicht viel aus. Sie wissen lediglich, dass er sich selber gut darstellen kann. Es wird daher immer wieder einmal passieren, dass jemand auf Ihrem Sofa sitzt, den Sie dort eigentlich gar nicht haben wollen. Nun, dass geht allen Züchtern hin und wieder so, selbst denen, die im Laufe der Jahre eine gute Portion Menschenkenntnis entwickelt haben. Sie sehen, es ist mit einiger Mühe verbunden, den richtigen Interessenten, der dann zu Besuch kommen darf, auszuwählen.

Leider sind Züchter manchmal auch unter einem Verkaufsdruck, zum Beispiel, wenn sie trotz intensiver Werbung keine Käufer für ihre gut aufgezogenen Jungtiere finden konnten, diese immer älter und immer schwerer zu vermitteln sind. Dies führt zum einen dazu, dass die Züchter ihre Preise senken und das notwendige Preisniveau stören. Zum anderen ist durch die verständliche Nervosität der Blick nicht mehr so scharf, wie er sein sollte und das Urteil oftmals zu unkritisch.

Eine Freundin sagte einmal zu mir, *»wenn ich es mir nicht mehr leisten kann, Bewerber abzuweisen, höre ich auf zu züchten.«*

Ein weiser Entschluss, der langfristig dazu beitragen kann, auch in schwierigen Verkaufszeiten die Ruhe zu bewahren und seine Seriosität nicht zu verlieren. Wenn man die Jungtiere nun aber gar nicht verkauft bekommt und sie vom Alter her schon weit über dem Abgabetermin von den üblichen 12 Wochen stehen, so ist guter Rat im wahrsten Sinne des Wortes teuer. Gerade Jungtiere brauchen besonders gutes Futter und medizinische Betreuung, was ein enormes Loch in den Geldbeutel reißen kann, da eine seriöse Zucht bzw. der Verkauf der Jungtiere in der Regel sowieso selten die entstehenden Kosten zu decken vermag. Neben den erwachsenen Katzen benötigen auch die Teenager Liebe und Aufmerksamkeit. Der Populationsdruck wächst. Es können zwischen der Bande der Halbstarken und den Alten Konflikte um die Rangfolge entstehen, die es nötig werden lassen, bestimmte Tiere, die zuvor in Ruhe und Frieden zusammen gelebt haben, zu trennen, um mögliche Verhaltensstörungen zu vermeiden. Dies gilt insbesondere dann, wenn ein Jungkater heranreift, der ein Konkurrent für den Haremschef des Hauses ist. Von den Kosten einmal abgesehen, kann das für den Züchter einen enormen Stress bedeuten, den so schnell keiner bereit ist, sich aufzuhalsen. Während unseres Urlaubs z.B. oder eines Ausstellungsbesuchs betreut meine Mutter unsere Katzen. Habe ich bis zu diesem Zeitpunkt noch Katzenkinder daheim, stellt sich mir unweigerlich die Frage, ob ich diese zusätzlichen Arbeiten, die sich aus der Jungtierbetreuung ergeben, meiner Mutter überhaupt zumuten kann. Ein Züchter ist somit immer gut beraten, sich vor einer geplanten Verpaarung Gedanken darüber zu machen, ob er in der Lage ist, Verkaufsflauten mit bestem Wissen und Gewissen zu überstehen und zu überlegen, ob er bereit wäre, Kompromisse einzugehen, die er sonst nicht machen würde.

In schwierige Situationen kommt ein Züchter beim Verkauf von Jungtieren nicht nur, wenn die Nachfrage gering ist, sondern auch dann, wenn Züchter gezielt ein bestimmtes Jungtier kaufen möchten oder eine Vorbestellung tätigen wollen und diese den eigenen Vorstellungen bezüglich Katzenhaltung, Pflege, Zucht und Ähnlichem nicht entsprechen. Auf Ausstellungen und Vereinsabenden geht man in der Regel freundlich mit allen Züchtern um, hält ein nettes »Pläuschchen«, tauscht sich über Zuchtziele und Erfolge aus und berät sich bei Schwierigkeiten, dies bedeutet aber noch lange nicht, dass man jedem, mit dem man kontinuierlich zwangsläufig Kontakt hat, eine Katze geben würde. Dem dann auszuweichen, ist oftmals sehr unangenehm. Natürlich ist es möglich, dem Züchterkollegen freundlich zu erklären, warum man ihm keine Katze verkaufen möchte. Meist gibt dies jedoch böses Blut. Eine ewig währende Feindschaft kann die Folge sein. Daraus entstehende Konflikte haben meistens noch einen »Rattenschwanz«, u.a. wenn auch andere, mit dem Bewerber befreundete, mit ihm zusammenarbeitende Züchter sich vom Kauf des Tieres etwas versprochen haben oder aus falsch verstandener Solidarität über die Verkaufsverweigerung gleichfalls verärgert sind. Fühlen sich unsere Samtpfoten in die Enge gedrängt, so sträubt sich ihr Fell.

Auch wir fühlen uns ungern bedrängt, nur müssen wir dies behutsam und diplomatisch vermitteln, was nicht immer leicht fällt. Ob Sie dem Züchter, dem Sie kein Katzenkind verkaufen möchten, dies ehrlich mitteilen und Ihre Gründe dafür freundlich erklären oder ob Sie versuchen, den Bewerber vom Verkauf abzubringen, indem Sie ihm verdeutlichen, dass das Jungtier nicht unbedingt Zuchtqualitäten hat, ist sicherlich eine Sache der persönlichen Einstellung und des diplomatischen Geschicks. Da die Welt der Katzenszene allerdings relativ klein ist, werden Lügen schnell aufgedeckt.

»Menschen sind enorm ulkige Wesen«, meint diese Mieze. Foto: S. Jansen-Nöllenburg

Fragen Sie sich im Vorfeld, wie Sie am geschicktesten mit solchen Schwierigkeiten umgehen könnten und wie Sie ihre Unabhängigkeit als Verkäufer am besten wahren können. Wenn Sie grundsätzlich klar Position beziehen, diese auch nach außen zum Ausdruck bringen sowie in Ihren Handlungen Konsequenz beweisen, wird es Ihnen leichter fallen gegebenenfalls höflich »Nein« zu sagen. Hüten Sie sich jedoch davor, in Züchterkreisen zu verbreiten, wer ein Jungtier von Ihnen kaufen wollte, es aber nicht durfte. Beweisen Sie hier Diskretion. Eine Absage ist eine individuelle Entscheidung, die nach sorgfältiger Überlegung zum Schutz der Katzenkinder getroffen wurde und nicht, um hämisch damit hausieren zu gehen. Sollte sich der Züchter, der die Absage in Kauf nehmen musste, aus Enttäuschung in übler Nachrede üben, können Sie sich immer noch überlegen, ob Sie den Sachverhalt aufklären möchten.

Dem Bewerber die Kaufentscheidung erleichtern

Was gehört in eine Infomappe?

Wegbeschreibung

Je nach dem, wie viel Zeit zwischen dem Anruf und dem Termin liegt, ist es entweder möglich, eine mündliche oder schriftliche Wegbeschreibung zu geben. Eine schriftliche Wegbeschreibung per Fax oder mit der Post hat den Vorteil, dass hier Übertragungsfehler vermieden werden können, die zur Folge hätten, dass Ihr Gast sich verfährt und mit etlicher Verspätung gestresst und entnervt bei Ihnen eintrifft. Eine derartige Beschreibung können Sie zum Beispiel schon im Vorfeld am Computer erstellen, um dann gegebenenfalls nur noch besondere Einzelheiten hinzuzufügen. Bestimmte Computerprogramme ermöglichen sogar das Erstellen einer kleinen Straßenkarte. Durch die Beigabe eines hübsches Fotos des Wurfes, das auch gescannt oder als Kopie dem Schreiben beigefügt wird, kann das Interesse des Jungtiersuchenden verstärkt werden.

Info-Mappe
Eine gute Infomappe zu erstellen, sollte das Bestreben eines jeden Züchters sein. Ob man diese an jeden potentiellen Besucher verschickt oder beim Kauf des Jungtieres übergibt, ist zu überlegen. Das Erstellen eines professionell wirkenden Informationsmaterials ist, wenn man ein solches in Auftrag gibt, nicht ganz billig. Liebevoll selbst gestaltete Broschüren sind oftmals sogar hübscher, werbewirksamer und ansprechender als teure Hochglanzprospekte vom Werbefachmann oder Designer. Dem Käufer zeigen Sie, wie sehr dem Züchter seine Katzenkinder am Herzen liegen und dass er sich intensiv und begeistert seinem Hobby widmet.

Entweder entwickelt man seine Werbeprospekte mit Hilfe des Computers, wobei unterschiedliche Schriftbilder sowie gescannte Fotos das Ganze beleben oder man schneidet z.B. Buchstaben für Überschriften, wie unter anderem den Zwingernamen aus Zeitschriften aus, schreibt den Rest mit der Schreibmaschine oder vielleicht sogar mit farbiger Tinte in schöner, gut lesbarer Schrift selber und fertigt Kopien an, die wie ein kleines Buch, je nach Umfang ineinander gelegt bzw. geheftet werden.

Meist sind es Jungzüchter, die hier besonders viel Mühe investieren. Die Alteingesessenen haben leider durch z.B. die zwangsläufige Einbindung in die Vereinsarbeit, Nachbetreuung ihrer Katzenkäufer, Beratung anderer Züchter und Ähnliches oftmals kaum noch die Zeit und Muße, sich hiermit zu beschäftigen. Das ist insofern schade, weil gerade sie durch umfassende Informationen schriftlicher Art ihre Erfahrungen wirkungsvoll weitergeben könnten.

Bevor Sie sich jedoch überlegen, welche Form Ihre Werbeschrift haben soll, sollten Sie sich ein Konzept machen, in dem Sie festlegen, welche Message Sie übermitteln wollen.

Interesse am anderen zeigen
Einige gut ausgewählte Worte, in einem gesonderten Schreiben dem Werbematerial beigefügt, können dem Interessenten das Gefühl vermitteln, dass Sie ihn direkt ansprechen:

»Lieber Katzenfreund, Sie interessieren sich für Norwegische Waldkatzen? Das freut uns sehr. Wenn Sie nach der Durchsicht der Informationen das Gefühl haben, dass Sie Spaß am Zusammenleben mit einem dieser robusten und verschmusten Naturburschen hätten, vielleicht eines unserer Jungtiere genau das richtige für Sie wäre und Sie nach sorgfältiger Prüfung Ihrer Lebensgewohnheiten und -umstände zu dem Schluss gelangen, dass Sie ein guter Tierhalter sein könnten, rufen sie uns an. Wir werden Ihnen gerne alle Ihre Fragen beantworten.«

Je nachdem, ob sich ein solches Schreiben an einen unbestimmten oder bekannten Leserkreis richtet, können Sie den Adressaten auch namentlich ansprechen. Hierbei sollten Sie sich dann inhaltlich in einem kleinen Vorspann auch auf zuvor erfolgte Gespräche beziehen. Seien Sie dabei möglichst nicht zu formell. Es handelt sich ja nicht um einen klassischen Geschäftsbrief, sondern um eine Kontaktaufnahme, die vom Empfänger als positiv empfunden werden soll. Schreiben Sie, dass Sie sich über das Gespräch gefreut haben oder beziehen Sie sich direkt auf den Inhalt der Unterhaltung:

»Liebe Frau Müller,
ich habe mich sehr darüber gefreut, dass Sie sich so genau über die von uns gezüchtete Rasse erkundigt haben. Durch die beiliegende Broschüre können Sie eini-

ges über unsere Katzen erfahren ...« oder

»Lieber Herr Schulz,
es tut mir sehr leid, dass Ihre Mohrle verstorben ist. Wenn man lange Jahre mit einer Katze sein Leben geteilt hat, ist der Verlust des vierbeinigen Familienmitgliedes sehr schmerzhaft. Ich würde mich sehr freuen, wenn eine unserer kleinen Katzen, die natürlich die Beziehung zu Ihrer Mohrle nicht ersetzen kann und völlig anders sein wird, Sie trösten könnte. ...«

»Liebe Anne,
Schön, dass du schon über so viel Erfahrung im Umgang mit Katzen verfügst. In unsrem Gespräch erzähltest du mir....... Ich hoffe, dass diese Unterlagen für dich dennoch aufschlussreich sind...«

Werbebroschüre
In der Werbebroschüre, die wie eine kleine Zeitung gefertigt sein kann, sollten Sie zunächst die Rasse, die Sie züchten, beschreiben. Hierzu gehören neben der Entstehungsgeschichte der Rassestandard, die Charaktereigenschaften der Rasse und ihr Pflegebedarf. Natürlich darf auch die Selbstdarstellung nicht fehlen. Stellen Sie alle Ihre Katzen am besten mit Foto vor, beschreiben deren Eigenarten und notieren Sie Ausstellungsergebnisse. Ob der Text rein sachlicher oder eher unterhaltsamer Art ist, ist eine Sache des persönlichen Geschmacks. Hauptsache, der Inhalt ist ehrlich und frei von Übertreibungen. Sympathisch auf den Leser wirkt es auch, wenn die Katzen selber »sprechen«.

»Ch. Pretty Belinda Fee vom Feengarten ist eine vielversprechende, typvolle junge Katzendame, die in ihrer kurzen Ausstellungskarriere schon einige Prämierungen erringen konnte. Auf der Ausstellung der D. E. e.V. gewann sie den Rassesieg, die Best in Show und wurde nominiert zur Best of Best. Weitere Ausstellungserfolge waren:.... Besonders hervorzuheben sind ihr exzellentes, gerades Profil, ihre großen, gut platzierten Ohren, ihr langer Körper und der extrem lange, buschig-fedrige Schwanz.

Im Juni erwarten wir den ersten Wurf dieser schönen und lieben Katzendame.«

oder

»Ich bin Europa-Champion Otto vom Klosterteich und aus Amerika zu meinen neuen Leuten gekommen. Mir gefällt es dort gut, weil meine Menschen immer viel mit mir schmusen und spielen. Außerdem bin ich der Chef von sechs tollen Frauen, die alle klasse aussehen. Auch fremde Katzendamen aus gutem Hause dürfen mich manchmal besuchen. Zu Hause stehen ganz viele Pokale, die meine Menschen für mich geschenkt bekommen haben, weil ich so groß und ein besonders typvoller Vertreter meiner Rasse bin. Was das alles war, könnt ihr auf der Liste unter meinem Foto lesen. Wenn ihr noch mehr über mich wissen wollt, müsst ihr mal meinen Menschen fragen.«

Ich finde es immer sehr aufschlussreich, wenn Züchter hier nicht nur ihre »Superstarmiezen«, sondern auch ältere, vielleicht nicht mehr ganz so dem aktuellen Trend entsprechende Tiere sowie Kastraten vorstellen, weil sie damit ihre Zuneigung und ihren Respekt gegenüber allen Katzen ihres Zwingers zum Ausdruck bringen. Dem Leser wird so verdeutlicht, dass es dem Züchter nicht allein nur um Ausstellungserfolge geht, dass er seine Katzen gern hat und dass er nicht zu den Züchtern gehört, die Tiere, die sie nicht mehr »gebrauchen« können, abschieben. Die Transparenz, die der Züchter darüber hinaus beweist, spricht zudem für seine Seriosität.

Die alte Katzendame erträgt geduldig das Spiel der Kleinen mit ihrem Schwanz.
Foto: S. Jansen-Nöllenburg

Ansprüche an den Käufer formulieren

Ein Katzenkäufer hat, wenn er sich ausführlich mit der Materie des Katzenkaufens auseinandergesetzt hat, bestimmte Vorstellungen davon, wie sein Katzenkind aussehen und aus welchem Züchterhaushalt es stammen soll. Ein vernünftiger Käufer stellt folglich gewisse Ansprüche an seinen Züchter und kann diese im Gespräch zum Ausdruck bringen. Züchter sollten gleichfalls nicht damit hinter dem Berg halten, was sie vom zukünftigen Eigentümer eines Katzenbabys aus ihrem Zwinger erwarten. Nach dem Motto »in der Kürze liegt die Würze« lässt sich so etwas durch einen knappen Forderungskatalog oder auf unterhaltsame Weise darstellen.

Zum Beispiel so:
»Wir erwarten von Ihnen:
- dass, Sie genügend Zeit für »Paulchen....« (Name des Katzenkindes eintragen) haben,
- dass Sie mit ihm spielen und schmusen,
- dass Sie Ihr Leben auf ihn einstellen,
- dass »Paulchen« hochwertig ernährt wird, z. B. mit...
- dass Sie ihm einen guten Kratzbaum kaufen,
- dass Sie regelmäßige Gesundheitskontrollen sowie Impfungen beim Tierarzt vornehmen lassen,
- dass Sie uns hin und wieder informieren, wie es ihm geht, ...
- und dass Sie ihm die Liebe schenken, die er zum glücklich sein braucht.«

Da Sie Forderungen stellen, müssen Sie natürlich auch deutlich machen, dass Sie entsprechende Leistungen erbringen. Dies bezieht sich nicht nur auf die Zeit der Aufzucht. Sie wissen, dass die Verantwortung und Arbeit eines Züchters nicht mit dem Abgabetermin beendet ist. Bringen Sie das zum Ausdruck:

»Sie erhalten von uns eine liebevoll im Familienkreis aufgezogenes, gesundes, vitales und wesensfestes Katzenkind. Damit es sich gut entwickeln kann, braucht es Ihre ganze Liebe und Fürsorge. Dennoch kann es einmal kleine Schwierigkeiten geben. Wir verfügen über eine 15-jährige Zuchterfahrung und wissen fast immer Rat. Katzenzucht ist für uns ein Hobby, dem wir einen großen Teil unserer Freizeit widmen. Wenn Sie uns brauchen, sind wir für Sie da. Scheuen Sie sich nicht, Hilfe bei uns einzuholen! Sollten selbst wir einmal nicht weiter wissen, werden wir durch Gespräche mit befreundeten Züchtern eine Lösung finden.«

Nicht jeder Katzenkäufer weiß, wie ein seriöser Züchter arbeitet und wie viel Herzblut er in seine Zucht steckt. Durch einen solchen oder ähnlichen Text machen Sie klar deutlich, wie wichtig Ihnen auch das spätere Wohlbefinden der von Ihnen gezüchteten Katzen ist und dass Praktiken wie »Aus den Augen, aus dem Sinn« nicht Ihre Züchterphilosophie sind.

Gesundheitsvorsorge
In kurzen Sätzen darzustellen, wie und wodurch die Gesundheit der Katzen geschützt wird, scheint zwar manchmal überflüssig, weil eine optimale Gesundheitsvorsorge mit Kontrolluntersuchungen, Impfungen und Entwurmungen obligatorisch für jeden ordentlichen Züchter ist, andererseits sind dies wichtige Informationen, nicht nur für Liebhaber. Gerade Züchter wissen über ansteckende tödliche Infektionskrankheiten Bescheid und sind diesbezüglich oftmals besonders vorsichtig. Hinweise auf übliche Impfungen und Tests sowie Angebote, auf Wunsch ebenso Jungtiere entsprechenden Untersuchungen unterziehen zu lassen, zeigen Verständnis für die Vorsicht des Käufers sowie Kooperationsbereitschaft. Nicht jeder Züchter ist allerdings bereit, alles impfen zu lassen, was möglich ist. Die Gründe hierfür sind unterschiedlich, sollten bei Bedarf jedoch erklärt werden.

Aktuelle Wurfnachricht
Mit einem losen Infoblatt, welches man in die Mitte der Broschüre je nach Bedarf legt, kann man auf einen zu verkaufenden oder erwarteten Wurf hinweisen. Fotos und Typbeschreibung der Elterntiere mit Farbangabe, deren Prämierungen sowie Wissenswertes über die Jungtiere, wie Geburtsdatum, Farbe, eventuelle Prämierungen sollten hier nicht fehlen.

Stammbäume
In einer guten Info-Mappe dürfen Kopien der Stammbäume nicht fehlen. Auch wenn Liebhabern der Inhalt meist ziemlich egal ist, sind Stammbäume, ausgestellt von einem anerkannten Verein, Nachweise der Rassereinheit und bestätigen, letztendlich nicht nur in diesem Punkt, die Seriosität des Züchters. Für Züchterkollegen ist der Einblick in Stammbäume unverzichtbar, da sie beim Kauf eines Jungtieres nicht nur ihr

Liebevolle Zweibeiner von kleinem Kobold gesucht! Foto: Bauer

Herz sprechen lassen dürfen, sondern ebenso darauf achten müssen, dass die zukünftige Zuchtkatze von ihren Ahnen her zum eigenen Kater passt. Wer bestimmte Linien über Generationen genau beobachtet, erfährt durch das Lesen eines Stammbaumes zudem Wissenswertes über Vererbungsqualitäten. Ob Sie sämtliche Stammbäume Ihrer Katzen dem Infomaterial beifügen oder nur die der Elterntiere und Jungtiere sollten Sie überdenken.

Ausstellungserfolge
Auf errungene Erfolge ist jeder Züchter stolz. Diese genau aufzulisten, ist keine Prahlerei, sondern dient der Information und ist ein Beweis für züchterische Leistung, auf die zu Recht jeder stolz sein darf. Warum sollte man dies verbergen? Nicht nur positive Richterberichte und Ausstellungsergebnisse der Zuchtkatzen und Kater sowie Jungtiere sollten allerdings Bestandteil einer Zuchtmappe sein. Mit kritischen Richterberichten braucht ein Züchter nicht hinter dem Berg zu halten. Richterurteile, die zu Recht nicht reklamiert werden dürfen, sind dennoch nicht immer »das Gelbe vom Ei«. Kaum ein Urteil, vergleichbar mit unterschiedlichen Aufsatznoten, ist jemals absolut objektiv gefällt worden. Der persönliche Geschmack eines Richters und vielleicht auch seine Tageskondition fließt in eine solche Bewertung zwangsläufig mit ein. Unser hoch prämierter Kater, den wir, um zu unterstreichen, wie imposant er ist, in der Regel nur im vollen Fell ausstellen, erhielt einmal im Richterbericht trotz Prämierung die kritische Anmerkung: »zu viel Fell«. Was sagte uns das? Dass der Richter selten Norwegische Waldkater aus den Ursprungsländern zu Gesicht bekommen hatte und einen anderen Maßstab setzte als andere Richter. Er hatte ganz einfach in diesem Punkt eine andere Vorstellung von Waldkatzen als wir. Bei meiner ältesten Katze war in jedem Richterbericht zu lesen, dass sie zu wenig Kinn hätte. Wir konnten diesem Urteil nur zustimmen. Wer dann ein Katzenkind mit kräftigem Kinn suchte, dem mussten wir sagen, dass dies bei der Mutterkatze nicht gegeben sei, somit die Anlage dazu im Erbgut gegebenenfalls vorhanden sein würde. Auch wenn die Jungtiere durch entsprechende Verpaarung ein kräftiges Kinn hatten. Die Offenheit, wie man mit kleinen Fehlern umgeht, kann der Zucht nur dienlich sein. Mängel der Katzen sind durch den Richterbericht ohne Scheu zu offenbaren. Die perfekte Katze gibt es nicht, den perfekten Richter auch nicht. Gerade das macht den Reiz an der Zucht aus. Wir spielen alle in Gedanken immer wieder durch, wie wir wirklich gute Tiere züchten können. Für den Liebhaber meist nicht ersichtlich, gibt es selbst bei nahezu perfekten Katzen immer noch eine Kleinigkeit zu verbessern. Wer sich als Käufer darüber nicht im Klaren ist und gegebenenfalls sogar eine »eingebaute Best oft Best-Garantie« erwartet, der ist für mich als Käufer uninteressant. Außerdem dürfen Richterberichte nicht überbewertet werden. Es ist durchaus möglich, dass ein Züchter einen sichtbaren Fehler, z. B. ein nicht absolut gerades Profil bei seiner Norwegischen Waldkatze in Kauf nimmt und sie trotz stetiger Beanstandung der Richter ausstellt, weil sie in anderen Punkten besondere, für die Zucht wichtige Qualitäten, wie z. B. einen extrem langen, muskulösen Körperbau hat.

Für den Liebhaber sind Typbeurteilungen in den Richterberichte meist uninteressant. Wichtiger für sie ist oftmals die Zusatzbemerkung am Ende des Berichtes, bei dem die Richter auch für den Liebhaber verständlich ihren Gesamteindruck und den Charakter des Tieres beschreiben. Neben den gängigen Eintragungen »gepflegt vorgeführt«, »sehr kräftiges Tier«, »imposant vom Erscheinungsbild«, gibt es auch originelle Notizen wie »a gentle cat«, oder »extrem verschmust und freundlich«, »durch nichts aus der Ruhe zu bringen – ein gestandener Kater«, aber ebenso Kritik wie »zu unruhig für die Ausstellung«, »unfreundlich und aggressiv«. Auch in diesem Fall sind negative

Urteile nicht überzubewerten. Es kann durchaus einmal vorkommen, dass ein sonst sehr liebes Tier aus unterschiedlichen Gründen seinen Unmut über eine Ausstellung vehement zum Ausdruck bringt, z.B. weil der Käfignachbar es nervös macht oder eine hormonelle Umstellung seine Laune beeinträchtigt. Sollten Sie einmal in Ihrem Richterbericht eine negatives Urteil über das Verhalten Ihrer Katze und ansonsten nur sehr positive finden, so können Sie Ihren potentiellen Käufern ruhig die Gründe hierfür erläutern. Schließlich handelt es sich bei unseren Vierbeinern nicht um Ausstellungsstücke einer Schmuckbörse, sondern um schmucke Lebewesen mit individuellen Charakterzügen und Empfindungen.

Züchter werden bei der Durchsicht von Richterberichten in ihrem Urteil bestätigt oder schmunzeln, je nachdem, inwieweit sie mit der Beschreibung übereinstimmen.

Es ist allerdings zu bedenken, dass nach vielen Jahren der Zucht es bei einem durchschnittlichen Zuchtbestand von ca. drei Katzen inklusive Deckkater nicht unbedingt möglich ist, sämtliche Ausstellungsberichte aller Katzen von Babyklasse an bis zum Europa Champion aufzulisten. Das würde meist ein Buch füllen.

Termine
Vielleicht hat der Interessent ja auch einmal Lust, eine Katzenausstellung oder einen Vereinsabend zu besuchen. Der immer zu aktualisierenden »Wurfkiste« könnten Sie hinzufügen, auf welchen Veranstaltungen Sie voraussichtlich zu treffen sind. In diesem Zusammenhang kann auch auf die Vereinszugehörigkeit hingewiesen und die Vereinsanschrift genannt werden. Für potentielle Käufer ist das Ausstellungsgeschehen nicht weniger interessant als für Züchter. Wer als Käufer die Möglichkeit hat, die Eltern seines Jungtieres auf der Bühne zu bewundern, wird gemeinsam mit Ihnen stolz auf den Erfolg sein. Vereinsabende mit Vortrag eines versierten Vereinsmitgliedes oder eines Tierarztes, die einem Thema gewidmet werden, wie zum Beispiel der Gesundheitsvorsorge der Katzen, bieten interessierten Laien Informationen, die sie sonst anderswo nicht so leicht erhalten würden. Außerdem belegen Sie mit solchen Termintipps, dass Sie aktiv am Zuchtgeschehen teilnehmen. Für Katzenfreunde der von Ihnen gezüchteten Rasse werden auch Veranstaltungen Ihres Interessenverbandes, sollten Sie Mitglied in einem sein, informativ und unterhaltsam sein. Denn hier kann man mit Gleichgesinnten herrlich plaudern und zudem viel hinzulernen.

Literatur
Sollte es Fachzeitschriften, Vereinszeitschriften, Interessensverbandsnachrichten und Bücher geben, die Sie für Katzenfreunde als lesenswert und informativ befinden, können Sie diese im Nachspann Ihrer Broschüre erwähnen. Ich habe einmal eine Werbeschrift eines Perserzüchters in den Händen gehalten, der sogar auf Katzenromane, die ihm gefallen haben, hingewiesen hat. Das gefiel mir sehr gut. Durch solche Kleinigkeiten wird manchmal deutlich, wie sehr ein Züchter mit seinem Hobby verbunden ist. Vielleicht wurde ja auch schon einmal eine oder mehrere Ihrer Katzen in einem Buch oder einer Zeitschrift abgebildet. Dies ist immer eine besondere Bemerkung wert!

Eine optimale Werbebroschüre könnte bestückt werden mit: dem Rassestandard sowie Entstehungsgeschichte der Rasse, Fotos und Vorstellung der eigenen Katzen, Kopien sämtlicher Ausstellungsergebnisse, Kurzfassung derselben, Kopien der Stammbäume, Terminen, Züchterzielen und Literaturhinweisen.

Eine solche *Werbemappe* ist sicherlich mit viel Arbeit und Mühe verbunden. Die Kosten hierfür können allerdings mit ein wenig Geschicklichkeit und Kreativität gering gehalten werden. Wer die Zeit nicht findet, eine derartig ausführliche Information zu erstellen, der kann es zunächst bei einer kleinen Informationsschrift über die Rasse und die eigenen Katzen belassen und vielleicht nach und nach sein Werbematerial erweitern. Züchter wie Liebhaber freuen sich allerdings immer sehr, wenn sie derartig umfangreiche, schriftliche Auskünfte erhalten. Ich erlebe es immer wieder, dass jemand, der eine meiner Katzen im Stammbaum entdeckt hat, gerne ein Foto hätte, um hiermit seine Unterlagen vervollständigen zu können. Nicht immer habe ich eine gute Aufnahme griffbereit. In solchen Fällen ist es günstig, über einen gewissen Vorrat zu verfügen. Alteingesessene Züchter sollten sich in diesem Zusammenhang verdeutlichen, wie wichtig ihnen selbst solche Dinge in den ersten Jahren ihrer Zucht waren. Manches wird einfach zu selbstverständlich und im täglichen Trubel vergessen.

Ziemlich ärgerlich ist es, wenn man einen Berg von Unterlagen verschickt hat und dann vom Bewerber nichts mehr hört. Ein wenig kann man dem vorbeugen, indem man mündlich – oder besser noch schriftlich – um die Rücksendung des Materials bittet. Katzenkauf ist jedoch eine Sache des persönlichen Geschmacks und zudem noch von vielen anderen Kriterien abhängig. Auch das beste Werbematerial kann nicht garantieren, dass man überzeugend auf einen Interessenten wirkt. Das Verständnis dafür muss man einfach aufbringen. Sollte man aber seine sorgfältig zusammengestellten Infos trotz Bitte nicht zurückerhalten, kann man sich zumindest mit dem Gedanken trösten, dass man an derart unhöfliche Menschen sowieso am besten kein Jungtier verkauft.

Ich habe vor einigen Jahren aus Dänemark von einem Züchter eine gut gemachte, lehrreiche Zwingerwerbung mit phantastischen Fotos erhalten. Ich war sehr am Kauf eines Weibchens interessiert und setze meine Hoffnungen in den nächsten zu erwartenden Wurf. Leider wurden nur Kater geboren. Ich sah mich aus diesem Grund bei anderen Züchtern um, fragte aber nach, ob ich diese tollen Unterlagen sowie Fotos behalten dürfte, auch um sie anderen deutschen Züchtern zeigen zu können. Die dänischen Züchter freuten sich, obwohl es nicht zum Kauf gekommen war, über meine Begeisterung und stimmten freundlich zu.

Derjenige, der nach genauer Prüfung als geeigneter Jungtierkäufer bewertet wird und sich zum Kauf eines Katzenkindes entscheidet, darf die Unterlagen selbstverständlich behalten. Sie werden vor oder nach Übergabe des Katzenbabys durch weitere wichtige Informationen unter anderem über Haltung und Pflege erweitert. Doch dazu später.

Der Bewerber kommt nach Hause

»Sabine, wenn die Leute, die gleich kommen nicht nett sind, schickst du sie bitte sofort wieder weg! Und ich habe da noch mal so eine Frage, können wir diesmal nicht mal ausnahmsweise alle behalten? Ich gebe dir auch einen Teil meines Taschengeldes, füttere täglich einmal die Katzen und helfe dir auch die Katzentoiletten sauber zu machen. Bitte, bitte.«

mein Sohn Pascal mit 10 Jahren

Womit wir schon bei dem unangenehmen Thema der Abgabe sind. Zwölf Wochen lang mindestens hat man die kleinen Samtpfoten gepflegt und verhätschelt, vor ihrer Geburt nächte- und tagelang gewacht und während ihrer Geburt Blut und Wasser geschwitzt; sie täglich gewogen, ihnen das Fressen vom Teller beigebracht, indem man passiertes Hühnchen, Alete Kinderbreichen oder Babykatzenfutter mit den Worten »Lecker, lecker« um die kleinen Mäulchen strich (den Geruch bekommt man von den Händen nach einiger Zeit, so glaubt man, gar nicht mehr weg), mit den

Fingern im Streu zur Reinlichkeitserziehung gescharrt und gerufen »schaut mal, hier wird Pipi gemacht«, mit ihnen auf dem Boden »fang das Mäuschen«, »wo ist das Bällchen« gespielt, am Abend vor dem Fernseher geschmust und noch vieles, vieles mehr!

Außerdem hat man auf sie geschimpft, wenn durch sie mal wieder etwas zu Bruch ging, und sie natürlich mit schlechtem Gewissen schuldbewusst flugs in den Arm genommen und geknuddelt, weil man ja selber so dumm war, Zerbrechliches herumstehen zu lassen, und sie ja eigentlich an dem Unglück nicht schuld waren. Und da kommt auf einmal vielleicht einer daher, den die Arbeit, die man sich mit all der Werbung gemacht hat, auch angesprochen hat und will einem das geliebte Familienmitglied gegebenenfalls mit nach Hause nehmen. Völlig kurios, was wir als Züchter in solchen Momenten empfinden.

Deshalb ist der spannendste Moment für jeden Züchter, der mit einem Interessenten einen Besuchstermin vereinbart hat, wenn es an der Türe klingelt. Zuvor hat man sich schon kurz überlegt, ob der Anrufer seinen Termin auch wirklich wahrnimmt und ob er pünktlich kommt. Denn wenn dies nicht der Fall ist, können sich Termine überschneiden und im Nu hat man gleich drei Familien im Wohnzimmer stehen.

Es gibt Gäste, die sind mir nur von ihrer Erscheinung her sofort sympathisch und andere, wo es mir graust. Das hat nichts damit zu tun, ob diese Menschen nun schön oder hässlich, selbstbewusst, forsch oder unsicher sind, sondern wohl eher mit der zu spürenden gleichen oder völlig gegensätzlichen Wellenlänge und einem ersten spontanen Eindruck, der für den weiteren Umgang hilfreich und wichtig ist. Weitere Einschätzungen ergeben sich dann fast ebenso spontan und zunächst nicht überprüfbar über die Körpersprache. Manchmal stelle ich dann fest, dass ein Bewerber, der mir erst weniger sympathisch erschien, doch eine sehr nette Art hat. Zu beobachten, wie mein Gast sich den Katzen nähert und wie diese sich verhalten, ist mir besonders wichtig. Dies gibt mir ein erstes Bild von seinem Verständnis im Umgang mit Tieren.

Wie geht der Gast auf die Tiere zu? Dies zu beobachten ist wichtig. Foto: S. Jansen-Nöllenburg

»Nein« sagen üben

Haben Sie das Gefühl, dass der Interessent nun absolut kein Katzenmensch ist und dass Ihnen Ihre liebevoll aufgezogenen Jungtiere zu schade für diesen Menschen sind, lohnt sich ein längeres Gespräche nicht und Sie befinden sich in der komplizierten Situation, dies Ihrem Gast mitzuteilen. Die meisten Züchter haben hier doch einige Hemmungen.

Doch auch das Durchsetzungsvermögen für solche Momente kann trainiert werden, indem man sich, wie in allen anderen Bereichen der Zucht auch, einen Plan macht, nachdem man dann wie nach Schema »F« verfährt. Notwendige Varianten ergeben sich im Laufe der Jahre wie von selbst.

Erfahrene Züchter haben für solche Fälle, in denen sie sich nicht klar äußern möchten, unterschiedliche Methoden entwickelt. Arroganz und Unfreundlichkeit, die sich darin ausdrücken, dass man Fragen grundsätzlich nicht beantwortet und dem Besucher ständig ins Wort fällt sowie ihn kontinuierlich verbessert, sind fast immer abschreckend. Hektische Betriebsamkeit, wie das Reinigen der Katzentoiletten, Staubsaugen, ausgiebige private Telefonate, laute Musik und Fernsehen tun meist das ihre. Wenn das alles nichts hilft, kann der Besucher gebeten werden, seine Einkommensverhältnisse ausführlich darzulegen.

Spaß beiseite, einem Menschen ins Auge zu blicken und ihm in nicht verletzender Manier beizubringen, dass man ihn für ungeeignet hält, ist sicherlich eine Kunst. Bevor Sie jedoch todunglücklich Ihren Namen unter einen Kaufvertrag setzten, nur schon bei dem Gedanken an die Abgabe einen Kloß im Bauch und Tränen in den Augen haben, können Sie besser in den sauren Apfel beißen, tief Luft holen und einfach sagen: »Ich möchte Ihnen jetzt, wo ich Sie kennen gelernt habe, kein Tier verkaufen. Darf ich Sie zur Tür begleiten.« Ein solcher Augenblick ist schneller überstanden, als man denkt, und danach kann man wirklich stolz auf sich sein.

Die meisten Züchter täuschen sich selten in ihren Käufern. Die wenigen Male, wo sie einen Verkauf bereuen, machen sie immer sehr traurig. Es ist ganz normal, wenn man sich schuldig fühlt und Vorwürfe macht, dass man doch hätte besser aufpassen und prüfen müssen. In der Regel ist es unter schwierigsten Bedingungen möglich, die Katzen zurückzubekommen und in gute Hände weiter zu vermitteln. Nur ein einziges Mal, in dem dies nicht gelingt, ist einmal zu viel.

Besser als in solchen Situationen in Selbstzweifel zu verfallen, ist neben der sorgfältigen Prüfung der Kandidaten im Vorfeld das Gespräch mit befreundeten Züchtern, die trösten und helfen, Strategien zu entwickeln, um den Käufer dazu zu bewegen, das Tier wieder abzugeben. Maßgeblich ist hier nicht eine spontane, nutzlose Aktion, sondern wohl überlegtes Handeln. Dies gelingt je nach Situation am besten, wenn etwas emotionaler Abstand gegeben ist. Bis ein Züchter davon erfährt, dass eine Katze schlecht gehalten wird, hat das Tier diesen Zustand oftmals schon einige Zeit durchstehen müssen. So lange es sich nicht um definitive, relevante Verstöße gegen die Maßgaben des Tierschutzgesetzes handelt, ist es nach Meinung von Frau Lindermann vom Tierschutzverein Mülheim meist ratsam, überstürzte Aktionen zu vermeiden. Viele organisierte Tierschützer sind übrigens gerne bereit, einem seriösen Züchter zum Wohle eines schlecht gehaltenen Tieres unter die Arme zu greifen. Da diese durch jahrelange Erfahrung auf diesem Gebiet oftmals enorm couragiert sind, ist eine Zusammenarbeit ratsam.

Nicht jeder ist in der Lage, hierdurch entstehende Spannungen über Jahre durchzustehen, was dazu führt, dass gerade die Züchter, die sich sehr viel Gedanken über das Wohlbefinden ihrer verkauften Katzen machen, das Handtuch werfen und den Markt denen überlassen, denen nur die schnelle Mark und nicht das Glück der Katzen am Herzen liegt. Von Seiten der Vereine gibt es diesbezüglich viel zu wenig Hilfe. Außerdem ist es auch so, dass viele Züchter sich scheuen, sich über ihre Fehler zu unterhalten, weil sie befürchten müssen, sich der Lächerlichkeit preiszugeben. Ihre Ängste sind nicht ganz unbegründet, weil es immer welche gibt, die sich über den Kummer der anderen die Hände reiben. Nicht nur aus diesem Grunde sind Freunde wichtig, mit denen eine Aussprache immer möglich ist. Gespräche mit anderen Züchtern über negative Erfahrungen dienen allerdings nicht nur dazu, Rat einzuholen, sondern sind auch zu Ihrem eigenen Schutz von Wert. Einige Züchter führen »Listen«, auf denen »schwarze Schafe« mit Namen, Telefonnummer und Anschrift notiert sind, um bei Anfragen und Zweifeln eines Züchterkollegen Auskunft geben zu können.

Erwartungsvoll beobachtet dieses Katerchen den Besuch. Foto: S. Jansen-Nöllenburg

Wann ist ein Besuch sinnvoll?

Um auf den Besuch optimal vorbereitet zu sein, ist aber nicht nur die Auslese der Bewerber vonnöten, sondern noch einiges mehr. Gehen wir nun einfach davon aus, dass es sich bei Ihrem Kunden um einen vernünftigen Katzenfreund handelt, auf den Sie bei der Präsentation und im Vorfeld einen guten Eindruck machen möchten.

Zuvor sollten Sie überlegen, welcher Zeitpunkt der beste für einen Besuch ist. Das hängt natürlich auch damit zusammen, wann Sie inseriert oder ob Sie Vorbestellungen haben.

Inserate schalten die meisten Züchter erst dann, wenn die Jungtiere mindestens ca. sechs Wochen alt sind, weil viele Käufer möglichst schnell ein Jungtier haben möchten und ungern längere Wartezeiten bis zum Abgabetermin in Kauf nehmen. Andererseits gibt es aber auch Interessenten, die die Entwicklung ihres zukünftigen Katzenkindes von klein auf beobachten möchten und sich mit Ihnen über Lernerfolge und Wachstum freuen.

Wer Bewerber ins Haus lässt, bevor die Jungtiere einen kompletten Impfschutz haben, sollte diese jedoch darum bitten, die Schuhe vor der Tür auszuziehen, um Infektionskrankheiten, die so übertragen werden können, zu vermeiden. Möglichst teilt man dieses Anliegen seinem Gast vor dem Besuch mit, um ihm Peinlichkeiten zu ersparen. Vor einigen Jahren saß ein Herr mit hochrotem Kopf und einem großen Loch im Socken auf unserem Sofa und uns fiel es schon reichlich schwer, ein Grinsen zu unterdrücken. Als er dann irgendwann sagte ».....also, wenn ich das gewusst hätte. Ach, ist mir das jetzt unangenehm...«, taten wir ganz verwundert, was dann die Situation sehr entspannte und dazu führte, dass wir heute noch gemeinsam mit ihm darüber lachen, wenn wir uns treffen. Zudem den Wunsch zu äußern, bitte die Kleidung zu wechseln, wenn der Gast plant, kurz vor dem Termin noch andere Züchter aufzusuchen, hat nichts damit zu tun, dass man andere Züchter schlecht machen will, sondern schützt gleichfalls die Jungtiere vor bestimmten

Krankheiten, die ansonsten übertragen werden könnten. Manch ein Anrufer reagiert pikiert und befremdet auf ein solches Anliegen. Gegebenenfalls ist ihm auch der Aufwand zu groß, nochmals nach Hause zu fahren, wenn er vorhat, mehrere Züchter im näheren Umfeld »abzugrasen«. Erklären Sie ihm die Gründe für Ihre Vorsichtsmaßnahmen. Machen Sie ihm deutlich, dass Sie sich als seriöser Züchter verpflichtet fühlen, nur wirklich gesunde Jungtiere abzugeben. Sollte er hierfür kein Verständnis zeigen, ist er vielleicht auch nicht der richtige Käufer für Sie.

Kleine Katzen sind empfindlich. Foto: Bauer

Ein Gästeprofil erstellen

Betrachten Sie Ihren Besucher als Gast, mit dem es zunächst einmal Freude machen sollte, sich zu unterhalten. Wenn Sie zuvor telefonisch, wie es in einem guten Vorgespräch üblich ist, schon einiges über die Familienverhältnisse des Bewerbers erfahren haben, wissen Sie ungefähr, was Sie erwartet. Bieten Sie Ihrem Besucher einen Platz an. Wer im Stehen Verhandlungen über den Katzenkauf tätigt, erweckt schnell den Eindruck, dass er den Vertragsabschluss möglichst schnell über die Bühne bringen möchte, ihm aber an der Prüfung der Bewerber nicht gelegen ist. Zu einem angenehmen Gespräch gehört auch eine entsprechende Bewirtung. Selbstverständlich sollen Sie kein Festmenü zubereiten; dass man seinen Gast fragt, ob er eine Erfrischung zu sich nehmen oder einen Kaffee trinken möchte, ist jedoch eine Frage der Höflichkeit. Sobald sich die erste Aufregung gelegt hat (Katzenkauf ist sicherlich immer eine spannende Angelegenheit) und Ihr Besucher entspannt auf dem Sofa sitzt, können Sie ihn so ganz nebenbei gründlich beobachten. Wie der Bewerber auf Ihre Katzen zugeht und wie Ihre Tiere sich ihm gegenüber verhalten, wird Ihnen über das Gespräch hinaus wichtige Informationen geben.

Schauen Sie, ob bzw. wie der Besucher

- sich den Katzen nähert (behutsam oder energisch),
- sie zunächst aus der Ferne beobachtet,
- fragt, ob er sie anfassen darf,
- ängstlich, hektisch oder nervös wirkt,
- einen katzenerfahrenen Eindruck macht,
- sich langsam oder ungeschickt bewegt,
- laut oder leise spricht,
- freundlich die Stimme hebt, wenn er die Katzen lockt und
- sie streichelt oder mit ihnen spielt.

- **Der unerfahrene Gast**

Sollten Sie feststellen, dass Sie einen Menschen vor sich haben, der überhaupt nicht weiß, wie man mit Katzen umgeht, müssen Sie sofort eingreifen, ungeschickte Annäherung unterbinden und das entsprechende »Know-how« vermitteln. Es gibt immer noch unglaublich viele Menschen, die nicht wissen, wie man eine Katze auf den Arm nimmt und glauben, dass man Jungtiere am Nackenfell hochnehmen sollte. Kommen Sie in eine solche Situation, dürfen Sie keinesfalls geduldig abwarten. Sie müssen verhindern, dass es durch ungeschickte Handhabung zu Unfällen und Verletzungen kommt. Ein unerfahrener Katzenfan muss jedoch nicht ein ungeeigneter sein. Wenn er bereit ist, sich von Ihnen entsprechend anleiten zu lassen, kann er sogar ein besserer Katzenhalter werden, als einer der viele Jahre mit Katzen zusammenlebt, eine festgefahrene Meinung hat und Fehlverhalten nicht bereit zu korrigieren ist.

Katzenbabys bis zu einem Alter von drei Wochen gebe ich einem Interessenten in den seltensten Fällen in die Hand. Wenn überhaupt, dann ist vorheriges Händewaschen Pflicht. Zu viel Aktion an der Wurfkiste macht die Mutterkatze nervös. Dass ihr geliebter Mensch regelmäßig die Babys aus der Kiste nimmt, ist für sie gerade noch zu akzeptieren. Wird dies Fremden ständig erlaubt, so kann das Weibchen zu der Überzeugung gelangen, dass ihr Nest nicht sicher ist. Dass ein Weibchen unruhig wird, wenn Besuch sich der Kiste selbst unter Aufsicht der zweibeinigen Oberkatze nähert, ist normal. Wenn eine Queen jedoch aggressiv wird und dieses Benehmen für sie unüblich ist, muss man sich als Züchter überlegen, welche Gründe das Tier hierfür hat.

- **Der grobe Gast**

Wie Sie einen Gast beurteilen, der extrem laut ist und sich äußerst forsch Ihren Katzen zuwendet, ist sicherlich abhängig davon, wie Ihre Tiere dies empfinden und wie sie sich diesbezüglich verhalten. Da in unserem Haus immer einige Kinder herumtoben und zudem regelmäßig Hausmusik gemacht wird, sind unsere erwachsenen Katzen wie auch die Jungtiere Lärm gewohnt. Sie reagieren in solchen Situationen absolut gelassen. Geht es bei Ihnen ruhiger zu, ist zu überlegen, ob das Jungtier sich in einem turbulenten Umfeld zurechtfinden würde. Kritisch zu beurteilen sind grundsätzlich Käufer, die grob mit den Katzen umgehen. Ich erhielt gestern noch aufgrund meiner Anzeigen den Anruf einer Dame, die eine robuste Waldkatze kaufen wollte, weil ihr fünfjähriger Sohn nicht immer so »katzengerecht« mit einer Katze umgehen würde. Etwas Zartgliedriges wäre da nichts für sie, erklärte sie mir. Als ich ihr zu verdeutlichen versuchte, dass es besser wäre, wenn sie sich gar keine Katze kaufen würde, fragte sie mich verärgert. »Ist Ihr Kind immer gut mit Ihren Katzen umgegangen?« Die Frage zu beantworten, lohnte sich nicht. Wer von vornherein voraussetzt, dass mit einem Tier grob umgegangen werden kann, dem darf man keine Katze geben. Dem fehlt die richtige Einstellung zur Tierhaltung. Zur Zeit des Telefonats hatte ich witzigerweise gerade an eine Dame einen kleinen Kater verkauft, die uns mit ihrer sehr lebhaften 18 Monate alten Tochter besuchte. Der Verkauf war für mich überhaupt kein Problem, weil die Mutter ihre Tochter genau beobachtete und behutsam eingriff, wenn dies notwendig wurde.

Wer sich aus Unwissenheit falsch verhält, aber bereit ist, den richtigen Umgang mit dem Tier zu erlernen, der sollte nicht allzu kritisch bewertet werden; wer Fehlbehandlungen als selbstverständlich mit einplant, wird niemals ein guter Tierhalter sein.

- **Der nervöse Gast**

Extrem nervöse und hektische Menschen sind nicht unbedingt optimale Katzenhalter. Katzen reagieren auf ein derartiges Verhalten je nach eigenem Temperament jedoch ganz unterschiedlich. Manche Katzen würden es genießen, der ruhende Pol im Leben eines solchen Tierfreundes zu sein, andere würden für sich selber die nötige Ruhe vermissen. Wie die abzugebenden Jungtiere dies empfinden, ist schwer zu sagen, da deren Charaktereigenschaften zum Zeitpunkt der Abgabe noch nicht völlig festgelegt sind, weil eine Prägung über längere Zeit verläuft. Hilfreich ist es, zu beobachten, wie die eigenen Katzen sich dem Hektiker gegenüber verhalten. Setzen sie sich schnurrend auf seinen Schoß, als wollten sie sagen »Nur mal mit der Ruhe. Entspann dich doch ein bisschen!«, oder suchen sie das Weite? Signalisieren Ihre Katzen Ihnen, dass ihnen der Besuch äußerst suspekt erscheint, so sollten Sie sich auf den Instinkt Ihrer Samtpfoten verlassen. Ich hatte einmal eine Dame zu Besuch, die mit zitternder Hand fast beidhändig rauchte. Meine sonst so freundlichen und zugänglichen Katzen straften sie mit Nichtbeachtung. Irgendwann erbarmte sich mein Kater und setzte sich auf ihren Schoß. Wie üblich in solchen Fällen schien er: »Nur mit der Ruhe« zu schnurren. Unser Gast wies ihn entsetzt zurück mit der Bemerkung: »Igitt, das Tier haart ja!« Mein Kater und ich entschieden daraufhin, dass das Gespräch beendet sei. Ein anderes Mal besuchte uns ein absolut gestresster Musiker, der mich durch seinen ständigen Bewegungsdrang schon selber nervös machte. Meine Katzen allerdings fanden ihn toll und suchten seine Nähe. Im Spiel mit ihnen entspannte er sich völlig. Ich verkaufte ihm zwei Katzen. Hin und wieder ruft er an und berichtet, wie viel Freude ihm das Leben mit den beiden Miezen macht und dass sie seine täglichen Yogaübungen mit lautem Schnurren begleiten.

Die Sympathie, die Katzen Käufern gegenüber zeigen, ist nicht allein entscheidend für den Verkauf. Auch Katzen können sich täuschen, aber ihr Verhalten mit in die Überlegung einzubeziehen, ist sicherlich hilfreich. Verstecken sich Fremden gegenüber ansonsten aufgeschlossene, neugierige und freundliche Katzen, ist das als ein Alarmsignal zu werten, welches nicht ignoriert werden sollte.

- **Der unsichere Gast**

Hin und wieder trifft man auch auf Menschen, bei denen man das Gefühl hat, dass sie zwar gerne eine Katzen kaufen möchten und dies nach besten Wissen und Gewissen tun wollen, sich jedoch irgendwie in ihrer Situation als Käufer unwohl fühlen. Meist wissen diese Bewerber gar nicht so recht, was sie wollen. Wenn Sie die Entscheidungsfreiheit haben, zwischen zwei oder drei Katzenkindern unterschiedlichster Farbe wählen zu können, finden sie alle niedlich und süß und überlegen stundenlang hin und her, welches denn zu ihnen passen würde. In solchen Situationen muss man sich als Züchter, wenn eine ehrliches Kaufinteresse zu erkennen ist, in Geduld üben und seinem Gegenüber nach einer Weile hilfreich »unter die Arme greifen«, d.h. ihm die Auswahl erleichtern. Sollten die Katzenkinder vom Wesen her alle sehr ähnlich sein und dem Bewerber vom Aussehen her grundsätzlich gefallen, können Sie ihm raten, das Katzenkind auszuwählen, welches als erstes auf ihn zugekommen ist oder dasjenige, das schon eine Weile gemütlich neben ihn gekuschelt auf dem Sofa schläft. Haben Sie das Gefühl, dass Ihr Besucher noch längere Bedenkzeit braucht, so raten Sie ihm, ein oder zwei Nächte darüber zu schlafen. Solche Käufer sind zwar häufig aufgrund ihrer Unentschlossenheit ein wenig anstrengend für den Züchter, haben aber den Vorteil, dass sie, wenn sie sich endlich zu einer Entscheidung durchgerungen haben, auch zu dieser stehen.

- **Der spontane Gast**

Von seinem Profil her ist der spontane Gast das genaue Gegenteil vom unsicheren Gast. Meist ist es so, dass er, noch nicht ganz im Wohnzimmer angelangt, sich begeistert auf ein Katzenkind stürzt und beglückt ausruft: »Das ist genau das, was ich gesucht habe!« Handelt es sich hierbei um einen sympathischen Menschen, den man zudem als guten Tierhalter bewertet, so ist es genau der Käufertyp, an dem man als Züchter enorm viel Spaß hat. Im günstigsten Falle hat er sein Urteil schnell und präzise gefällt, weil er zuvor genau wusste, was er wollte und mit dem Herzen dabei ist. Die Sache kann jedoch auch einen Haken haben und zwar dann, wenn der Kauf nicht überlegt erfolgt. Es ist Aufgabe des Züchters zu prüfen, ob der Bewerber auch noch später zum Erwerb des Kätzchen steht. Fragen solche Menschen nach einem Umtauschrecht, kann man ziemlich sicher sein, dass sie den Katzenkauf lediglich als vergnügliches Spiel betrachten und sich ihrer Verantwortung nicht bewusst sind.

- **Der nörgelnde Gast**

Bei diesem Käufertyp handelt es sich meist um einen superpingeligen, der bevor er die Katzen überhaupt beachtet, erst mal Ihren Haushalt genau unter die Lupe nimmt. Am prüfenden Blick kann man erkennen, dass er auf dem Sofa schwer zu halten ist und am liebsten nachschauen würde, ob auch oben auf dem Schrank ordentlich Staub gewischt wurde. Diese Menschen wollen als erstes wissen, ob die Katzen viel haaren und wie häufig sie im Zusammenleben mit einer Katze saugen müssen. Katzenhaare auf der Kleidung, typisches Erkennungszeichen eines jeden noch so gepflegten Katzenhalters, werden diskret, leicht angeekelt entfernt. Obwohl es sich bei diesen Interessenten oftmals um meist sehr gewissenhafte Menschen handelt, die einem gleich ihren Personalausweis auf den Tisch legen, sind sie als Tierhalter völlig ungeeignet. Außerdem fehlt ihnen in der Regel Humor. Dieser jedoch ist unabdingbar, wenn man mit einer jungen, unternehmungslustigen Katze, die zu immer neuen Kapriolen aufgelegt ist, leben möchte. Da hilft nur eins: Man muss klar zum Ausdruck bringen, wie arbeitsintensiv die Haushaltsführung mit Heimtieren ist!

Nörgler gibt es auch unter den Züchtern, die einen damit auf die Palme bringen können, dass sie sich auf vermeintliche Fehlerchen stürzen und die Qualität ihrer eigenen Katzen in den höchsten Tönen loben. Lassen Sie sich nicht aus der Ruhe bringen, Sie wissen sicherlich selber, wie gut oder schlecht Ihre Katzen sind. Überlegen Sie sich, ob diese Züchter die richtigen Käufer für Sie sind. Kommen Sie zu der Überzeugung, dass dem Züchter Ausstellungserfolge zur Profilierung wichtiger sind als das Wohlbefinden der Katzen und die planmäßige Zucht als solche, unterstützen Sie ihn am besten bei seiner Kritik, um sein Interesse zu schmälern. Meist hören Sie dann, wie gut demjenigen die Katzen doch eigentlich gefallen haben und dass er doch gerne eine kaufen wolle. Ob Sie verkaufen möchten, ist dann eine andere Frage! Genauso unangenehm sind Züchter, die neben ihrer Profilneurose nur sich selber vertrauen und hinter jeder Ecke Betrug wittern. Das sind die Typen, die z.B. darum bitten, bei Impfungen dabei sein zu dürfen, um kontrollieren zu können, ob diese auch wirklich gemacht werden. Bei so viel Misstrauen stellt sich einem zwangsläufig die Frage, wie sich das spätere Verhältnis entwickeln wird und zum anderen, ob man es da nicht mit einem Züchter zu tun hat, der von sich auf andere schließt.

Da keine, auch noch so exzellente Katze perfekt ist, muss man sich mit einem Züchter selbstverständlich über die Dinge unterhalten, die durch entsprechende Verpaarung bei der nächsten Generation verbessert werden könnten. Doch der Ton macht die Musik. Ein konstruktives Gespräch ist immer eine Bereicherung. Genauso verhält es sich mit Impfungen und Tests. Nicht jeder Züchter möchte bei jungen Katzen all das impfen lassen, was geimpft werden kann. Klare Absprachen darüber vermeiden Konflikte.

- **Der superschlaue Gast**

Ich bin für jede Information dankbar und freue mich, wenn ich durch Gespräche mit anderen immer wieder etwas dazulerne. Das wird Ihnen nicht anders gehen. Etwas ermüdend ist es allerdings, wenn Sie einen Besucher zu Gast haben, der Ihnen über Haltung, Ernährung und Pflege der Katzen einen Vortrag nach dem anderen hält und Sie überhaupt nicht zu Wort kommen lässt. In der Regel kann man so etwas mit Humor nehmen (auch wenn man ein Gähnen kaum unterdrücken kann), insbesondere, wenn Ihr Gegenüber auch schon einen Wurf großgezogen hat und Ihnen (nach etlichen Jahren der Zucht) genau erklärt, worauf Sie zu achten haben. Seien Sie tolerant. Ihr Gast ist sicherlich ganz einfach stolz auf sein Wissen und möchte dieses mitteilen. Vielleicht hat er auch sonst keinen, mit dem er sich in epischer Breite über Katzen unterhalten kann. Hören Sie gut zu, um beurteilen zu können, ob Ihr Gegenüber wirklich über ausreichende Erfahrung verfügt oder nur ein Schaumschläger ist.

Problematisch ist ein solcher Käufer nur dann als Katzenbesitzer, wenn es absolut nicht möglich ist, ihm wichtige Dinge im Umgang mit den Katzen zu vermitteln, er auf eine Beratung stur reagiert und sich grundsätzlich weigert einen Rat anzunehmen. Sollte er z.B. nicht bereit sein, das Futter zu geben, welches Ihre Katzen gewohnt sind, weil er ein anderes für besser hält oder auf Ihren Hinweis, bitte kein rohes Schweinefleisch zu füttern, mit Kommentaren wie: »Das ist Unsinn, meine Katzen haben das immer vertragen«, antwortet, sollten Sie sich überlegen, wie viel Einflussnahme auch nach dem Verkauf Ihnen wichtig ist. Denn hat ein Kätzchen sein Heim gewechselt, so kann der Besitzer damit so verfahren, wie er es letztendlich für richtig hält.

- **Der informierte Gast**

Dieser ist sicherlich einer der angenehmsten. Sie haben einen Menschen vor sich, der sich im Vorfeld ausgiebig mit den verschiedenen Rassen, ihrer Haltung und Pflege auseinander gesetzt hat und zudem über Erfahrungen im Leben mit Katzen verfügt. Er kennt sich zudem im Umgang mit Züchtern aus, was er durch seine Offenheit beweist. Ihm müssen Sie keine Löcher in den Bauch fragen. Er stellt sich selber vor. Die Fragen die er hat, äußert er präzise. Er bietet spätere Kontrollbesuche von sich aus an und bittet um Nachbetreuung, wenn nötig. Der optimale Katzenhalter, wenn er wirklich hält, was er verspricht!

- **Der Gast, der Kinder hat**

Es ist für einen Züchter, der Anfragen von Familien mit Kindern bekommt, wichtig, auch die Kleinen kennen zu lernen, um beurteilen zu können, wie diese mit Tieren umgehen und wie die Eltern sich verhalten. Bitten Sie daher die Eltern, ihre Kids zum Besuch mitzubringen. Je nach Alter der Kinder wird es ihnen, hat die erste Aufregung und Neugierde sich gelegt, meist langweilig. Quengeln und Knatschen ist dann völlig normal und kein Zeichen für einen fehlerhaften Erziehungsstil. Sie können entstehender Unruhe, die gute Gespräche stört, jedoch vorbeugen, indem Sie für alle Altersklassen bis ca. zwölf Jahren eine kleine Spiel- und Bücherkiste zur Verfügung stellen. Sollten die Kinder im Umgang mit Katzen noch ungeübt sein, versuche ich ihnen diesen zu vermitteln. Lieber ist mit jedoch, wenn die Eltern ihre Kinder auf einen Besuch bei mir vorbereitet haben. Wenn man darum am Telefon bittet, reagieren manche Mütter und Vater verärgert, weil sie ihre Erziehungskompetenz in Frage gestellt sehen. Erklären Sie freundlich Ihr Anliegen, dann werden Ihre Interessenten Ihren Wunsch verstehen. Wenn Sie selber keine Kinder haben, seien Sie nicht allzu kritisch bei der Einschätzung lebhafter Kleinkinder. Meist verhalten sich diese in ungewohnten Situationen, die sie noch nicht gelernt haben zu bewältigen, völlig anders als daheim im gewohnten Umfeld. Richten Sie Ihr Augenmerk auf die Eltern.

Kinder sollten sich fremden Katzen vorsichtig nähern. Foto: S. Jansen-Nöllenburg

Reglementieren diese ihre Kinder unentwegt oder greifen sie nur ein, wenn es nötig ist? Sind sie liebevoll und geduldig oder eher gleichgültig? Vielleicht gibt Ihnen das Aufschluss darüber, wie Ihr Katzenkind später erzogen werden soll.

- **Der Gast, den Langeweile plagt**

Wir Züchter kennen sie alle, die so genannten »Seeleute«, die sich ihre Zeit damit vertreiben, von Züchter zu Züchter zu reisen und kein wirkliches Kaufinteresse haben. Der Besuch solcher Gäste ist immer äußerst ineffektiv.

Auf Fragen wie: »Wann haben Sie denn an den Kauf einer Katze gedacht?« oder »Haben Sie Norwegische Waldkatzen schon bei anderen Züchtern gesehen?«, bekommt man meist recht ungenaue Antworten, die dann so oder ähnlich lauten: »Ach, das wissen wir noch nicht so genau. Jetzt oder in zwei Jahren. Da haben wir Zeit...«, oder »Ja, wir waren schon bei Familie Müller, Frau Schulte und dann noch in Köln bei einem Züchter und auch noch irgendwo im Sauerland.« Bohrt man dann weiter nach, warum die »Interessenten« schon so lange auf der Suche sind und bisher noch nicht fündig wurden, bekommt man meist zu hören, dass es irgendwie nie so ganz das Richtige war. Was denn nun das Richtige ist, kann der Katzensuchende aber leider auch nicht erklären. Wenn man zufällig dann auch noch die erwähnten Züchter kennt und von deren Seriosität überzeugt ist, wird schnell klar, dass es sich bei seinem Besuch nicht um Menschen handelt, die zur Erfüllung eines bestimmten Zieles sich auf die konkrete Suche begeben haben und bereit sind, weder Kosten noch Mühen zu scheuen, um das Kätzchen bei dem Züchter ihrer Wahl zu kaufen. Es sind Personen, die die Reise von Züchter zu Züchter als unterhaltsame Freizeitgestaltung betrachten. Erfahren durch zahlreiche Züchterbesuche, sind diese »Seeleute« ziemlich geschickt in ihrer Selbstdarstellung und es fällt dem Züchter erst nach ausführlicher Unterhaltung auf, dass er da jemandem »auf den Leim« gegangen ist, der vermutlich niemals eine Katze kaufen wird.

Eine Bekannte von mir, die eine kleine Hobbyzucht hat und Inhaberin eines exklusiven Bekleidungsgeschäftes ist, berichtete mir, dass der gleiche Typ Mensch stundenlang bei ihr im Geschäft die teuersten Modelle anprobiert und dann unverrichteter Dinge von dannen zieht. Natürlich ist der Katzenverkauf nicht mit dem von Kleidung zu vergleichen, um so ärgerlicher ist es dann, dass man seine Zeit, die man seinen Katzen und anderen wichtigen Dingen hätte widmen können, verschenkt hat.

- **»Beziehungskiste« okay?**

Die meisten Interessenten bringen zu einem Gespräch ihren Partner, Freunde oder Verwandte mit. Insofern hat man es oftmals nicht nur mit einem der zuvor genannten Art von Menschen zu tun, sondern mit mehreren. Um sich ein Bild machen zu können, ist es ratsam, den Umgang der Besucher miteinander zu beobachten. Sind sie sich einig, dominiert einer den anderen, wird die Entscheidung von einem alleine getroffen oder gemeinsam, ist der Partner überhaupt mit dem Kauf einverstanden, gibt es Diskussionen usw.? Sich Gedanken darüber zu machen, ob es in einer Familie stimmt, scheint Ihnen vielleicht weit hergeholt. Oftmals ist es jedoch so, dass sich bei Trennungen die finanziellen und räumlichen Verhältnisse sowie die Stimmung in einem Haus entscheidend verändern können. Nicht wenige Heimtiere leiden unter solchen Situationen, werden aufgrund der vielen sich entwickelnden Probleme vernachlässigt oder müssen abgegeben werden. Es gibt Paare, die von vornherein festlegen, was mit dem Tier geschieht, wenn sie sich trennen würden. Sind diese Menschen sehr gewissenhaft oder kriselt es schon in der Partnerschaft?

Je nachdem, wie viele Anrufe und Besuche man auf eine Anzeige an einem Wochenende erhält, kann man manchmal die einzelnen Interessenten kaum noch auseinander halten. Es ist ratsam, sich nach dem Besuch einige Notizen zu machen und möglichst seine Gäste nicht alleine zu empfangen.

Insbesondere alleinstehende, weibliche Züchter sollten sich gegebenenfalls um ihre Sicherheit Sorgen machen und einen Freund oder eine Freundin bitten, sich beim Termin zu ihnen zu gesellen, um so vor unseriösen Angeboten, die mit dem Katzenkauf überhaupt nichts zu tun haben, geschützt zu sein.

Wichtige Hinweise in einer Katzenfibel formulieren

Dass Sie Ihre Interessenten auf Herz und Nieren prüfen sollten, ist selbstverständlich. Damit er jedoch auch ein guter Tierhalter für Ihr geliebtes Katzenkind wird, braucht er noch einige wichtige Informationen, die über den Inhalt des Werbematerials hinausgehen. Was in einer Unterhaltung an Fragen beantwortet wird, vergisst der Käufer in seiner Freude und Aufregung über den Kauf schnell. Sinnvoll ist es daher, wenn Sie ihm möglichst schon vor der Übergabe eine schriftliche Haltungs- und Pflegefibel übergeben.

Eine solche Fibel, in Verbindung mit einigen persönlichen Worten wirkt sympathisch und ist hilfreich:

Lieber Katzenfreund,

Wir haben und sehr darüber gefreut, dass Sie sich für ein Kätzchen »vom Feengarten« entschieden haben. Unsere liebevoll aufgezogenen Katzenkinder sollen es im neuen Zuhause gut haben. Wir möchten Sie daher bitten, unsere Empfehlungen sorgfältig zu lesen und als Leitfaden zu betrachten, selbst dann, wenn Sie schon viel Erfahrungen im Umgang mit Heimtieren sammeln konnten.

Übergabe

Zum Abholtermin am __________ bringen Sie bitte einen Transportkorb mit. Dieser kann aus abwaschbarem Kunststoff oder aus Geflecht sein. Sollten Sie länger als eine Stunde Fahrtzeit nach Hause brauchen und gegebenenfalls in Erwägung ziehen, mit der Katze zu verreisen oder auf Ausstellungen zu gehen, rät sich die Anschaffung eines so genannten Cannels aus Hartkunststoff, weil dieser leichter zu reinigen ist und im hinteren Teil eine kleine Toilettenschale aufgestellt werden kann.
Damit die Katze nicht gezwungen ist, die Toilette zu benutzen, erhält sie von uns einige Stunden vor der Abfahrt kein Futter mehr.

Zu Hause angekommen

Kommt das kleine Wesen bei Ihnen daheim an, so wird es sicherlich hungrig sein. Zeigen Sie ihm zunächst den Futterplatz und dann die Katzentoilette, die an einem ruhigen Ort platziert sein sollte. Wiederholen Sie das ungefähr alle zwei Stunden. Sollte die Katze jedoch nach all den neuen Eindrücken gemütlich auf dem Sofa eingeschlafen sein, wecken Sie sie nicht, sondern nutzen Sie die Zeit, um dem Katzenkind durch behutsames Streicheln nahe zu kommen. Vermutlich wird Ihre Katze sehr aufgeregt sein und noch nicht fressen, sondern lieber in Ruhe die neue Umgebung erforschen. Vermeiden Sie dabei allzu viel Hektik. Bitte bedenken Sie, dass die Katze getrennt von ihren Eltern, Geschwistern und uns erst mal ein wenig verunsichert ist.
Laden Sie bitte in der Eingewöhnungszeit nicht allzu viel Besuch ein, der Ihr Katzenkind bewundern möchte. Dies würde die Katze nur verunsichern. Hat die Katze sich gut eingelebt, ist dafür immer noch Zeit. Wenn Sie das Tier nachts nicht mit ins Schlafzimmer nehmen möchten, bedenken Sie bitte, dass es sich einsam fühlen wird. Lassen sie auf jeden Fall ein wenig Licht an.

Ernährung

Unsere Katzen werden hochwertig, mit unterschiedlichem Futter ernährt:

- Frischfutter: ____________________
- Trockenfutter: ____________________
- Gekochtes Futter: ____________________

Vergessen Sie bitte nicht, immer frisches Wasser in einem sauberen Gefäß bereit stehen zu haben. Milch ist kein Getränk für Katzen, sondern eine schlecht verträgliche Nahrung. Füttern Sie nie rohes Schweinefleisch, weil sich hierdurch die Katze mit der Aujeszkyschen Krankheit infizieren kann.
Geben Sie dem Tier so viel Futter, wie es möchte. Katzen regulieren ihren Bedarf im Gegensatz zu Hunden selber. Während der Wachstumsphase benötigen sie mehr und insbesondere ausgewogene, hochwertige Nahrung. Unsere Jungtiere erhalten 6-mal täglich Frischfutter. Eine Schale Trockenfutter steht immer bereit. Sie können die Futtergaben auf letztendlich zwei pro Tag (ab einem Alter von einem Jahr) nach und nach reduzieren.
Natürlich macht es auch Spaß, Samtpfoten hin und wieder mit einigen Leckereien zu verwöhnen. Lassen Sie Ihren Liebling entscheiden, was ihm schmeckt. Unsere Katzen bevorzugen:

____.

Vitamingaben mittels Tabs oder Pasten sollte die Katze nur wohl dosiert erhalten. Denken sie bitte daran, dass ein Zuviel an Vitaminen, wie beim Menschen auch, schädlich sein kann.
Essensreste vom Teller des Menschen gehören nicht in den Futternapf, da unser Essen in der Regel zu stark gewürzt und hin und wieder auch zu fettig ist. Ob Sie auf das Betteln der Katze während Ihrer Mahlzeiten eingehen, ist eine individuelle Entscheidung. Hin und wieder ein kleines Stückchen Fleisch abzugeben, ist sicherlich nicht schädlich. Bedenken Sie jedoch, dass Ihre Katze, sobald sie gelernt hat, dass für sie immer etwas Gutes abfällt, wenn ihr Mensch isst, auch dann betteln wird, wenn Sie Gäste haben.
Gras braucht die Katze, um die Nahrung teil-

weise besser verdauen zu können und trägt dazu bei, im Magen vorhandene Haarballen herauszutransportieren. Das Erbrechen nach dem Genuss von Gras ist üblich und nicht bedenklich. Katzengras ist in Zoofachgeschäften erhältlich. Hilfreich ist es, der Katze einmal wöchentlich einen Teelöffel voll Distelöl unter das Futter zu mischen.

Futternäpfe sollten gut zu reinigen und nicht zu leicht sein, da die Tiere sie beim Fressen ansonsten durch die Gegend schieben. Die Nahrungsaufnahme wird erschwert und das Futter überall verteilt. Für viele Katzen ist es normal, wenn sie einen Teil des Futters aus der Schale nehmen und neben dieser fressen.

Zusätzliche Informationen über gesunde Jungtierernährung erhalten Sie auf Anfrage von uns, beim Hersteller und beim Tierarzt. Die Broschüren, die man dort erhält, sind in der Regel sehr aufschlussreich.

Ein schönes glänzendes Fell ist der Beweis für ein gute Ernährung.

Gewichtskontrolle

Das Katzenkind hat zum Zeitpunkt der Übergabe ein Gewicht von ____ Gramm. Es ist sinnvoll, dass Sie das Gewicht regelmäßig einmal die Woche kontrollieren, um feststellen zu können, dass die Katze gut zunimmt. Gewichtstabellen sind beim Tierarzt erhältlich. Es handelt sich hierbei jedoch nur um pauschale Angaben, die für große Rassen wie zum Beispiel die Norwegische Waldkatze meist nicht zutreffend sind. Norwegische Waldkatzen werden mit ca. 100 bis 150 Gramm geboren. Sie liegen folglich mit ihrem Geburtsgewicht schon erheblich höher als Hauskatzen. Norwegische Waldkatzen wachsen bis zu drei Jahren. Weibchen erreichen ein Gewicht von ungefähr 5 Kilo; Männchen bis zu 8 Kilo. Sollte Ihre Katze leichter oder schwererer bei guter, ausgewogener Ernährung sein, so ist dies kein Grund zur Sorge. Die Tiere entwickeln sich unterschiedlich.

Katzenstreu

Es ist immer von Vorteil, die Streu zu benutzen, die die Katze vom Züchter gewohnt ist. Besonders geruchsbindend und aufgrund der Klumpenbildung gut zu entsorgen ist:

______________________________.

Die Katzentoilette, entweder geschlossen oder offen, muss an einem ruhigen Ort platziert sein. Eine Katzentoilette muss täglich gereinigt werden. Benutzt die Katze die Toilette nicht, so ist dies in der Regel als Protest zu bewerten. Schimpfen Sie nicht mit Ihrem Tier, sondern rufen Sie uns an, damit wir gemeinsam eine Lösung für Ihr Problem finden können. Manchmal sind es nur Kleinigkeiten, die eine Katze belasten und zur Unsauberkeit führen können.

Zubehör

Die Anschaffung spezieller Schlafkörbchen ist nicht nötig. Katzen schlafen am liebsten dort, wo ihr Mensch sich aufhält oder auf dem höchsten erreichbaren Platz einer Wohnung.

Sinnvoll und notwendig ist auf jeden Fall der Kauf eines robusten Kratzbaumes mit bequemen Liegeflächen und gegebenenfalls Kuschelhöhlen.

Katzenspielzeug gibt es in Zoofachgeschäften wie Sand am Meer. Besonders viel Spaß haben insbesondere Katzenkinder beim Spiel mit Fellmäuschen und Tischtennisbällen. Wollknäuel sind kein geeignetes Katzenspielzeug, weil die Tiere sich eventuell mit längeren Fäden erdrosseln können.

Fellpflege

Mit dem Kauf einer Norwegischen Waldkatze haben sie sich für eine pflegeleichte Rasse entschieden. Dennoch sollte die junge Katze von klein auf an Kamm und Bürste gewöhnt werden. Kämmen Sie sie behutsam nur einmal die Woche. Die Fellpflege sollte nach Bedarf durchgeführt werden. Stellen Sie fest, dass das Tier haart oder sich Knoten im Fell bilden ist, so ist die Katze regelmäßig zu kämmen. Dies ist meist abhängig vom Wechsel der Jahreszeiten. Norwegische Waldkatzen dürfen allerdings nicht zu häufig gekämmt werden, da sie dann ihre Unterwolle verlieren und ständig haaren würden. Knoten, die durch vorsichtiges Kämmen nicht entfernt werden können, dürfen keinesfalls herausgerissen werden. Schneiden Sie Knoten mit einer stumpfen Schere heraus. Insbesondere unkastrierte Kater neigen hin und wieder zu Fettschwanzbildung. In diesen Fällen muss der Schwanz mit lauwarmem Wasser und z.B. mildem Kindershampoo gewaschen werden. Anschließend wird das nasse Fell mit angewärmten Handtüchern trockengerieben. Denken Sie bitte daran, dass die meisten Katzen das Waschen als unangenehm empfinden. Gehen Sie daher bitte sehr behutsam vor.

Katzen pflegen sich selber. Ein wenig Unterstützung ist jedoch manchmal notwendig. Foto: S. Jansen-Nöllenburg

Vorsichtsmaßnahmen

Achten Sie bitte darauf, dass Sie keine giftige Pflanzen daheim in erreichbarer Nähe der Katze haben. Welche Pflanzen durch Verzehr oder Berührung Ihrem Liebling schaden können, erfahren Sie detailliert beim Veterinär. Der WC-Deckel sollte nach Benutzung der Toilette grundsätzlich geschlossen werden. So lange die Katze noch nicht begriffen hat, dass sie z.B. nicht auf die Küchenzeile darf, müssen heiße Herdplatten zum Schutz vor Verbrennungen abgedeckt werden. Lassen Sie ganz einfach die Töpfe so lange auf dem Herd stehen, bis die Kochstelle abgekühlt ist.

Andere Haustiere

Der Kontakt mit anderen Haustieren, wie z.B. Katzen und Hunden, darf zunächst, um Gefahren und Konflikte zu vermeiden, nur unter Ihrer Aufsicht geschehen. Den Umgang, den die Tiere miteinander pflegen, sollten Sie so lange kontrollieren, bis Sie sicher sind, dass sie sich aneinander gewöhnt haben.

Es gibt kleine Tricks, mit denen Sie Ihrem Hund den Familienzuwachs nahe bringen können. Nehmen Sie die Katze und reiben Sie diese unter Ihren Achseln (ohne zuvor ein Deodorant benutzt zu haben). Das Katzenfell nimmt etwas von Ihrem Geruch an. Auf dem Weg nach Hause können Sie das Katzenkind auf die Lieblingsdecke Ihres Hundes, im Cannel platziert, legen und diese dann dem Hund, den Sie für kurze Zeit in einen Raum sperren, damit die junge Katze sich ohne Angst bewegen kann, als Geruchsprobe geben. Wenn Sie es wünschen, können Sie vor dem Abholtermin eine solche Geruchsprobe (ein Stückchen Stoff) von uns erhalten. Wie Sie die Begegnung der Tiere am günstigsten miteinander gestalten, ist sicherlich auch abhängig vom Temperament Ihres Tieres. Wesensfeste junge Katzen, die in einer Katzenfamilie den Respekt vor Größeren zu wahren lernen mussten, können sich gar nicht falsch verhalten.

Sollten Sie schon Katzenbesitzer sein, so gelten für die Regel der Zusammenführung die gleichen Dinge wie beim Hund. Dass die Katzen sich anfauchen werden, ist völlig normal. So lange sich das ältere Tier nicht aggressiv auf das jüngere stürzt, brauchen Sie sich um kleine »Unfreundlichkeiten« keine Sorgen zu machen. Achten Sie immer darauf, dass das junge Tier auch Ruhepausen hat und sich nicht ständig vom älteren verfolgt fühlen muss. Damit jedes Tier sich entspannen kann, sollten Sie die Katzen stundenweise voneinander trennen. Teilen Sie Ihre Liebe und Zuneigung nicht nach dem Gerechtigkeitsprinzip, sondern nach den Bedürfnissen der Katzen auf. Vermeiden Sie das Entstehen von Eifersucht. Sollten Sie dennoch unsicher sein, rufen Sie uns sofort an. Katzen aneinander zu gewöhnen, dauert je nach Alter und Wesen der Katzen 3 bis 14 Tage. Bemühen Sie sich, nicht allzu ängstlich das Geschehen zu überwachen. Solche Gefühle übertragen sich gegebenenfalls auf die Katzen.

Erziehung

Die Erziehung junger Katzen ist ein schwieriges, aber dennoch notwendiges Unterfangen. Bevor Sie dem niedlichen kleinen Wesen erlauben, an den Tapeten die Wände hochzuklettern oder in den Gardinen zu schaukeln und an Ihren Beinen hochzukrabbeln, müssen Sie sich überlegen, wie Sie derartige »Spiele« empfinden, sollte die Katze erst ausgewachsen sein. Was Sie einmal gestattet haben, ist später schwer zu verbieten. Eine vernünftige Katzenerziehung erfolgt nach dem Prinzip der Ablenkung. Je mehr Spielzeug und Unterhaltung ein neugieriges Katzenkind hat, umso weniger ist es gezwungen, Unsinn zu machen. Möchten Sie ein Fehlverhalten sanktionieren, so rufen Sie laut »Nein«. Die Reaktion auf das unerwünschte Benehmen muss sofort erfolgen, spätere Strafen begreift das Tier nicht. Schlagen Sie das Tier niemals. Um zu vermeiden, dass die Katze an Möbeln und Tapeten ihre Krallen wetzt, muss ihr ein Kratzbaum zur Verfügung gestellt werden. Kratzt die Katze dort, so loben Sie sie. Kratzt sie an anderen Stellen, rufen Sie »Nein«. Die »Waffenpflege« ist ein natürliches und notwendiges Verhalten. Sie haben bei uns eine liebe und charakterfeste Katze gekauft. Wie ihr Wesen sich weiterentwickelt, liegt in Ihrer Hand. Seien Sie im Spiel mit dem Tier niemals zu wild, schließlich wollen Sie nicht irgendwann eine »Kampfkatze« daheim haben.

Viele Züchter raten dazu, mittels einer Wasserspritze die Tiere zu strafen. Solche Sanktionen haben aber nur dann einen Nutzen, wenn die Katzen Wasser nicht mögen und die Strafe sofort nach der Handlung erfolgt.

An Bäumen kratzen ist erlaubt, an Möbeln eher unerwünscht. Foto: Schildhauer

Ausstellungen

Wenn Sie Spaß an dem Besuch einer Ausstellung haben, helfen wir Ihnen gerne weiter. Wir würden uns freuen, wenn Sie sich gemeinsam mit uns für eine Ausstellung melden. Aber selbst eine sehr typvolle Katze ist nicht gleich ein Star. Stecken Sie Ihre Erwartungen nicht zu hoch!

Für einen Ausstellungsbesuch benötigen Sie ein Anmeldeformular; dieses erhalten Sie auf Anfrage von dem Verein, der die Ausstellung ausrichtet, Gardinen in der ungefähren Größe 75 x 75 cm, einen Teppich von gleicher Größe sowie Kunststoffscheiben, die vor dem Käfig zum Schutz der Katze angebracht werden. Auch eine kleine, mit Streu gefüllte Katzentoilette sowie ein Wassernapf müssen in den Käfig gestellt werden. Jungtiere können über längere Zeit auf Futter nicht verzichten, sie sollten dennoch vor der Ausstellung am Morgen nicht gefüttert werden. Erwachsene Katzen erhalten erst am Abend daheim Futter. Stellen Sie sich vor, zu welch enormer Geruchsbildung es käme, wenn sämtliche Katzen einer Ausstellung dort Darm und Blase entleeren würden. Außerdem ist es für viele Katzen eine Qual, die doch sehr kleine Toilette benutzen zu müssen.

Achten Sie darauf, dass Ihre Katze über einen ausreichenden Impfschutz verfügt. Auf Ausstellungen gibt es einen ganz anderen Infektionsdruck als daheim. Tollwutimpfungen werden auf Ausstellungen verlangt, selbst wenn den Katzen daheim der Freilauf nicht gestattet ist und sie daher nicht benötigen würden.

Impfungen

Welche Impfungen das Katzenkind erhalten hat, ist aus dem Impfpass ersichtlich. Lassen Sie sich von Ihrem Tierarzt beraten, ob er weitere Impfungen als notwendig erachtet. Selbst Katzen, die über keine Außenkontakte verfügen, können sich infizieren, wenn Krankheiten von draußen z.B. mit den Schuhen oder durch Hundepfoten hereingetragen werden. Vergessen Sie bitte die notwendigen Wiederholungsimpfungen nicht! Obligatorisch sind Impfungen gegen Katzenseuche, Schnupfen und Leukose.

Entwurmungen

Unsere Jungtiere und auch die erwachsenen Katzen werden regelmäßig entwurmt. Bitte halten auch Sie dies so. Katzen, die unter Wurmbefall leiden, werden infektionsanfällig und sind im Wachstum gestört.

Die letzte Entwurmung wurde von uns am ___________, mit ___________, durchgeführt.

Wir raten Ihnen dazu, das gleiche Entwurmungsmittel zu verwenden, da wir die Erfahrung gemacht haben, dass dieses am besten verträglich ist. Den nächsten Entwurmungstermin sprechen Sie bitte mit Ihrem Tierarzt ab. Sinnvoll ist es grundsätzlich, Entwurmungen ca. eine Woche vor der nächsten erforderlichen Impfung durchzuführen.

Beim Veterinär erhalten Sie diesbezüglich ausführliche Broschüren, die Sie gewissenhaft durchlesen sollten. Insbesondere dann, wenn Sie Krabbel- oder Kleinkinder in der Familie haben, ist, um Übertragungen zu vermeiden, eine gewissenhafte Handhabung erforderlich. Sollten Sie prophylaktische Entwurmungen ablehnen, so haben Sie die Möglichkeit, durch eine Stuhluntersuchung den Kot der Katze auf einen Befall hin überprüfen zu lassen. Trotz kontinuierlicher Entwurmung der Jungtiere beim Züchter sollte nach dem Absetzen der Muttermilch grundsätzlich eine Prophylaxe oder Untersuchung erfolgen.

Stammbaum

Auch wenn Ihnen die Ahnentafel als unwichtig erscheint, sollten Sie sie, wie Ihren eigenen Personalausweis auch, sorgfältig aufbewahren. Sie ist der Beweis für die Rassereinheit Ihres Tieres. Selbst dann, wenn Sie heute sagen, dass Sie niemals züchten oder eine Ausstellung besuchen wollen, ist es durchaus möglich, dass Sie Ihre Meinung diesbezüglich geändert haben. Die Zweitausstellung eines verloren gegangenen Stammbaums ist immer mit sehr viel Mühe und auch mit einigen Kosten verbunden.

Zucht oder Kastration

Sollten Sie sich nach sorgfältiger Überlegung dazu entscheiden, mit der Katze zu züchten, so lassen Sie es uns bitte wissen, damit wir Sie entsprechend beraten können. Eine gute Zucht ist nur mit sorgfältiger, gewissenhafter Planung möglich.

Sinnlose Vermehrung vergrößert das Katzenelend. Mischlingsverpaarungen sind durch den Kaufvertrag ausgeschlossen.

Die Kastration der Katze wird nach der ersten Rolligkeit, etwa im Alter von einem Jahr, notwendig. Erfolgt keine Verpaarung, so werden die meisten Katzen in immer kürzeren Abständen rollig, was letztendlich zu einer Gebärmutterentzündung führen kann. Außerdem leiden die Tiere unter ständigen Rolligkeiten, schreien stundenlang laut, werden sehr unruhig und magern ab. Ist der Katze der Freigang gestattet, tragen Sie bitte Sorge dafür, dass es nicht zu einer unerwünschten Deckung kommt. Hin und wieder kommt es vor, dass Katzen bei den ersten Rolligkeiten noch sehr jung sind und eine Kastration aufgrund des Alters nicht ratsam ist. Besprechen Sie das Problem mit Ihrem Tierarzt und rufen Sie uns an. Bestimmte Medikamente können Einfluss auf die hormonelle Entwicklung nehmen.

Die Kastration eines Katers wird nur dann nötig, wenn dieser Freigang hat oder sein Umfeld markiert. Durch das Spritzharnen entsteht eine unangenehme Geruchsbelästigung. Potente Freigänger entfernen sich auf der Suche nach einer geeigneten Partnerin oft tagelang weit vom eigentlichen Zuhause fort und sind so zahlreichen Gefahren ausgesetzt.

Auch wenn Sie es vielleicht nicht bemerkt haben, wir haben versucht, Sie als zukünftigen Besitzer eines unserer Katzenkinder auf Tauglichkeit zu prüfen und uns positiv für Sie entschieden. Enttäuschen Sie unser Vertrauen bitte nicht und beweisen Sie sich als optimaler Katzenhalter.

Wir wünschen Ihnen viel Freude mit der kleinen Samtpfote. Bitte rufen Sie uns hin und wieder an und berichten uns, wie es dem Katzenkind geht. Auch über die Zusendung von Fotos freuen wir uns sehr. Seien Sie bei der Auswahl Ihrer Aufnahmen nicht allzu kritisch, wir sind es auch nicht. Wenn Sie irgendwelche Fragen haben, melden Sie sich bei uns! Wir stehen Ihnen, wenn irgendwie möglich, mit Rat und Tat zur Seite.

Ihre Sabine Jansen-Nöllenburg
mit Familie und allen Samtpfoten vom Feengarten

Wer mit einer Katze gut zusammenleben möchte, sollte die Ratschläge seines Züchters ernst nehmen. Foto: S. Jansen-Nöllenburg

Mit diesem Vorschlag einer Haltungs- und Pflegeanleitung wollte ich Ihnen ein Beispiel geben, wie eine solche Fibel entwickelt werden kann. Lassen Sie sich inspirieren und überlegen Sie, welche speziellen Bedürfnisse die von Ihnen gezüchtete Rasse hat. Bei den Rassen gibt es zum Teil große Unterschiede beim Nahrungsbedarf, der Fellpflege oder dem Temperament. Sollten Sie ein Kätzchen abzugeben haben, bei dem darüber hinaus bestimmte Dinge zu beachten sind, wie z.B. eine spezielle Ernährung zur Durchfallvermeidung, gewisse noch vom Tierarzt des Käufers zu erbringende Impfungen, so rät es sich, dies gesondert zu vermerken. Es wird sicher den einen oder anderen Käufer geben, der Ihnen sagen wird, dass er als erfahrener Katzenhalter all diese Dinge, die Sie in Ihrer Fibel beschreiben, schon längst weiß. Drücken

Sie ihm die Anleitung »für ein gutes Katzenleben« dennoch in die Hand. Lesen schadet bekanntlich nicht. Vielleicht stellt ein Käufer Ihnen auch die Frage, ob er sich dogmatisch an alles halten muss, was dort zu lesen steht. Erklären Sie ihm, dass es Sachen gibt, wo er zum Wohle der Katze gar nicht anders kann, als sich an die Anweisung zu halten (z.B. beim Verbot Schweinefleisch oder Milch zu füttern) und andere Dinge, die er nur als Leitfaden verstehen sollte. Zum besseren Verständnis könnten daher »Soll«- und »Muss«-Regeln unterschiedlich farblich gekennzeichnet sein.

Ganz wichtig an einer Fibel ist, dass Sie Ihr Expertenwissen, das Sie durch jahrelange Erfahrung erworben haben, weitergeben. Haltungsfehler können so vermieden werden. Manchmal wird man als Züchter, wenn man in einem Gespräch etwas erklärt, falsch verstanden. Das kann verschiedene Gründe haben.

Es ist durchaus möglich, dass man etwas, was einem selber durch viele Jahre Katzenhaltung in Fleisch und Blut übergegangen ist, nur kurz oder auch oberflächlich erklärt, so dass der unerfahrene Katzenfreund eigentlich nicht versteht, was man ihm verdeutlichen möchte. Vielleicht waren auch so viele andere wichtige Dinge zu besprechen, dass man hierdurch etwas Wesentliches vergaß. Was aber schwarz auf weiß zu lesen ist, kann nicht so schnell vergessen werden und ist zudem eindeutig. Der Katzenfreund hat die Möglichkeit, etwas, das er nicht mehr weiß oder vielleicht nicht richtig verstanden hat, nachzulesen. Manche Käufer scheuen sich auch, bei »Kleinigkeiten« nachzufragen, weil ihnen dies vielleicht peinlich ist. Gegebenenfalls überlegt sich ein Katzenhalter, wie das denn noch gleich mit dem rohen Fleisch war: »Durfte ich der Katze jetzt kein rohes Rindfleisch füttern oder war Schweinefleisch verboten?« Wer sich dann nicht traut zu fragen, weil er sich seiner Unwissenheit schämt oder er den Züchter nicht stören möchte, macht im schlimmsten Fall einen nicht wieder gut zu machenden Fehler. Ich habe einmal an eine Dame einen Kater verkauft und in puncto Erziehung erklärt, dass das Tier sehr groß und kräftig würde und von klein auf eine konsequente Erziehung, Training und eine starke Hand brauche. Leider hat mich die Käuferin diesbezüglich völlig missverstanden. Wenn der Kater nicht so wie sie wollte, wenn er z.B. beim Kämmen spielerisch in die Bürste biss, gab sie ihm einen kräftigen »Klaps«, was dazu führte, dass er irgendwann daraufhin heftig in ihre Hand biss. Zum Glück liebt sie ihn dennoch und hat mittlerweile durch Gespräche mit mir ihr Verhalten umgestellt. Hätte ich schriftlich festgelegt, was ich unter Training verstehe, dass ein Tier von klein auf lernen muss, dass es auch ein wenig unangenehme Dinge angstfrei bewältigen kann, so wäre es vielleicht nicht zu diesen Problemen gekommen.

Kaufverträge müssen sein

Sicherlich kennen auch Sie folgende Situation: Der Jungtierkäufer sitzt nach einem mehrstündigen Gespräch auf Ihrem Sofa oder spielt mit den Katzen auf dem Teppich und sagt den entscheidenden Satz: »Ja, ich habe mich entschieden. Ich möchte gerne die Kleine da kaufen!« Wenn Sie bereit sind zu verkaufen, müssen Sie dann den Übergang zu den notwendigen Formalitäten finden. Zu sagen: »dann hole ich mal den Kaufvertrag«, bringt immer einen gewissen Bruch in den Gesprächsfluss. Um den Übergang zu erleichtern habe ich den Vertrag griffbereit und zeige ihn dem Interessenten schon vor seiner definitiven Entscheidung, wenn ich spüre, dass ein Kaufinteresse vorhanden ist. Den richtigen Augenblick hierfür zu wählen, ist eine Sache der Geschicklichkeit und der Erfahrung. Die Vorlage des Vertrages zeigt dem Käufer jedoch, dass er es mit einem ordentlichen Züchter zu tun hat. Bestimmte Auflagen im Vertrag beweisen zudem, dass durch Vertragsabschluss nicht nur der Käufer abgesichert ist, sondern dass

Für einen »Appel« und ein Ei ist dieses Kätzchen nicht zu haben. Foto: S. Jansen-Nöllenburg

auch ich Ansprüche an ihn stelle, die ich nach dem Kauf, durch die Zustimmung des Käufers mittels seiner Unterschrift unter den Vertrag, gewährleistet sehe.

Einem Vertrag zugrunde liegen zwei gleiche, übereinstimmende Willenserklärungen. Diese müssen, um verbindlich zu sein, nicht unbedingt schriftlich erfolgen. Das schriftliche Formulieren des Vertragsinhaltes sowie die Unterschrift beider Vertragsparteien ist jedoch, um Streitigkeiten zu vermeiden, fast unabdingbar. Leider gibt es von den Katzenvereinen keine einheitlichen Vorschläge für die Ausstellung eines Kaufvertrages. So bleibt es nach Maßgabe des Bürgerlichen Gesetzbuches jedem Züchter selber überlassen, welche Inhalte er in seinem Vertrag formuliert. In erster Linie wird durch den Vertragsabschluss geregelt, dass ein Tier zu einem möglichst zuvor vereinbarten Zeitpunkt, gegen Bezahlung eines festgelegten Geldbetrages übergeben wird.

Hier ein Vorschlag für einen Vertrag, der von einem befreundeten Rechtsanwalt aus Düsseldorf für mich entworfen wurde. Er empfiehlt einen Vertrag nach Ziffern zu untergliedern.

- Zunächst sollten unter Ziffer 1 die Vertragsparteien namentlich mit Anschrift und Telefonnummer aufgeführt werden.
- Ziffer 2 benennt genau den »Gegenstand« des Vertrages mit Namen, Geburtsdatum, Geschlecht, Fellfarbe, Stammbaumnummer, Vereinseintrag sowie Namen der Elterntiere und deren Fellfarbe. Der Passus sollte mit dem Vermerk enden, dass der Stammbaum bei Abholung des Jungtieres übergeben oder nachgereicht wird.
- In Ziffer 3 werden Haftungsfolgen bei eventuellen Mängeln angesprochen bzw. ausgeschlossen.
- Durch den Inhalt der Ziffer 4 können Sonderregelungen, die Käufer wie Verkäufer verpflichten, vorgesehen werden.
- Mit Ziffer 5 werden die Zahlungsmodalitäten geregelt.

Kaufvertrag

1.
Namen der Vertragspartner

Herr/Frau ______________________________
Straße, Hausnummer ______________________________
PLZ, Ort ______________________________
Telefon ______________________________

verkauft an:

Herr/Frau ______________________________
Straße, Hausnummer ______________________________
PLZ, Ort ______________________________
Telefon ______________________________

2.
Gegenstand des Vertrages

die Katze/den Kater
Name: ____________________ Geburtsadtum: ____________________
Fellfarbe: ______________________________
Rasse: ____________________ Stammbaumnummer: ____________________
Name des Vaters: ______________________________
Fellfarbe: ______________________________
Name der Mutter: ______________________________
Fellfarbe:
______________________________Der
Stammbaum der Katze/des Katers wird übergeben am ____________________/
wird nachgereicht.
Der Impfpass der Katze/des Katers wird übergeben am ____________________

3.
Gewährleistung

- die Katze/der Kater ist geimpft, entwurmt, tierärztlich untersucht und frei von sichtbaren Mängeln;

oder

- die Parteien sind sich einig, dass die Katze/der Kater folgende sichtbare Mängel hat: ______________________________

und dass eine Haftung insofern ausgeschlossen ist.

- Für versteckte Mängel wird keine Haftung übernommen;

oder

- der Käufer haftet auch für folgende versteckte Mängel:____________________ innerhalb einer Frist von ____________________

- Eine etwaige Haftung bezieht sich immer nur auf Wandlung oder Minderung, weitere Ansprüche sind ausgeschlossen.

4.
Besondere Pflichten des Verkäufers/Käufers bezüglich der Tierhaltung

- Der Käufer verpflichtet sich, die Katze/den Kater absprachegemäß zu halten und nachfolgende Bedingungen einzuhalten:
  Zwingerhaltung wird erlaubt/verboten
  Zucht wird erlaubt/ausgeschlossen;
  die Katze/der Kater darf nur mit einer (z.B.) Norwegischen Waldkatze, deren Rassereinheit eindeutig aus dem Stammbaum ersichtlich ist, verpaart werden.
- Der Verkäufer ist bereit, den Käufer bei entstehenden Problemen mit der Katze/dem Kater zu beraten.

5.
Zahlungsmodalitäten

- Die Übergabe erfolgt am ______________________________
- Der Kaufpreis beträgt: ______________________________
  Er ist bei Übergabe fällig;

oder

- der Käufer leistet eine Anzahlung in Höhe von ________________ DM.
  Der Rest ist bei Übergabe fällig. Wenn die Katze/der Kater nicht zum vereinbarten Zeitpunkt abgenommen wird, verfällt die Anzahlung;

oder

- die Parteien vereinbaren Ratenzahlung. Die Raten in Höhe von ______________ DM sind zu zahlen am ________________________.
  Gerät der Käufer mit einer Rate um mehr als 14 Tage in Rückstand, so ist der gesamte Restbetrag sofort fällig.
- Die Katze/der Kater bleibt bis zur vollständigen Zahlung des Kaufpreises Eigentum des Verkäufers.

6.
Sondervereinbarungen

- Bei einem evtl. Weiterverkauf steht dem Verkäufer ein Vorkaufsrecht zu, das er binnen einer Frist von __________ Wochen ausüben kann. Der Kaufpreis beträgt in diesem Fall _________________ DM. Beim Rückkauf sind Impfpass und Stammbaum zu übergeben;

oder/und

- vor einem Weiterverkauf/einer Schenkung ist der Verkäufer zu informieren.
- Der Käufer verpflichtet sich, bei Zuwiderhandlung gegen die Vereinbarungen eine Vertragsstrafe in Höhe von ____________________ DM zu zahlen.

Unterschrift des Käufers: ________________________________

Unterschrift des Verkäufers: ________________________________

Ort: ____________________________________ **Datum:** ____________________________

Wer darüber hinaus bestimmte Vereinbarungen in seinen Kaufvertrag aufnehmen möchte, kann diese selber formulieren, sollte allerdings bedenken, dass nicht als das, was zwei Vertragspartner unterschreiben, auch in einem Rechtsstreit durchsetzbar ist.

Das Problem, wie ein Züchter verfahren möchte, wenn er ausschließen will, dass mit der Katze gezüchtet wird, wird durch eine besondere Regelung im Kaufvertrag gelöst (s.o.). Viele Züchter deklarieren in ihrem Kaufvertrag die Katze als »Liebhabertier«, mit der Zusatzbemerkung wie »Von der Zucht ausgeschlossen, bei Vergehen wird eine Konventionalstrafe in Höhe von DM.....,- fällig«.

Sinnvoll ist es zusätzlich in Fällen, wo der Züchter die spätere Zucht mit dem von ihm verkauften Tier ausschließen möchte, den Stammbaum dem Käufer zur Kenntnis zu geben (schließlich hat auch ein Liebhabertier Ahnen, die man nicht verleugnen muss), diesen jedoch erst nach der Kastration der Katze, gegen Vorlage der Bescheinigung des Tierarztes, dem Käufer auszuhändigen. Da es in der Katzenzucht üblich ist, Katzen mit erkennbaren »Mängeln«, wie z.B. mit einem Nabelbruch oder einem Knickschwanz zu einem geringeren Preis zu verkaufen, als Katzen, die zur Zucht geeignet sind, ist es nicht die Regel, spätere Ansprüche des Käufers an den Züchter mittels Kaufvertrag auszuschließen. Ähnlich verhält es sich mit Jungtieren, die zum Zeitpunkt der Übergabe oder des Vertragsabschlusses nicht so rassetypisch sind, dass eine spätere Zucht sinnvoll erscheint. Die Frage stellt sich, wie man sich als Züchter vor Regressansprüchen und Vertragsbrüchen schützen kann, sollte der Käufer so tun, als wäre er auf die Fehler nicht hingewiesen worden. Auch hier schützen eindeutige Regelungen im Kaufvertrag vor »bösen« Überraschungen.

Konflikte kann es auch dann geben, wenn der Verkäufer eine Zuchtkatze an einen anderen Züchter verkauft und das Jungtier sich nicht wie erhofft entwickelt. Beurteilungen des Züchters über die späteren Qualitäten eines Zuchttieres sind grundsätzlich spekulativer Natur. Er greift hierbei auf seine Erfahrungen zurück. Leider ist es so, dass nicht jedes viel versprechende Jungtier zum Bühnenstar heranwächst. Ob die verkaufte Katze z.B. fruchtbar ist, komplikationslos wirft, eine gute Mutterkatze wird oder die charakterlich positiven Anlagen ausgeprägt sind, ist von vielen Faktoren abhängig und wird nicht zuletzt auch durch Haltung und Ernährung beeinflusst. Durch eine Regelung im Kaufvertrag kann man sich vor Fehlentwicklungen des Tieres, die durch Haltungsmängel verursacht wurden, schützen.

Zum Schutz vor der »Launenhaftigkeit« der Käufer fordern etliche Züchter mit Vertragsabschluss, vor der Übergabe der Katze, eine Anzahlung von ca. einem Viertel des Kaufpreises, der dem Züchter zusteht, sollte der Käufer vom Kaufvertrag zurücktreten.

Selbstverständlich wird kaum ein guter Züchter seinen Käufer zur Abnahme zwingen wollen, weil ihm das Wohlbefinden seiner Jungtiere immer wichtiger ist, als der Verkauf an einen ungeeigneten Tierhalter. Verschiebt ein Käufer jedoch z.B. immer wieder den Abholtermin und löst den Vertrag dann letztendlich auf, so hat das Jungtier oftmals ein Alter erreicht, mit dem es nicht mehr so leicht zu verkaufen ist und der Züchter sich gegebenenfalls gezwungen sieht, für viel Geld weitere Inserate aufzugeben. Hinzu kommt, dass er anderen Interessenten absagen musste und diese wahrscheinlich an einen befreundeten Züchter weiter vermittelt hat. Das Einbehalten der Anzahlung deckt jedoch in solchen Fällen seine Kosten nur teilweise.

Ratenzahlungen – nicht ohne Schwierigkeiten

Hin und wieder bieten Züchter Menschen, die Ihnen sympathisch sind und als gute Katzenhalter erscheinen, aber nicht sofort über die Summe des vollen Kaufpreises verfügen, eine Ratenzahlung an. In der Regel verbleibt der Stammbaum im Besitz

Diese Hauskatzendame kümmert sich rührend um ein mutterloses Rassekätzchen. Foto: Lang

des Züchters, bis die Kaufsumme komplett entrichtet wurde. Auch die Katze bleibt so lange Eigentum des Verkäufers. Grund für eine solche Regelung ist die Ansicht, lieber ein Katzenkind einem zur Katzenhaltung besonders geeigneten aber nicht unbedingt finanzkräftigen, als einem solventen, aber ungeeigneten Menschen zu übergeben. Eine noble Einstellung. Enttäuschungen können jedoch die Folge sein. Ich kenne Züchter, die monatelang ihrem Geld »hinterhergelaufen sind« und letztendlich keine »müde Mark« mehr gesehen haben. Was tut man als Züchter, wenn die Raten nicht wie im Kaufvertrag vereinbart überwiesen werden? Welche rechtlichen Möglichkeiten gibt es, die verhindern, dass man auf sein Geld bis zum Sankt-Nimmerleins-Tag wartet? Ein Gerichtsverfahren ist trotz entsprechender Vertragsabsprachen ein aufreibendes Unterfangen. Rechtsanwalt Dr. Rainer Aßhauer empfiehlt daher, zu überlegen, ob die Übergabe des Tieres nicht erst nach Zahlung der letzten Rate erfolgen sollte. Er meint zudem: »Man könnte auch vereinbaren, dass, falls der Käufer bei den Ratenzahlungen in Rückstand gerät, der Verkäufer berechtigt ist, dem Käufer eine letzte Zahlungsfrist zu setzen und nach Ablauf dieser Zahlungsfrist, sofern noch immer nicht bezahlt wurde, vom Verkauf zurücktreten kann. Dies hätte zur Folge, dass die Katze zurückgegeben werden muss, allerdings auch die Anzahlungen zurücküberwiesen werden müssen.«

Erheblich schlimmer als der Verlust des Geldes, ist das sich durch den Konflikt entwickelnde Misstrauen sowie der zwangsläufig hierdurch entstehende Kontaktbruch. Dem Züchter ist dann oftmals jede Möglichkeit genommen, sich nach dem Wohlbefinden der Katze erkundigen zu können. Ein Züchter ist somit gut beraten, sich gründlich zu überlegen, wem er wirklich einen solchen Ratenzahlungsvertrag anbieten möchte und sich rechtlich entsprechend abzusichern.

Verträge unter Freunden unnötig?
Ein Interessent, mit dem man sich gut versteht und zu dem sich bis zum Abgabetermin freundschaftliche Kontakte entwickelt haben, möchte manchmal keinen Kaufvertrag abschließen, weil ihm dies zu formell ist. Ähnlich verhält es sich beim Verkauf an Freunde, Verwandte, Nachbarn oder Züchterkollegen, mit denen man seit Jahren bekannt ist. Wenn ich meinerseits auf dem Abschluss eines Vertrages bestehe, erkläre ich genau, warum mir dies wichtig ist und versuche zu vermitteln, dass ich dies nicht aus Misstrauen tue, sondern grundsätzlich, um Konflikte zu vermeiden. Außerdem wäre die Unterscheidung zu treffen, mit wem man einen schriftlichen Vertrag abschließen muss und mit wem nicht, eine schwierige Gratwanderung, mit der man letztendlich den einen oder anderen verletzen könnte. Zu Recht würde dann manch einer fragen, ob man ihm weniger vertraut als einem anderen.

Der Kaufpreis – Grund zum Diskutieren?

Ganz sicher sollte man sich nicht auf Diskussionen über den Preis eines zu verkaufenden Tieres einlassen. Dennoch ist der Kaufpreis für ein Jungtier immer ein brisantes Thema. Ich mache, möchte jemand feilschen, schnell klar, dass ich mich nicht auf einem orientalischen Basar befinde. Sie werden es jedoch selber immer wieder beim Verkauf Ihrer Jungtiere erleben, dass es Unverbesserliche gibt, die meinen mit »guten Argumenten« den genannten Preis zu drücken. Die klassischste Begründung für die preiswertere Übergabe eines Katzenkindes ist der Satz: »Ich möchte ja nicht züchten«. Da darf dann die Frage gestattet sein, ob der Züchter sich mit einem exzellenten Tier mit dem »ja« nicht gezüchtet werden soll, weniger Mühe gemacht hat als mit anderen. Wurde mit diesem Kätzchen seltener gespielt und geschmust, wurde es schlechter ernährt oder medizinisch nicht versorgt, nur weil irgendwann jemand meint, er wolle nicht züchten? Wohl kaum! Der zweite Satz, der unweigerlich in solchen Gesprächen fällt, ist: »Ich brauche ja keinen Stammbaum«. Da bleibt einem als Züchter nichts anderes übrig, als seinem Interessenten zu verdeutlichen, wie wichtig Stammbäume als Beweis für seriöse Zucht, Rassereinheit und somit Garant für bestimmte rassetypische Eigenschaften sind, dass aber die Ausstellung eines Stammbaums nur ca. 30 Mark kostet. Diese 30 Mark würde man dann gerne vom Kaufpreis abziehen. Der Kaufpreis eines gut aufgezogenen und gezüchteten Jungtieres resultiert nicht vordergründig auf diesem Stück Papier, sondern aus vielen anderen Dingen, die dahinter stehen. Der Stammbaum ist auch nicht unbedingt ein Qualitätsnachweis, sondern belegt in erster Linie die Ahnenfolge, ohne deren Kontrolle über Generationen eine planmäßige, ordentliche Zucht mit exzellenten und charakterstarken Rassekatzen letztendlich nicht möglich ist. Meist bekommt man dann zu hören, dass es da aber jemand gäbe, der Katzen ohne Stammbaum erheblich billiger verkauft. Wer sich nicht eines Besseren belehren lassen möchte, der soll kaufen, wo er will. Ich versuche solchen Interessenten allerdings zu verdeutlichen, dass der, der ohne Stammbaum züchtet, sich in der Regel bewusst der Kontrolle der Vereine entziehen möchte oder aus verschiedenen Vereinen ausgeschlossen wurde, weil er sich Verstößen schuldig gemacht hat. Sie wissen selber, wie viel Sie dieses Hobby kostet. Machen Sie solche Dinge Ihren Interessenten ruhig transparent. Die Überzeugungsarbeit, die Sie diesbezüglich leisten, kommt vielen Tieren zugute und sollte ebenso als Beitrag zum Tierschutz verstanden werden, denn je weniger Menschen beim Massenzüchter Katzen kaufen, um so eher werden sich diese einem lukrativeren Erwerb zuwenden, was letztendlich das Elend der Katzen, die krank und/oder verhaltensgestört ausgesetzt werden oder im Tierheim landen, mindert.

Leider gibt es auch in den Vereinen Züchter, die 4-5 Würfe gleichzeitig großziehen und sie dann zu Dumpingpreisen anbieten. Es scheint manchmal schwer zu erklären zu sein, warum Massenzüchter im Vergleich zu Hobby-Züchtern letztendlich ohne großen Kostenaufwand Jungtiere produzieren und sie daher billig anbieten. Das Beste ist immer, wenn die Bewerber definitive Vergleichsmöglichkeiten haben. Versuchen Sie Ihre Käufer nicht um alles in der Welt davon zu überzeugen, dass Ihre Jungtiere es bei Ihnen viel besser haben. Erklären Sie lediglich, wie Sie Ihre Jungtiere großziehen und wie Sie Ihre erwachsenen Katzen halten und versorgen. Lassen Sie ihm die Wahl, auch einmal einen Züchter, der seine Tiere weniger gut aufzieht und hält als sie, besuchen zu können. Ein kluger Mensch erkennt die Unterschiede, hat er sie erst einmal gesehen, sofort.

Vor kurzem hatte ich eine Ehepaar zu Gast, das bei mir einen kleinen Waldkater kaufte. Zuvor besuchten Sie eine Züchterin, die von 24 Jungtieren aus unterschiedlichen Würfen noch acht preiswert anzubieten hatte. Mehrere Dinge waren unseren Gästen als langjährige Katzen- und Hundehalter sofort aufgefallen. Die Jungtiere im Massenzüchterhaushalt waren ziemlich scheu und nirgendwo war nur ein einziges Katzenhaar zu entdecken. Die beiden kombinierten schnell, dass die Jungtiere separat großgezogen wurden und zu wenig Aufmerksamkeit erhielten. Schmunzelnd berichteten Sie davon, dass die Züchterin ihnen erzählt hätte, dass zwei Würfe »aus Versehen« passiert seien und das, obwohl sie ihre vier potenten Kater getrennt vom Bestand hielt.

Natürlich kommt es auch hin und wieder vor, dass Interessenten, abgeschreckt vom vermeintlich hohen Kaufpreis, bei Massenzüchtern kaufen. Reduzieren lassen sich diese Käufe, die sich meist als Fehlkäufe herausstellen, nur durch eine entsprechende Aufklärungsarbeit, die nicht nur Aufgabe der Züchter, sondern auch der Vereine und der Fachpresse sein muss.

Ab und zu trifft man auch auf Bewerber, die überhaupt nicht nach dem Kaufpreis fragen, weil sie genau wissen, was eine gute Rassekatze kostet. Meist handelt es sich hierbei um Tierfreunde, die schon eine Rassekatze oder einen Rassehund daheim haben. Dennoch sollte man, um vor Überraschungen geschützt zu sein, seinem Bewerber frühzeitig mitteilen, welchen Kaufpreis man fordert. Nicht nur uns ist es schon passiert, dass wir uns stundenlang mit Menschen unterhalten haben, die uns nach mehreren ausführlichen, zeitraubenden Informationsgesprächen freundlich fragten, wie hoch denn die, wenn überhaupt, zu entrichtende Schutzgebühr sei.

Ein befreundeter Züchter berichtete mir, dass er nach Abschluss des mündlichen Kaufvertrages sich bereit erklärte, das Jungtier dem neuen Besitzer nach Hause zu bringen. Eine Übergabe dieser Art hat immer den Vorteil, dass der Züchter das neue

Zuhause seines Katzenkindes vor Ort in Augenschein nehmen kann. In diesem Fall hatte die Sache jedoch einen Haken. Als unser Bekannter, durchs halbe Ruhrgebiet gereist, endlich mit der Katze bei der Familie angelangt war, die Formalitäten schriftlich regeln wollte und den Interessenten den Kaufpreis nochmals nannte, um das Geld entgegenzunehmen, sagten diese entgeistert: »was 900,- DM? Wir haben 100,- DM verstanden.« Sie lachen? Diese Geschichte beruht auf einer wahren Begebenheit!

Um solche Dinge zu vermeiden, ist in erster Linie immer ein schriftlicher Kaufvertrag wichtig, zweitens sollten Sie prüfen, ob Ihre Gesprächspartner Sie auch richtig verstanden hat. Natürlich können Sie schlecht fragen: »Haben Sie mich verstanden? Die Katze kostet 1000,- DM!« Das wäre doch etwas unhöflich. Zu sagen: »Die Katze kostet, wie ich bereits im Vorgespräch erwähnt habe, 1000,- DM. Ist das für Sie in Ordnung?«, ist eine geschickte Form, um eine Bestätigung zu erhalten und wird selten als Aufforderung zum Handeln verstanden. Jeder Züchter entwickelt im Laufe der Jahre seinen eigenen Stil, um solche Hürden mit Bravour zu meistern.

Oft ist es so, dass die Preise für die Jungtiere innerhalb eines Wurfes je nach Typ, Farbe oder Geschlecht um DM 100,- bis 300,- differieren. Sie sollten Ihrem Interessenten jedoch klarmachen, dass man einen Katzenkauf nicht von ein- oder zweihundert Mark abhängig macht, sondern Verstand und Herz sprechen lassen sollte. Wer nach dem Motto kauft: »Egal welches Tier, Hauptsache, nicht so teuer«, beweist sich später nicht unbedingt als der Tierhalter, der das in die Aufzucht und gesundheitliche Vorsorge investiert, was nötig ist. Andererseits gibt es auch Käufer, die wirklich jede junge Katze schön finden und das »preiswerteste« Tier aus einem Wurf auswählen und übriges Geld lieber für notwendige Dinge, wie z.B. Zubehör ausgeben oder auf ein »Katzenkonto« für gegebenenfalls später entstehende Arztkosten, wie z.B. eine Kastration, einzahlen.

Sollten Sie – aus welchen Gründen auch immer – gezwungen sein, ein Katzenbaby deutlich unter dem üblichen Preis abgeben zu müssen, erklären Sie dem Bewerber, warum Sie dies tun. Meine Freundin hatte vor kurzem für ein 13 Wochen altes Katzenkinderpärchen noch keinen Käufer gefunden. Da sie über ausreichend Platz und Zeit verfügte, war dies kein Problem für sie. Sie war keinesfalls bereit, den Preis zu senken, nur um schnell einen Käufer zu finden. Leider erkrankte dann ihre Mutter und sie musste diese und deren Heimtiere täglich versorgen. Sie sah sich gezwungen, die Katzen preiswerter abzugeben, weil sie sich nicht ausreichend um die Jungtiere kümmern konnte. Sie prüfte die Interessenten auf Herz und Nieren und wählte als Käufer ein junges Ehepaar aus, welches sie als gute Tierhalter einschätzte, das aber, weil sie gerade ein Haus gebaut hatten, nicht über allzu viel Geld verfügte und machte ihre Gründe für den recht niedrigen Preis der exzellenten Rassekatzen transparent.

Vielleicht haben Sie in einem Wurf auch einmal ein Jungtier, das Sie nicht als besonders rassetypisch einschätzen oder das einen Mangel, wie zum Beispiel einen Knickschwanz oder Nabelbruch hat. Ein solches Tier sollte man m. E. nicht zu dem Preis einer fehlerfreien Katze verkaufen, es sei denn, der Züchter verpflichtet sich durch den Kaufvertrag, spätere Tierarztkosten gegen Vorlage einer entsprechenden Bescheinigung zu übernehmen.

Sich davon grundsätzlich freizusprechen, gegebenenfalls niemals ein Tier mit einem »Fehler« haben zu werden, wäre borniert. Grundsätzlich muss man, um sich nicht der arglistigen Täuschung schuldig zu machen, den Bewerber auf die Mängel aufmerksam machen und per Kaufvertrag die Tiere von der Zucht ausschließen. Die Haftung des Verkäufers ergibt sich in solchen Fällen aus § 459 BGB, in dem es heißt:

(1) 1. Der Verkäufer einer Sache haftet dem Käufer dafür, dass sie zu der Zeit, zu welcher die Gefahr auf den Käufer übergeht,

Eine seriöse Zucht ist ein kostspieliges Hobby. Der Bau einer solchen Freianlage kann ein großes Loch in den Geldbeutel reißen. Foto: S. Jansen-Nöllenburg

nicht mit Fehlern behaftet ist, die den Wert oder die Tauglichkeit zu dem gewöhnlichen oder dem nach dem Vertrag vorausgesetzten Gebrauch aufheben oder mindern.

2. Eine unerhebliche Minderung des Wertes oder der Tauglichkeit kommt nicht in Betracht.

(2) Der Verkäufer haftet auch dafür, dass die Sache zur Zeit des Überganges der Gefahr die zugesicherten Eigenschaften hat.

In guten Zuchten gibt es durch sorgfältige Planung und Selektion sicherlich weniger Probleme, dennoch sollte man sich Gedanken darüber machen, wie man sich verhalten möchte, steht man selber einmal solchen Schwierigkeiten gegenüber. Ratsam ist es, mit Mängeln behaftete Katzen nicht preiswert über ein Inserat anzubieten, sondern in Verbindung mit dem Verkauf der anderen Katzen eines Wurfes nach einem geeigneten Käufer Ausschau zu halten. Sie vermeiden somit, dass jemand sich nur aus dem Grund für ein Kätzchen entscheidet, weil es günstiger zu haben ist als andere.

Genauso sollte Sie sich verhalten, wenn Sie ein älteres Tier abgeben müssen. Ich gehe davon aus, dass Sie nicht zu den Züchtern gehören, die nicht mehr zuchttaugliche Katzen verkaufen, wie es Massenzüchter tun. Hin und wieder ergeben sich jedoch leider Situationen, in denen man sich zum Wohle der Katze von einem erwachsenen Tier trennen muss, z.B. wenn es zwischen einigen Tieren des Bestandes immer wieder Konflikte gibt, mit der Folge, dass ein Tier massiv unterdrückt wird. Eine solche Trennung ist immer äußerst schmerzhaft. Auch ich musste eine Katze abgeben, an der mein Herz sehr hing. Alle Samtpfoten unserer sonst sehr friedlichen Katzenfamilie reagierten mit Aggression auf dieses Tier. Ich hatte nur zwei Möglichkeiten: sie zu ihrem eigenen Schutz kontinuierlich getrennt zu halten, was, da sie sehr menschenbezogen war, ihrer seelischen Verfassung nicht dienlich war; oder sie als Einzelkatze lieben Menschen zu geben. Ich entschied mich dazu, sie Bekannten zu schenken mit der Auflage, dass sie kastriert werden müsste. Das Geld aus einem Verkauf hätte ich wirklich als Judaslohn empfunden. Das jedoch ist eine Sache der persönlichen Einstellung und sicherlich ebenso abhängig von der emotionalen Beziehung, die man zu einem Tier aufgebaut hat.

Katzen, die als ältere Tiere aus einem Bestand abgegeben werden, sind auf irgendeine Weise meist Problemkatzen (es sei denn, der Züchter möchte sie »los werden«, um Platz für neue Zuchtkatzen zu schaffen), die mit ihren Artgenossen nicht unbedingt gut auskommen. Sie brauchen daher besonders katzenerfahrene Menschen als neue Besitzer, die ein »Händchen« dafür haben, dem Tier den Wechsel so leicht wie nur eben möglich zu machen und Ihnen garantieren, die Katze als Einzeltier zu halten, damit nicht wieder ähnliche Probleme entstehen.

Bietet man ältere Katzen per Inserat preiswert an, entsteht schnell die Gefahr, dass sich auch hier jemand meldet, der nur möglichst günstig ein Tier kaufen möchte. Außerdem darf die Frage gestattet sein, ob eine Katze, die schon älter ist, ihren eigenen Charakter entwickelt hat und sich in Einzelhaltung ohne Artgenossen mit der vollen Aufmerksamkeit ihrer Zweibeiner glücklicher fühlt und als problemlos erweisen wird, letztendlich wirklich weniger Wert ist als ein noch zu prägendes Jungtier. In anderen Ländern scheint dies sowieso kein Thema zu sein. Dort werden Jungtiere wie erwachsene Katzen oftmals zum gleichen Preis verkauft. Manche Katzenfreunde sind sogar froh, ein älteres Tier adoptieren zu können, weil ihnen das Zusammenleben mit einem lebhaften Jungtier zu aufregend ist und sie die Erziehungsarbeit nicht mehr leisten möchten.

Ebenfalls sollte man sich davor hüten, seinem Käufer spätere Bühnenerfolge des verkauften Jungtieres zu garantieren.

Machen Sie, wenn Sie über den Kaufpreis sprechen, deutlich, dass gut aufgezogene Jungtiere ihren Preis haben, und Sie als seriöser Züchter mit dem Verkauf keine müde Mark verdienen. Wer seine Jungtiere gern hat, der hat oft ein schlechtes Gewissen und ein mulmiges Gefühl, wenn er über den Preis reden muss. Machen Sie sich bewusst, dass der entrichtete Kaufpreis kein Judaslohn ist, sondern zur Deckung Ihrer Kosten unabdingbar und zugleich ein Schutz für das Katzenkind ist. Sollte jemand Sie auf vernünftige Art und Weise fragen, warum Katzenkinder denn so »teuer« seien, seien Sie offen und erklären Sie die Gründe dafür. Lassen Sie sich möglichst nicht auf Verhandlungen ein. Katzenverkauf hat mit dem Feilschen auf dem Flohmarkt nichts zu tun. Halten Sie es nach objektiver Prüfung der Umstände für richtig und notwendig, ein Kätzchen unter dem Durchschnittspreis abzugeben, weil es z.B. mit einem Mangel behaftet ist, testen Sie Ihren Käufer gewissenhaft, um zu vermeiden, dass er das Tier nur aus dem Grund gekauft hat, weil es für weniger Geld zu haben ist.

Kleine Geschenke erhalten die Freundschaft

Irgendwann, ab ungefähr einem Alter von 12 Wochen, ist der schwere Zeitpunkt der Übergabe gekommen. Dem Jungtier bzw. dem neuen Besitzer ein kleines Präsent, neben der Katzenfibel, die die nötigen Hinweise für das weitere Wohlbefinden des Tieres enthält, mit auf den Weg zu geben, ist eine nette Geste, die die Verbundenheit mit dem Katzenkind über den Abgabetermin hinaus demonstriert.

Selbstverständlich ist es so, dass jemand, der für DM 1000,- und mehr eine Katze gekauft hat, in der Lage ist, sich das Futter für sein Kätzchen sowie auch Spielzeug selber zu kaufen. Außerdem macht der Großeinkauf im Zoofachgeschäft vor der Ankunft der Katze riesigen Spaß. Wer beim Einkauf noch etwas unsicher ist, den können Sie, wenn Ihre Zeit das erlaubt, auch zum Einkauf begleiten.

Dieser Mieze fällt es nicht schwer »Danke« zu sagen. Sie setzt sich einfach auf die Fußmatte. Foto: S. Jansen-Nöllenburg

Als besonderen Service bieten einige Züchter an, Futter, Streu, Katzentoilette, Kratzbaum und weiteres Zubehör zu besorgen. Der Vorteil für den Käufer besteht darin, dass ein Züchter, der immer im gleichen Zoofachgeschäft für tausende von Mark einkauft, in der Regel einen kleinen Züchterrabatt erhält. Die Kosten für das Zubehör wären somit geringer. Um Missverständnisse zu vermeiden, sollten Sie dem Katzenkäufer den Einkaufsbeleg vorlegen. Unerfahrene Katzenhalter wissen manchmal gar nicht, wie teuer Katzenzubehör sein kann. Sinnvoll ist es in dem Zusammenhang auch, im Vorfeld zu besprechen, welche Kosten üblicherweise auf den Katzenhalter zukommen und abzuklären, wie viel er bereit ist auszugeben. Nicht immer ist es gleich zu Anfang nötig, zum Beispiel einen Kratzbaum für DM 400,- bis 1000,- zu kaufen. Bis zum ersten Lebensjahr des Tieres ist ein kleiner Kratzbaum für ca. DM 150,- ausreichend. Da manche Miezen ihre Futtervorlieben im neuen Heim komplett ändern, ist es nicht ratsam, zu viel Futter zu kaufen. Meist kommen Katzenkäufer beim Besuch eines gut ausgestatteten Zoofachgeschäft in einen wahren Kaufrausch. Jedes Döschen Futter mit dem Titel »Katzenkindernahrung« wird in den Einkaufswagen gelegt und schon in Gedanken dem Katzenbaby in den Napf gefüllt, welches man nach Strich und Faden – in bester Absicht – verwöhnen möchte. Da Jungkatzen auf ständige Futterumstellungen oftmals mit Durchfall reagieren, sollte man seine Käufer diesbezüglich ein wenig bremsen.

Dem Besitzer der kleinen Mieze zur Übergabe unabhängig vom obligatorischen Beratungsservice ein Geschenk zu machen, zeigt, wie sehr Ihnen das Katzenkind am Herzen liegt. Da man nicht immer die Zeit hat, ein Päckchen zusammenzustellen, sollte man sich einen kleinen Vorrat zulegen. Was könnte zu einem solchen Präsent gehören?

- **Fotos**

Ein kleines Fotoalbum, durch das die Entwicklung eines Katzenkindes in unterschiedlichen Abschnitten dokumentiert wird, macht Ihren Käufern sicherlich viel Freude und hat einen hohen Erinnerungswert. Ist aus einer Katze erst einmal eine Grand Dame oder aus einem Kater ein gestandener Haremschef geworden, so denken die Besitzer sicherlich gerne an die Zeit zurück, als das Katzenkind noch klein und putzig zu allerlei Streichen aufgelegt war.

Das Album kann dann auch entsprechend beschriftet werden. So kann man unter erste Aufnahmen zum Beispiel schreiben: »Kir Royal Fee vom Feengarten« im Alter von 1 Woche mit einem Gewicht von 250 Gramm, oder »Daisy Fee vom Feengarten«, hier einige Tage nachdem sie die Augen geöffnet hat, »Robert vom Feengarten« bei seiner ersten Mahlzeit und Ähnliches. Fotos der Elterntiere sollten in dem Album nicht fehlen. Ein »Gruppenbild« mit Eltern und Geschwistern ist immer besonders hübsch, aber nicht ganz einfach zu machen. Selbst wenn Sie kein begabter Fotograf sind, demonstrieren Sie mit den Fotos, wie viel Anteil Sie an der Entwicklung der Katzenkinder genommen haben.

Insbesondere Züchter freuen sich über Aufnahmen, die die Qualität des Jungtieres dokumentieren. Foto: S. Jansen-Nöllenburg

- **Futter**

Einige Dosen Katzenkinderfutter, Lieblingsfutter des Katzenkindes, Vitaminpasten und Tabs, Knabberkrusten, Trockenfutter und Ähnliches gehören mit in das Geschenkpaket. Günstig ist diesbezüglich die Sammlung von Proben, die Züchter beim Einkauf oder auf Katzenausstellungen erhalten. Hin und wieder versenden große Futtermittelhersteller für Züchter kleine Kartons mit Nahrung, Spielzeug, Kämmen und Informationsmaterial, damit diese an Käufer weitergegeben werden. Bei der Firma nachzufragen, wann eine solche Aktion geplant ist und die Teilnahme daran anzubieten, ist ratsam.

Liebe geht durch den Magen. Foto: S. Jansen-Nöllenburg

- **Spielzeug**

wie Tischtennisbälle und Fellmäuschen, die vielleicht sogar noch mit dem heimischen Duft behaftet sind, dürfen nicht fehlen. Manche kleinen Katzen haben ein Spielzeug, mit dem sie ständig durch die Gegend laufen und das sie vor ihren Wurfgeschwistern mit lautem Knurren verteidigen. Dieses Lieblingsobjekt sollten Sie dem Katzenkind vor der Fahrt ins neue Heim in den Transportkorb legen.

- **Informationen**

Hierzu gehört selbstverständlich Ihre Züchterfibel und Ihr Werbematerial, sollte dies der Käufer zuvor noch nicht erhalten haben. Broschüren mit Ernährungs-, Impf- und Entwurmungstipps sind in fast jeder Tierarztpraxis erhältlich. In verschiedenen Vereinen erhalten Sie als Züchter gleichzeitig mit der Übersendung der Stammbäume auch eine von Futterherstellern entwickelte Broschüre zum Thema »Ein Kätzchen kommt ins neue Heim«, welche mit dem Vereinslogo wie der Anschrift des Vereines versehen ist.

Ein Geschenk zur Übergabe ist sicherlich nicht grundsätzlich Voraussetzung. Ich selber freue mich sehr über kleine Präsente, die ich zum Trost, weil ich ein Kätzchen abgeben muss oder als Anerkennung meiner Mühe erhalte. Daher versuche ich selbst dann, wenn ich nicht die Zeit gefunden habe, ein komplettes Paket zusammenzustellen, dem Käufer wenigstens etwas Futter sowie ein kleines Spielzeug mitzugeben. Auch das freut die Käufer und schafft eine gewisse Verbundenheit über den Kauf hinaus.

Kontakte halten

Üblicherweise bitte ich meine Käufer, sich am Abend nach der Abgabe oder am nächsten Morgen bei mir zu melden. Dieses frühe Gespräch vermittelt beiden Seiten ein wenig Sicherheit und ist beruhigend, weil man auf kleine Schwierigkeiten sofort einwirken kann und der neue Besitzer spürt, dass er immer jemanden hat, an den er sich auch mit kleinen Problemen wenden kann. Gerade in den ersten Tagen nach der Übernahme sind viele Käufer noch ein bisschen unsicher, fragen sich, ob sie sich auch richtig verhalten und sind ganz besonders auf Ihre Unterstützung als Züchter angewiesen. Sie sollten in solchen Fällen dem neuen Besitzer mit Rat und Tat zur Seite stehen, ihm oftmals unbegründete Ängste nehmen und ausgleichend wie beruhigend auf ihn einwirken. Allerdings sind oftmals nicht nur die Käufer, sondern auch Sie als Verkäufer etwas unruhig. Und das aus gutem Grund. Je länger Sie züchten, umso besser ist sicherlich Ihre Menschenkenntnis geworden, umso eher wissen Sie aber, auch durch zahlreiche Gespräche mit befreundeten Züchtern, wie leicht man sich in einem Käufer täuschen kann und wie weh dies tut. Das Gespräch mit dem Jungtierkäufer kann somit auch Ihnen die Unsicherheit nehmen und Ihnen bestätigen, dass Sie sich für den richtigen Menschen entschieden haben.

Je nach Käuferprofil wird er Ihnen entweder genau, detailliert und farbenfroh berichten, wie das Katzenkind sich am ersten Tag und in der ersten Nacht verhalten hat, oder weniger ausführlich und inhaltlich vielleicht nicht aufschlussreich antworten. Lassen Sie sich mit Worten wie: »Ja, ja, alles im grünen Bereich«, oder »Null Probleme«, nicht abspeisen. Sie sind es sich selber und Ihrem Jungtier schuldig, genau nachzufragen, wie die ersten Stunden im neuen Heim verlaufen sind. Wortkargen Katzenfreunden müssen Sie dann genau auf »den Zahn fühlen«. Stellen Sie Fragen, auf die Sie präzise Antworten bekommen werden und scheuen Sie sich nicht, ein wenig »nachzubohren«. Wenn Sie Ihrem Käufer erklären, wie sehr Sie an Ihren Katzenkindern hängen und wie sehr Ihnen deren Wohl am Herzen liegt, wird er dafür garantiert Verständnis haben und sich sogar über Ihr Interesse freuen. Geben Sie ihm aber auch die Möglichkeit, selber zurecht zu kommen. Wenn Sie alles in Frage stellen, was er tut, nehmen Sie ihm die nötige Sicherheit im Umgang mit dem Tier, welche er durch Vorgespräche mit Ihnen schon entwickelt haben müsste.

Die richtigen Fragen stellen

- Wie war die Autofahrt? (Erkundigen Sie sich, ob das Kätzchen miaut hat, ob es eher ruhig war)
- Hat das Katzenkind gefressen und getrunken?
- Hat es die Katzentoilette schon besucht?
- Hat es gespielt und geschmust?
- Wie hat es sich anderen Haustieren (wenn vorhanden) gegenüber verhalten?
- Wie haben diese auf den Familienzuwachs reagiert?
- Wie hat es sich in der ersten Nacht benommen? (Hat es miaut, Mutter und Geschwister gesucht, durfte es mit ins Schlafzimmer?)

Durch die Beantwortung der Fragen kann man sich schnell ein Bild machen und wenn nötig noch einige Tipps geben. Ganz wichtig ist bei ersten kleinen Schwierigkeiten, die Sie aufgrund Ihrer Erfahrung als schnell zu bewältigend einschätzen, den Katzenhalter zu beruhigen. Die meisten Ängste ergeben sich aus Unwissenheit. Aufklärende und aufmunternde Worte geben dem Katzenbesitzer die nötige Sicherheit.

Sorgen machen sich viele Katzenhalter darüber, ob sich schon vorhandene Katzen mit dem Neuzugang verstehen werden und sind, obwohl man zuvor erklärt hat, dass kleine Fauchereien am Anfang völlig normal sind, doch erschrocken, wenn sie sehen müssen, wie ihr kleiner Liebling sich nicht gleich mit Begeisterung auf die Altkatze stürzt, sondern mit gesträubtem Fell, dickem Schwanz und angelegten Ohren auf Annäherungen reagiert. So lange die Kontaktaufnahme nicht in körperliche Auseinandersetzungen ausartet, muss der neue Besitzer sich in Geduld üben und einige Tage warten, bis sich fremde Katzen freundschaftlich begegnen. Wirken Sie verständnisvoll und behutsam auf Ihren Gesprächspartner ein und lassen Sie sich selber von Hysterie nicht anstecken.

Viele besorgte Katzenhalter neigen dazu, ihr Katzenkind auf Schritt und Tritt zu verfolgen sowie es unentwegt zu beobachten. Das sind dann die Katzenfreunde, die Ihnen mitteilen, dass die Mieze nicht nach Tabelle gefressen hat, zu wenig Wasser trinkt, nur einmal am Tag auf das »Klo« geht und Ähnliches. Auch in diesen Fällen sollten Sie nicht mit: »...Ich habe Ihnen doch gesagt...«, entnervt reagieren, sondern sachlich und hilfreich auf die Befürchtungen Ihres Käufers eingehen und diesen entgegenwirken. Ein Katzenhalter, der sich viele Gedanken über das Wohlbefinden seines Tieres macht, zeigt schließlich, wie gern er sein neues Familienmitglied hat und dass er Fehler vermeiden möchte.

Über das Telefonat am nächsten Tag hinaus, rät es sich, auch in den ersten Wochen hin und wieder miteinander zu telefonieren. Dies dient nicht nur dazu, sich ein

Über Kleinigkeiten, über die sich Katzenhalter am Anfang Gedanken machen, müssen Sie später meist lachen. Bei der Beratung Ihrer Kunden sollten Sie sich immer vor Augen halten, wie unsicher Sie selber waren, als Sie Ihr erstes Tier mit nach Hause brachten.

Ob dieser junge Kater sich bei seinen Menschen schnell einlebt, ist abhängig von der Liebe und Aufmerksamkeit, die er erhält. Foto: S. Jansen-Nöllenburg

Bild über den Entwicklungsstand des Kätzchens zu machen, sondern zeigt auch dem Käufer, dass Ihnen das Wohlbefinden des Tieres am Herzen liegt.

Spätere Telefonate und Besuche

Wer als Züchter die Möglichkeit hat, das Jungtier später zu besuchen, sollte diese Chance wahrnehmen. Leider ist dies bei Katzenkindern, die man weiter fort verkauft hat, aus Zeitgründen nicht immer möglich. Vielleicht können Sie in solchen Fällen befreundete Züchter, die in der Nähe des neuen Zuhauses der verkauften Katze wohnen, um einen »Kontrollbesuch« bitten (der jedoch nicht unbedingt als solcher deklariert werden muss).

Unangekündigte Besuche sollten Sie nur dann vornehmen, wenn Sie den Verdacht haben, dass irgendwelche Schwierigkeiten vorliegen, die der neue Besitzer Ihnen verschweigt oder wenn Sie den Hinweis erhalten haben, dass das Tier schlecht gehalten wird. Je nachdem, ob sich der Verdacht der Vernachlässigung oder noch schlimmer der Misshandlung bestätigt oder nicht, so unangenehm wird die Visite sein. Um nicht im Vorfeld eine schlechte Stimmung zu schaffen, ist manchmal eine kleine Notlüge empfehlenswert. Aussagen wie: »Ich war gerade zufällig in der Nähe«, sind sicherlich besser, als: »Ich wollte mal sehen, ob es der Katze wirklich gut geht.« Zum Glück ist es meist so, dass man vor Ort sich beruhigt vom Wohlbefinden der verkauften Katze überzeugen kann und dass die Sorgen unbegründet waren. Stellen Sie fest, dass es sich um falschen Alarm handelte, werden Sie froh und beglückt wieder nach Hause fahren. Bestätigen sich Ihre Befürchtungen, so entsteht ein Handlungsbedarf. Daher sollten Sie solche Besuche möglichst nie allein vornehmen.

Von zum Glück seltenen bösen Überraschungen einmal abgesehen, macht es immer sehr viel Spaß, wenn man nach einer Weile »sein« Katzenkind begutachten darf. Wer fotografieren kann, der sollte dabei seine Kamera nicht vergessen und vielleicht auch ein Spielzeug oder ein »Leckerchen« mitbringen. Außer der beglückenden Wiedersehensfreude ist ein solcher Besuch für die eigene Zucht sehr wichtig. Der Züchter erhält die Möglichkeit, nachvollziehen zu können, wie sich ein Katzenkind entwickelt hat. Dies gibt ihm Aufschluss über die Vererbungsqualitäten seiner Zuchtkatzen.

Sich in Erinnerung bringen

Schriftliche Grüße versenden

Leider ist es oft so, dass sich der Kontakt nach einer Weile verliert. Es gibt Käufer, von denen ich mindestens einmal im Monat höre und andere, die sich nur selten melden. Um den Kontakt nicht abreißen zu lassen, sollte man sich selber auch hin und wieder telefonisch oder schriftlich melden. Besonders beliebt sind in diesem Zusammenhang Grußkarten an Feiertagen, wie z.B. zu Weihnachten, zu Ostern oder zum Geburtstag des Kätzchens. Anstelle einer klassischen Karte aus dem Fachgeschäft macht man seinem Adressaten eine besondere Freude, wenn man ein Foto wählt, auf dem das Katzenkind als Baby oder die Elterntiere zu sehen sind. Verschiedene Fotogeschäfte bieten vor Feiertagen den Service der Fertigung spezieller Fotogrußkarten an. Grüße wie »Frohe Weihnachten«, »Einen guten Rutsch ins neue Jahr« oder »Happy Birthday« können Sie jedoch auch selber mit Spezialstiften aus dem Fotofachgeschäft, z.B. in goldener oder silberner Schrift auf eine Aufnahme in Postkartenformat schreiben.

Auf Nachwuchs aufmerksam machen

Einige befreundete Züchter verschicken so genannte »Wurfkisten-Nachrichten«, durch die sie ihre Käufer informieren, dass das verkaufte Katzenkind Geschwister bekommen hat, Tante, Onkel oder sogar schon Oma bzw. Opa geworden ist.

Freundschaftstreffs organisieren
In der Hundeszene sind Familientreffen mit Wurfgeschwistern durchaus üblich. Was mit Hunden viel Spaß macht, wäre für Katzen, die sich nicht mehr kennen, eine Zumutung. Dennoch kann man als Züchter ein geselliges Beisammensein organisieren, bei dem sich die zweibeinigen Katzenfreunde kennen lernen können, die alle eines gemeinsam haben: nämlich stolzer Besitzer eines Ihrer Katzenkinder zu sein. Das schönste an solchen Veranstaltungen ist, dass man sich ausführlich über die Kapriolen der Vierbeiner mit Gleichgesinnten unterhalten und Fotos austauschen kann, ohne jemanden zu langweilen, der die Liebe zu Samtpfoten nicht teilt. Wichtig an solchen Treffs ist neben dem Unterhaltungswert auch der Austausch von Erfahrungen.

Gemeinsame Ausstellungsbesuche
Auf Ausstellungen haben Züchter und Käufer die Möglichkeit, sich mit ihren Tieren zu treffen. Wer gemeinsam seine Ausstellungsunterlagen zusammenstellt, frühzeitig komplett absendet und auf dem Anmeldeformular vermerkt: »Den Käfig bitte neben Frau Müller, neben Herrn Schulze etc. ...«, der hat in der Regel gute Chancen, in der Nähe des namentlich genannten Ausstellers platziert zu werden. Gemeinsam Veranstaltungen zu besuchen, bei denen aus einem Zwinger Katzen verschiedener Generationen in unmittelbarer Nähe zu bewundern sind, hat den Vorteil, Besuchern und anderen Züchtern anschaulicher als jede Stammbaumübersicht die Zuchterfolge einer Linie zu demonstrieren. Anfängern gibt es zudem ein gutes Gefühl und Sicherheit, wenn sie im Trubel des, für Neulinge meist noch recht unübersichtlichen, Ausstellungsgeschehens den Züchter an ihrer Seite wissen. Wird dann eines Ihrer verkauften Jungtiere noch mit einem Pokal belohnt, so können nicht nur Sie, sondern ebenso der Besitzer besonders stolz sein. Für den Käufer ist dies, selbst wenn er keine Zuchtabsichten hegt, ein zusätzlicher Beweis für die Richtigkeit seiner Kaufentscheidung.

Häufig ist es leider so, dass viele sehr gute Katzenkinder, die an Liebhaber verkauft werden, nicht in der Öffentlichkeit vorgestellt werden. Dies ist, wenn die Katzen von exzellenter Qualität sind, sehr schade, weil die züchterische Begutachtung der Entwicklung einer Rasse oftmals nur auf wenige Katzen eines Zwingers beschränkt ist. Es ist daher ratsam, seine Käufer zu bitten, mindestens einmal eine Ausstellung in der Jungenklasse und eine in der offenen Klasse, ab einem Alter von 10 Monaten, mit der Katze zu besuchen.

Manche Rassen, wie z.B. die Norwegische Waldkatze oder Maine Coon sind erst mit ca. drei bis fünf Jahren ausgewachsen. Diese Katzen sieht man leider immer seltener in voller Pracht und Größe auf Ausstellungen, weil es zurzeit absolut »in« ist, die Katzen möglichst schnell zum Europa Champion zu bringen, bevor sich insbesondere die Weibchen nur noch ihren Mutterpflichten widmen oder sich von diesen erholen müssen. Um so schöner ist es, hin

Für einen seriösen Züchter ist die Nachbetreuung seiner Jungtierkäufer obligatorisch. Selbst wenn Sie selber nicht die Zeit haben, mit all Ihren Käufern kontinuierlich Kontakt zu pflegen, so sollten Sie mit Ihrer Erfahrung dem Ratsuchenden zur Seite stehen. Wer Katzen wirklich liebt, der hält mit seinem Wissen nicht hinter dem Berg und hilft wenn nötig auch Katzenfreunden, denen nicht er, sondern ein anderer Katzenzüchter ein Tier verkauft hat. Sollten Sie einmal wirklich keine Möglichkeit haben, sich zu unterhalten, so sollte ein Rückruf schnellstmöglich erfolgen. Für einen kleinen, kurzen Austausch müsste fast immer Zeit vorhanden sein.

und wieder auch voll entwickelte Katzen von Liebhabern auf Schauen bewundern zu können.

Konflikte nach der Übergabe umgehen

Wie überall im Umgang zwischen Menschen, kann es auch zwischen Käufer und Verkäufer zu Schwierigkeiten kommen. Die meisten Probleme ergeben sich aus Haltungsfehlern. Diese lassen sich durch die Informationen, die Sie Ihren Käufern schon im Vorfeld z.B. durch die Übergabe Ihrer Katzenfibel sowie durch das Führen ausführlicher Gespräche zukommen ließen, vermeiden. Hin und wieder wird allerdings jeder Züchter einmal erleben, dass er auf einen äußerst eigenwilligen Katzenfreund gestoßen ist, der sich nicht beraten lassen will. Wenn Ihnen das weitere Wohlbefinden Ihres Kätzchens sehr am Herzen liegt, werden Sie Diskussionen über Fehlbehandlungen sicherlich auf die Palme bringen. In solchen Situationen gibt schnell ein Wort das andere und der Streit ist vorprogrammiert. Bewahren Sie, auch wenn Sie wütend sind, die Ruhe und gehen Sie diplomatisch vor. Wie heißt es so schön: »Der Ton macht die Musik« oder »Wie man in den Wald ruft, so schallt es auch heraus.« Was ich damit zum Ausdruck bringen möchte ist Folgendes: Spricht ein Gesprächspartner in einem äußerst unfreundlichen, unangenehmen Ton mit uns, so sind wir schnell versucht, den gleichen Ton zu wählen. Dass eine aggressiv geführte Unterhaltung meist nicht zu einer Lösung führt, liegt auf der Hand. Wenn Sie also die Einflussmöglichkeit auf den Katzenhalter eines Ihrer Jungtiere nicht verlieren möchten, sollten Sie sich, auch wenn es noch so schwer fällt, um einen ruhigen freundlichen Ton bemühen.

Nehmen wir einmal folgende Situation als Beispiel: Die Türkisch Van-Züchterin Andrea Jäger bekommt einen Anruf von Irmgard Pütz, die vor fünf Wochen ein Kätzchen Namens Leni vom Schlossgarten im Alter von 12 Wochen, geimpft, entwurmt mit Stammbaum übernommen hat.

Pütz: »Hier ist Frau Pütz. Ich wollte mal fragen, wie es Ihren Katzen geht.«
Jäger (verwundert): »Tag Frau Pütz. Gut geht es meinen Katzen. Wieso? Wie geht es denn Leni?«
Pütz (ironisch): »Aha, habe ich mir doch gleich gedacht, dass Sie danach fragen, weil Sie nämlich schon wissen, dass es ihr gar nicht gut gehen kann.«
Jäger (empört): »Jetzt aber mal halblang. Was soll das denn. Was wollen Sie eigentlich von mir?«
Pütz (aggressiv): »Sie haben mir eine kranke Katze verkauft. Die hat ständig Durchfall. Ich war schon zweimal beim Tierarzt. Der hat gesagt, das ist bestimmt Katzenseuche und das haben dann Ihre anderen Katzen auch. So was wie Ihnen müsste man das Handwerk legen!«
Jäger (aufgeregt): »Das ist ja eine bodenlose Unverschämtheit. Ihr Tierarzt spinnt wohl. Wahrscheinlich füttern Sie irgend so ein Billigfutter.«
Pütz: »Die Leni bekommt nur vom Feinsten. Sogar dreimal am Tag eine Schale Milch. Aber so was Gutes ist sie von Ihnen wohl nicht gewohnt.«
Jäger (wird lauter): »Da wundert mich ja nicht, dass die Kleine krank wird. Ich habe Ihnen ausdrücklich erklärt, dass Katzen Milch schlecht vertragen. Warum halten Sie sich nicht an meine Anweisungen?!«
Pütz: »Das habe ich immer schon so gemacht. Von Ihnen als Betrüger lass ich mir doch nicht vorschreiben, was ich zu füttern hab. Sie können mich mal. Sie hören von meinem Anwalt!«

Frau Pütz beendet das Gespräch, ohne sich zu verabschieden und legt den Hörer auf. Die wütende Reaktion der Frau Jäger auf die unbegründeten Vorwürfe ist nur zu verständlich. Hätte sie das Gespräch ein wenig geschickter geführt und sich zunächst bemüht, Frau Pütz zu beruhigen, wäre die Unterhaltung zum Wohle der Katze anders verlaufen. Nehmen wir noch mal das gleiche Thema eines Käuferanrufes als Vorlage und schauen wir, wie eine diplomatische Gesprächsführung den Gesprächsverlauf positiv beeinflussen kann.

Pütz: »Hier ist Frau Pütz. Ich wollte mal fragen wie es Ihren Katzen geht?«
Jäger: »Das ist aber schön, dass Sie anrufen, Frau Pütz. Gut geht es meinen Katzen. Ich habe gestern noch über Sie gesprochen. Die Frau Schulz, die den Bruder von Leni, den Leo, gekauft hat, war gestern noch zu Besuch und hat mir ganz tolle Fotos mitgebracht. Wie geht es der Kleinen denn?«
Pütz: »Der Leni geht es gar nicht gut. Ich war schon dreimal beim Tierarzt. Sie hat ständig Durchfall und der Tierarzt hat gesagt, dass das Ihre Schuld sei. Das ist bestimmt die Seuche!«
Jäger (bemüht sich ruhig zu bleiben): »Ach Gott, die Arme. Bei welchem Tierarzt sind Sie denn?«
Pütz: »Bei dem Dr. Kranz, der ist der Beste hier! Das können Sie schon glauben, was der sagt.«
Jäger: »Ich weiß ja, wie gern Sie die Leni haben. Da wählen Sie selbstverständlich den besten Tierarzt. Praktiziert der bei Ihnen im Ort?«
Pütz: »Ja sicher, meinen Sie ich fahre mit einem kranken Tier ans Ende der Welt.«
Jäger: »Natürlich nicht. Der Dr. Kranz hat ja einen sehr guten Ruf. Da sind Sie mit Leni sicherlich in den besten Händen. Was hat er Ihnen denn nun genau gesagt?«
Pütz: »Er weiß nicht genau, wo der Durchfall herkommt. Er hat jetzt erst mal Proben vom Blut und vom Stuhl ins Labor geschickt. Das wird teuer. Das können alles Sie bezahlen.«
Jäger (verständnisvoll und lobend): »Ich finde das ganz prima, dass Sie das Problem so gewissenhaft lösen. Das mit den Stuhlproben ist eine gute Idee. Wenn Sie wirklich der Meinung sind, dass die Leni schon krank war, als ich sie verkauft habe, können wir das ja so machen, dass ich alle meine Katzen untersuchen lasse. Stellen wir eine ansteckende Krankheit fest, zahle ich selbstverständlich alle Kosten. Sollte der Durchfall von Leni andere Gründe haben, zahlen Sie. Ich denke, ich rufe mal den Dr. Kranz an und werde mich mit ihm beraten.«
Pütz (kleinlaut): »Also, ob der Doktor das mit der Seuche gesagt hat oder ob das mein Nachbar war, das weiß ich nicht mehr so genau.«
Jäger: »Ich glaube, ich kann Sie da beruhigen. Leni ist ja gegen diese Krankheit geimpft. Der Durchfall hat bestimmt andere Gründe. Lassen Sie uns doch gemeinsam überlegen, welchen Grund es dafür geben könnte. Wir wollen doch beide, dass es der Kleinen bald besser geht.«
Pütz: »Ich bin mir keiner Schuld bewusst.«
Jäger: »Wir kriegen das schon hin. Lassen sie uns doch mal überlegen, was sie so täglich füttern. Manchmal gibt es ja Kleinigkeiten, die die Katzen nicht vertragen.«
Pütz: »Die Leni bekommt dreimal am Tag gutes Dosenfutter und morgens und abends immer eine Schälchen Milch. Genauso habe ich das bei meinen Hauskatzen auch gemacht. Die hatten immer ein tolles Fell.«
Jäger: »Wissen sie was ich glaube? Wir haben die Lösung schon gefunden. Ich denke es liegt an der Milch. Bauernhofkatzen zum Beispiel werden von klein auf an Milch gewöhnt und vertragen sie meist ganz gut. Es gibt aber viele Katzen, die überhaupt keine Milch vertragen. Lassen Sie doch die Milch weg.«
Pütz (noch nicht ganz überzeugt): »Katzenbabys brauchen aber doch Milch.«
Jäger: »Muttermilch ist etwas ganz anderes wie Kuhmilch. Ab einem Alter von 12 Wochen brauchen die Jungtiere keine Milch mehr. Das ist der Zeitpunkt, wo die Weibchen die Jungen kaum noch säugen.«
Pütz: »Ach wäre das schön, wenn das nur an der Milch liegt und die Leni keine Seuche hat. Hätte ich Sie doch schon früher angerufen.«
Jäger: »Wir warten jetzt die Stuhluntersu-

chung ab. Ich spreche mit dem Dr. Kranz und Sie füttern jetzt eine Zeitlang Diät. Ich faxe Ihnen gleich einen Diätplan zu.
Pütz: »Vielen Dank Frau Jäger, dass Sie sich so viel Mühe gemacht haben.«
Jäger: »Das ist doch selbstverständlich. Ich melde mich morgen bei Ihnen. Bis bald.«

Was empfinden Sie, wenn Sie diese beiden Dialoge lesen? Hand aufs Herz! Haben Sie etwas Ähnliches wie in Gespräch Nummer 1 schon mal erlebt, waren anschließend wütend und frustriert oder ist es Ihnen gelungen, so zu regieren, wie die Züchterin es in Gespräch Nummer 2 getan hat? Ganz ehrlich, auch mir ist es nicht immer gelungen, diplomatisch und freundlich auf unbegründete Angriffe zu reagieren. Ich habe dies erst im Laufe der Jahre gelernt und es gab erfahrene Züchter, die mir diesbezüglich ein Vorbild waren. Was nützt es, wenn man seinen Unmut lautstark zum Ausdruck bringt? Man hat lediglich gezeigt, dass man verletzbar ist und wütend werden kann. Der Klärung des Sachverhaltes ist eine solche Gegenwehr meist jedoch nicht dienlich. Besser ist, sich in die Lage des Angreifers zu versetzen, Verständnis für seine Unsicherheit aufzubringen und ihm so den »Wind aus den Segeln« zu nehmen.

Eine meiner Bekannten war nie in der Lage, vernünftig auf Angriffe, denen man als Züchter hin und wieder ausgesetzt ist, zu reagieren und beendete Gespräche, indem sie sich beleidigt der Situation entzog und auflegte. Ein solches Verhalten ist nicht nur eine Sache der Persönlichkeit, sondern ebenso ein Ausdruck von Unsicherheit und mangelnder Erfahrung im richtigen Umgang mit Menschen. Wer verstanden hat, dass der geschickte, wohl überlegte und beherrschte Umgang mit Problemen für einen selber letztendlich angenehmer und auch Aufgabe eines seriösen Züchters ist, der wird bemüht sein, sein Verhalten zu ändern. Nicht jedem ist diplomatisches Geschick gleich mit in die Wiege gelegt worden. Doch Übung macht den Meister. Sie können, wenn Sie sich selber dabei ertappen, sich wie ein Elefant im Porzellanladen zu benehmen, schwierige Situationen gedanklich durchspielen, um dann intelligent, insbesondere zum Wohle der verkauften Katze, reagieren zu können. Ist man besonders wütend und kein sofortiger Handlungs- oder Beratungsbedarf notwendig, kann man zur Entschärfung der Lage ein Gespräch um einige Stunden verschieben, bis man sich emotional darauf vorbereitet hat.

Leider gibt es auch Sachverhalte, z.B. bei für die Katze schwerwiegenden physisch wie psychisch bedenklichen Haltungsfehlern, Vernachlässigung und Ähnlichem, wo Freundlichkeit nicht unbedingt weiterhilft und Verständnis nicht angebracht ist. Dennoch ist gerade bei der Erfüllung zuvor genannter Tatbestände persönlicher Einsatz und ein besonderes Geschick zur Lösung des Problems vonnöten. Selten kann man mit klaren Worten den Halter zum Umdenken bewegen. Ich habe schon an anderer Stelle auf die Fähigkeiten und das Durchsetzungsvermögen guter Mitarbeiter von Tierschutzorganisationen, wie z.B. des Katzenschutzbundes und Cat-Sitter-Clubs, hingewiesen. Hier und in Gesprächen mit anderen Züchtern findet man die spezielle Hilfe, die man gegebenenfalls braucht.

Bedenken Sie bitte, dass der feinfühlige Umgang mit anderen auch in Situationen, wo Sie verärgert sind, dazu dient, einen Streit zu vermeiden, um hilfreich eingreifen zu können. Blockaden durch Unmutsäußerungen führen oftmals dazu, dass der Kontakt zum Katzenhalter völlig abreißt und Einwirkungsmöglichkeiten verloren gehen. Nicht Brücken abreißen sondern Brücken bauen, sollte das Motto zur Problembewältigung sein.

Anhang

Adressen

Es gibt zurzeit 60 Katzenvereine in Deutschland. hier eine kleine Übersicht.

Vereine

Deutsche Edelkatze e. V. (WCF)
Hubertstr. 280, D-45307 Essen
Tel.: 02 01/55 07 55

1. Deutscher Edelkatzen – Züchterverband e. V. (FIFE)
Berlinerstr. 13, D-35614 Asslar
Tel.: 0 64 41/84 79

1. ITAVC
Friedrich-Ebert-Str. 199, D-42549 Velbert
Tel.: 0 20 51/95 55 46

Katzenverein Leverkusen
Markus Ubrig, Rosenstr. 19, D-51143 Köln
Tel.: 0 22 03 / 98 25 45

Berliner Pro Cat
Wernerwerkdamm 26, D-3626 Berlin
Tel.: 0 30 / 38 30 90

DLKEV
E. Hornbach, Nettekovenerstr. 42,
D-53347 Bonn-Witterschlick
Tel.: 02 28 / 64 51 64

Feiis Amicus Katzenfreunde e. V.
M. Reussner, Hauptstr. 50,
D- 63110 Rodgau
Tel.: 0 61 06 / 90 70

Österreich

ÖVEK
Lichtensteinstr. 126, A-1090 Wien
Tel.: ++43/13 19 64 23

Schweiz

FFH
Solothurnerstr. 83, CH-4053 Basel
Tel.: ++41/ 61 316 70 64

Luxemburg

Lux-Cat-Club
B.P. 526, L-2015 Luxemburg
Tel.: ++352 / 37 15 69

Literatur

Leyhausen, P.:
Verhaltenstudien an Katzen, Berlin, 1975
Robinson, R.:
Genetik für Katzenzüchter, London, 1991
Thies, D.:
Rassekatzen züchten, Kosmos, Stuttgart, 1994
Herrscher, R. , Theilig, H.:
der Kosmos Katzenführer, München, 1995
Klever, U.:
Knaurs Grosses Katzenbuch, München, 1995
Wolf, R.:
Katzen, Stuttgart, 1992

Katzenzeitschriften

Katzen extra
Siegler Symposion Tierzeitschriften Verlag GmbH

Katzen magazin
RORO-Press Verlag AG